O PRÍNCIPE DE MAQUIAVEL E SEUS LEITORES
UMA INVESTIGAÇÃO SOBRE O PROCESSO DE LEITURA

FUNDAÇÃO EDITORA DA UNESP

Presidente do Conselho Curador
Herman Jacobus Cornelis Voorwald

Diretor-Presidente
José Castilho Marques Neto

Editor-Executivo
Jézio Hernani Bomfim Gutierre

Conselho Editorial Acadêmico
Alberto Tsuyoshi Ikeda
Áureo Busetto
Célia Aparecida Ferreira Tolentino
Eda Maria Góes
Elisabete Maniglia
Elisabeth Criscuolo Urbinati
Ildeberto Muniz de Almeida
Maria de Lourdes Ortiz Gandini Baldan
Nilson Ghirardello
Vicente Pleitez

Editores-Assistentes
Anderson Nobara
Fabiana Mioto
Jorge Pereira Filho

O *PRÍNCIPE* DE MAQUIAVEL E SEUS LEITORES
UMA INVESTIGAÇÃO SOBRE O PROCESSO DE LEITURA

ARNALDO CORTINA

Copyright © 1999 by Editora Unesp
Direitos de publicação reservados à:
Fundação Editora da Unesp (FEU)
Praça da Sé, 108
01001-900 – São Paulo – SP
Tel.: (0xx11) 3242-7171
Fax: (0xx11) 3242-7172
www.editoraunesp.com.br
www.livrariaunesp.com.br
feu@editora.unesp.br

Dados Internacionais de Catalogação na Publicação (CIP)
(Câmara Brasileira do Livro, SP, Brasil)

Cortina, Arnaldo
    O príncipe de Maquiavel e seus leitores: uma investigação sobre o processo de leitura / Arnaldo Cortina. – São Paulo: Editora Unesp, 2000.

Bibliografia.
ISBN 85-7139-318-4

1. Machiavelli, Niccoló, 1469-1527. O príncipe – Crítica e interpretação 2. Política I. Título.

00-3055   CDD-320

Índice para catálogo sistemático:
1. Leituras políticas 320

Este livro é publicado pelo
Projeto *Edição de Textos de Docentes e Pós-Graduados da Unesp* –
Pró-Reitoria de Pós-Graduação e Pesquisa da Unesp (PROPP)/
Fundação Editora da Unesp (FEU)

Editora afiliada:

Asociación de Editoriales Universitarias
de América Latina y el Caribe

Associação Brasileira de
Editoras Universitárias

Para Roseana, Bruno, Lucas e Murilo.

SUMÁRIO

Apresentação	9
Introdução	15

1 Determinações sobre o processo de leitura

1 Leitura e enunciação	21
2 Leitura e interpretação	23
3 Discutindo a noção de contexto	25
4 Três perspectivas de leitura	35
5 Formas de leitura	53
6 Duas leituras de *O príncipe* de Nicolau Maquiavel?	55
7 Três modalidades da leitura	57
8 A leitura como conhecimento enciclopédico	69
9 Dois aspectos da leitura: descontextualização e intertextualidade	70

2 Tipologia de texto e leitura

1 Tipologia de texto segundo a perspectiva da semiótica francesa	79
2 Tipologia de texto segundo a perspectiva da análise do discurso francesa	86
3 Tipologia de texto segundo a perspectiva da linguística textual	91
4 Reflexões sobre as diferentes propostas de tipologia de texto, relacionando determinados aspectos com *O príncipe* de Maquiavel	93

5 Para uma tipologia do discurso 98
6 Modalidades de leitura e tipologia de texto 106

3 As condições históricas do aparecimento de O príncipe e sua organização discursiva

1 Recuo no tempo. Reconstituição do contexto histórico
em que Maquiavel viveu e escreveu O príncipe 114

2 Revisitando o Renascimento 123

2.1 Organização socioeconômica das cidades italianas
durante o Renascimento. O caso de Florença 124

2.2 Um perfil do homem do Renascimento 127

3 Um olhar sobre O príncipe 132

3.1 A organização de O príncipe de Nicolau Maquiavel 133

3.2 A narratividade de O príncipe. O manual de
instrução e a construção do objeto-valor 139

3.3 Recursos linguísticos utilizados na construção do
discurso de O príncipe. A argumentação e os recursos retóricos 147

4 As várias leituras de O príncipe: da Renascença até nossos dias

1 Nicolau Maquiavel comenta O príncipe 166

2 A leitura da Igreja Católica, durante o Concílio de Trento 168

3 A leitura de Frederico II da Prússia em seu Anti-Maquiavel 170

4 A leitura de Rousseau em O contrato social 192

5 A leitura que Napoleão Bonaparte faz de O príncipe 199

6 Benito Mussolini lê O príncipe de Maquiavel 207

7 Como Antonio Gramsci lê O príncipe 214

8 Outras leituras de O príncipe 220

9 As leituras de O príncipe no Brasil 240

Conclusão 255

Referências bibliográficas 267

APRESENTAÇÃO

Há uma série de questões que sempre preocupou os que trabalham com a palavra: um texto admite mais de uma interpretação; existem leituras certas e erradas; qual é o papel do contexto sócio-histórico na determinação da leitura; ler é um ato de atribuição de sentido pelo leitor ou de decodificação do texto? Tendo essas questões em mente, Arnaldo Cortina realiza uma densa e bela reflexão sobre o processo de leitura.

Umberto Eco mostra, em seu livro *Os limites da interpretação*, que as teorias da leitura se fundamentam na busca de uma das três seguintes intenções: *intentio auctoris, intentio operis, intentio lectoris*. Lê-se para encontrar o que o autor quis dizer ou o que o texto diz, independentemente das intenções de seu autor. No segundo caso, pode-se procurar o que o texto diz ao estruturar-se e articular-se com um dado contexto ou projetar no texto as significações produzidas pelos sistemas de referência do leitor. Arnaldo Cortina filia-se entre aqueles para quem compreender é apreender as significações do texto, é captar a *intentio operis*. No entanto, ao considerar o texto como um objeto integralmente linguístico e integralmente histórico, vê o processo de leitura ao mesmo tempo como compreensão e interpretação. O primeiro é intradiscursivo, enquanto o segundo é interdiscursivo. Assim, não nega que o leitor situado historicamente seja constituído por um horizonte de expectativas e que a interpretação se estabeleça na relação entre o leitor e a obra, sendo, portanto, histórica. O fazer interpretativo situa-se no "equilíbrio instável entre iniciativa do intérprete e fidelidade à obra". A *intentio operis* é, assim, o critério para avaliar a justeza da *intentio lectoris*. Isso significa: a) que o texto e suas condições de produção impõem restrições interpretativas ao leitor; b) que existem fazeres interpretativos inaceitáveis.

Eco narra que, um dia, o presidente Reagan estava testando um microfone, antes de uma entrevista coletiva, e disse que pretendia bombardear a União Soviética. Nas condições de produção em que a enunciação se deu deveria ser entendida como uma brincadeira. Mas considerando-a brincadeira ou afirmação séria, existe um sentido sempre idêntico dado pelo texto.

A *intentio auctoris* é a que está manifestada no texto. Não temos nenhuma outra forma de aceder ao que o autor quis dizer senão analisando o texto. O texto cria um autor implícito e só temos acesso a ele. Lorenzo Valla, um dos precursores da análise filológica, provou, no século XV, em seu *De falso credita et ementita Constantini Donatione declamatio*, que a chamada Doação de Constantino, com que os papas justificavam sua pretensão ao domínio temporal, era falsa. O documento, por meio do qual Constantino, no terceiro dia após sua conversão, teria doado ao papa Silvestre as insígnias imperiais, o Palácio de Latrão e o próprio Império, não poderia ser datado do século IV, mas era na verdade uma falsificação produzida no século VIII, porque não era possível o emprego de certas expressões latinas (por exemplo, *seu/sive* com valor conjuntivo, *pagina* com o sentido de "documento") na época em que se dizia que o texto teria sido redigido. Em outras palavras, o que Lorenzo Valla diz é que o autor criado pelo texto não era verossímil.

De outro modo, pensar que o texto não tem sentido e que este se encontra tão somente nas percepções do leitor significa, num gesto idealista, negar que a realidade significante exista fora do eu. É preciso, pois, pensar, de maneira mais fina, a questão do leitor.

O funcionamento do texto implica o estabelecimento do papel exercido pelo enunciatário em sua compreensão, atualização e interpretação. Em outras palavras, o texto prevê sua participação. O sujeito da enunciação recobre dois papéis, o do enunciador e o do enunciatário, o que significa que o texto prevê um contrato enunciativo que diz, por exemplo: este texto deve ter somente uma leitura, como ocorre com o programa de um congresso; este texto deve ter várias leituras, como acontece com *Dom Casmurro*; este texto estabelece uma relação de concordância entre o que se disse e o que se queria dizer, como nos textos "sérios"; este texto estabelece uma relação de discordância entre o que se disse e o que se pretendia dizer, como nos textos irônicos, e assim por diante. É a situação histórica do leitor que lhe permite perceber essa ou aquela possibilidade de leitura dentre as múltiplas possibilidades criadas pela obra. Isso significa, pois, que o leitor vai interrogar a obra e não projetar nela seu texto pessoal.

O contrato enunciativo apela para a categoria modal da veridicção: há textos que se apresentam como verdade, como falsidade, como mentira ou como segredo. Um texto científico ou religioso apresenta-se como verdadeiro, enquanto uma história de pescar é construída sob o signo da mentira; a contrafação, a imitação, a simulação, o *cover* manifestam-se claramente como falsidade, enquanto um texto esotérico mostra-se como um segredo. A categoria modal da veridicção é o quadro em que a atividade interpretativa se exerce. Ela não coloca em questão a verdade, enquanto adequação a um referente, mas o dizer verdadeiro do texto, ou seja, a maneira como ele se apresenta, do ponto de vista da verdade, da falsidade, da mentira ou do segredo.

A *intentio operis* opera num nível intratextual, como já explicava Agostinho em *De doctrina christiana*: o que parece plausível num dado ponto do texto não será aceito a não ser que seja confirmado – ou, ao menos, não posto em questão – por um outro ponto do texto. Por sua vez, a compreensão total do sentido da obra só se dá quando se apreendem também as condições de produção: contexto, relação diferencial com outros discursos etc. Isso quer dizer que a *intentio operis* tem uma dimensão extratextual, não porém extrassemiótica. Interpretar é, assim, relacionar o texto com o intertexto e com o contexto adequados. É isso que nos impede de ler anacronicamente ou anaculturalmente um texto, ou seja, de interpretar certas categorias de uma determinada época como se fossem idênticas às categorias de uma outra, ou de entender as categorias de uma dada cultura como idênticas às de outra. É o caso da leitura oracular de Virgílio feita na Idade Média. O mesmo ocorreria, nota Umberto Eco, se um leitor, ao ler o verso de Wordsworth *A poet could not be gay*, quisesse ver nele uma conotação homossexual, dado que o termo *gay*, na época em que o poema foi escrito, tinha a conotação de licença, de libertinagem, mas não relacionava o libertino à homossexualidade.

A iniciativa do leitor é, como mostrava Eco, fazer uma conjectura sobre a *intentio operis*. Essas conjecturas podem ser infinitas. No entanto, o texto, o intertexto e o contexto precisam validá-las. Umas serão aprovadas e outras, rejeitadas. Dizer que a compreensão reside na busca da *intentio operis* não significa dizer que o enunciatário não colabora na construção do sentido. Na verdade, a *intentio auctoris*, a *intentio operis* e a *intentio lectoris* estão intimamente ligadas, pois a construção do texto se faz à luz de uma imagem de leitor. O autor produz um texto para um leitor virtual inscrito no texto. Assim, este prevê um leitor, ou seja, determinadas conjecturas e não outras.

O que o trabalho de Arnaldo Cortina não agasalha, em seu conceito de compreensão, é a ideia de que ela visa buscar o verdadeiro sentido do texto, pois isso implicaria admitir que o enunciador está sempre consciente dos sentidos que produz, que é mestre e senhor dos significados e que, portanto, a *intentio operis* corresponde fielmente à *intentio auctoris*. Ao contrário, quando um autor comenta seu texto, está realizando uma leitura, e, portanto, só pode dizer que ocorre um erro de interpretação no seu texto se levar em conta não o que pretendeu dizer, mas o que foi dito. Porém, ele não admite que o texto seja um espaço vazio em que o leitor investe seu texto.

Depois de ir além do que diz Eco e de explicitar, muito adequadamente, a questão da relação entre *intentio operis* e *intentio lectoris*, o autor vai mostrar que os erros de leitura podem localizar-se na compreensão, na interpretação ou em ambas. Em seguida, discute longamente a relação entre tipo de texto e seu processo de leitura, chegando a conclusões extremamente interessantes: no processo de leitura, o enunciatário faz juízos de valor epistêmicos, éticos e estéticos sobre o texto lido e eles variam de acordo com o tipo de texto.

Chega-se, em seguida, a um dos pontos altos do trabalho: o estudo das leituras de *O príncipe*, de Maquiavel, ao longo da história. Cabe um esclarecimento: o trabalho de Arnaldo Cortina não pretende fazer uma análise completa da obra de Maquiavel, como também não busca examinar exaustivamente as leituras desse texto no curso do tempo. Visa estudar os mecanismos intra e interdiscursivos responsáveis por tantas leituras distintas. Depois de examinar detidamente o contexto do aparecimento da obra de Maquiavel, de analisar, com muita argúcia, a estrutura narrativa da obra, bem como os recursos argumentativos de que se vale para persuadir o leitor, estuda diferentes leituras de *O príncipe*, verificando os diferentes procedimentos que possibilitam, em todo processo de leitura, diferentes compreensões/interpretações de um mesmo texto: a) destaque de uma ou mais isotopias do texto, a partir das quais o leitor constrói seu texto de leitura; b) eleição de temas e figuras julgados mais importantes, a partir dos quais o leitor vai reconstruindo o discurso lido; c) alteração do contexto lido, num processo de contextualização ou de recontextualização; d) investimento de valor diferente nas dimensões polêmicas da narrativa; e) movimento de negação ou de repetição do discurso; f) estabelecimento de interdiscursos diferentes para um mesmo discurso.

Rigoroso e minucioso, mas também apaixonado e agradável, o trabalho de Arnaldo Cortina atinge uma qualidade poucas vezes alcançada em obras sobre a leitura, porque não paira, como a maioria delas, em generalidades, trivialidades e, muitas vezes, banalidades. Sua radical novidade consiste em encarar o processo de leitura como um processo discursivo. Dessa forma, é constitutiva da leitura a heterogeneidade. Sendo o discurso integralmente linguístico e integralmente histórico, ler é um processo também linguístico e histórico. A partir desses fundamentos, pode explicar, com argúcia, os mecanismos intra e interdiscursivos de constituição das leituras de um determinado texto, ao longo da história. Trata-se de uma obra necessária a todos os que se dedicam aos estudos do discurso e do texto, bem como a todos os que se preocupam com a questão da leitura.

São Paulo, 22 de agosto de 1999

José Luiz Fiorin (USP)

INTRODUÇÃO

Este livro é resultado de meu interesse pela questão da leitura de textos escritos. Desde que iniciei minhas atividades como professor em escolas de primeiro e segundo graus, tive como preocupação principal desenvolver com os alunos a atividade de leitura e produção de textos. Sempre julguei que esse tipo de trabalho era mais completo que as aulas expositivas que se propunham a descrever a estrutura da língua que os alunos já haviam internalizado. Por meio do exercício de leitura e escrita pode-se chegar à reflexão dos elementos estruturais da língua de uma forma mais dinâmica, porque estes estão contextualizados, não se resumem a frases soltas, muitas vezes compiladas das "grandes obras da literatura brasileira" ou então fruto da cabeça do professor. Analisar e estudar essas frases é, na maioria das vezes, uma atividade muito maçante que, de modo geral, pouco contribui para o domínio da modalidade escrita da língua.

Embora essas observações iniciais tenham-me levado a refletir um pouco mais detidamente sobre a questão da leitura, determinando, por esse motivo, minha atividade de pesquisa ao longo da carreira universitária, é necessário dizer, de antemão, que não irei tratar, neste livro, da questão da leitura do ponto de vista da prática pedagógica. Por essa razão não abordarei a problemática da crise da leitura nem procurarei encontrar formas que tenham o propósito de despertar o interesse pela leitura em alunos das escolas de primeiro e segundo graus. Minha posição é, neste momento, primordialmente teórica.

As atividades de ensino e pesquisa no terceiro grau propiciam uma maior reflexão sobre a prática. Com isso não estou querendo colocar em segundo plano a prática, porque ela tem muita importância para a reflexão dos vários aspectos teóricos de qualquer área do estudo de língua escrita, mas não posso deixar de observar que a descrição pura e simples dessa prática, como forma de registro ou como fonte de observação, é insuficiente se não estiver acompanhada de uma discussão teórica. Essa é, portanto, a primeira intenção deste trabalho, refletir teoricamente sobre a leitura.

É preciso, porém, justificar como cheguei a propor essa pesquisa, a delimitar seu foco temático. Sempre estive muito intrigado com a chamada multiplicidade de leituras. Durante o período básico de minha vida escolar normalmente tive a certeza de que um texto tinha sempre uma leitura única e verdadeira, a leitura do professor, que, por sua vez, assegurava que o que ele reproduzia era a verdadeira intenção do autor. Mais tarde, durante o curso universitário, deparei com outra realidade: a verdadeira leitura era aquela que observava cada palavra, cada frase, cada período do texto, negando completamente qualquer interferência externa. Essa era a ditadura do texto. Depois, finalmente, cheguei a uma outra perspectiva que, para questionar a fase anterior, atirou toda a responsabilidade da interpretação do texto nas mãos do leitor. Cada leitor apresentava, de acordo com sua realidade, uma leitura e a ela não caberiam os qualificadores "correto" e "incorreto". Todas eram possíveis porque todas eram leituras individuais. Entrávamos na era da ditadura dos leitores.

É a partir desse quadro que me pus as primeiras indagações sobre a leitura de textos escritos: Em que medida se pode falar de leitura errada ou de leitura correta de um texto? Que mecanismos estruturais devem ser observados durante o processo de leitura? Qual é o papel do contexto sócio-histórico no momento de produção e de recepção de um texto? O processo de leitura é sempre igual para qualquer tipo de texto? Até que ponto é possível admitir que um mesmo texto receba interpretações tão antagônicas entre si? Essas questões pareciam bastante interessantes para o desenvolvimento de uma pesquisa, mas como concretizá-la, a partir de que ponto? O caminho para resolver esse problema surgiu quando encontrei *O príncipe* de Nicolau Maquiavel.

Meu primeiro contato com esse pequeno livro, escrito no século XVI, que pretendia transmitir uma lição sobre como conquistar e manter o poder, foi acompanhado de um comentário: texto precursor da teoria do Estado moderno, fundamental para o estudo da filosofia e da ciência política, que deu margem a uma infinidade de interpretações muito divergentes, algumas completamente contrárias entre si.

Devo fazer uma advertência prévia. Este livro não pretende realizar uma análise e uma interpretação exaustivas de O príncipe. Ele propõe uma discussão sobre o processo de leitura de textos escritos e um levantamento das várias leituras do texto maquiavélico,[1] com o objetivo de verificar os mecanismos linguísticos, por um lado, e os do contexto sócio-histórico, por outro, responsáveis por tantas leituras distintas. Além disso, pretendo saber se essas leituras de O príncipe são realmente opostas umas às outras.

Para desenvolver o trabalho aqui proposto, utilizarei principalmente duas linhas teóricas da análise de textos: a semiótica francesa de orientação greimasiana e a análise do discurso francesa da linha de Pêcheaux. Não deixarei de me valer, porém, de alguns conceitos da chamada linguística textual, quando julgar pertinente ao tema. Embora os pressupostos teóricos da semiótica francesa estejam na base de toda a análise interna à obra de Maquiavel feita neste livro, certos conceitos da linguística textual serão destacados ao abordar determinados aspectos da leitura. Os conceitos da análise do discurso francesa, por sua vez, irão nortear toda a discussão da dimensão sócio-histórica do discurso aqui proposta.

Do ponto de vista da sua organização, este livro está dividido em quatro capítulos, seguidos de uma conclusão, que procurará retomar os principais aspectos observados.

O Capítulo 1 tratará especificamente de diversos aspectos do processo de leitura, tais como a questão da enunciação, a diferença entre interpretação e compreensão, o valor do contexto na leitura do texto, as diferentes perspectivas da leitura (*intentio auctoris*, *intentio operis* e *intentio lectoris*), as modalizações da leitura, o

---

1 Usarei aqui o adjetivo maquiavélico não com o sentido que adquiriu no senso comum, daquilo que é urdido por trás, mas em seu sentido genérico, aquilo que se refere a Maquiavel.

conhecimento enciclopédico como forma de leitura, a descontextualização e a intertextualidade no processo de leitura, um levantamento das formas de leitura e, além disso, a comparação entre duas das chamadas leituras distintas de O *príncipe*.

O Capítulo 2 irá desenvolver um estudo sobre a tipologia de texto com o objetivo de questionar em que medida a leitura já não é determinada pelo tipo de texto a que se está referindo. Para tanto, partirei da observação de cinco propostas tipológicas pertencentes às três linhas de estudo de texto já mencionadas: semiótica francesa, análise do discurso francesa e linguística textual. Após a observação de cada uma delas proponho a determinação tipológica de O *príncipe* para, numa última etapa, refletir sobre as modalidades de leitura em relação à própria tipologia.

O Capítulo 3 apresentará, inicialmente, o esboço de uma reconstituição do contexto histórico de Maquiavel e de sua obra, bem como do próprio Renascimento. Num segundo momento, descreverá a forma como O *príncipe* foi organizado, juntamente com a observação de seus elementos argumentativos e retóricos.

O Capítulo 4 abordará exclusivamente as diversas leituras de O *príncipe* a que tive acesso durante minha pesquisa. Essas leituras estão divididas em três partes: a primeira, que corresponde às principais leituras do texto maquiavélico desde o Renascimento até nossos dias; a segunda, que compreende várias leituras realizadas por diferentes autores estrangeiros durante o século XX; a última, que apresenta as leituras de O *príncipe* no Brasil.

1 DETERMINAÇÕES SOBRE O PROCESSO DE LEITURA

Pro captu lectoris habent sua fata libelli.
(Terenciano Mauro, *De litteris, syllabis et metris*, v.1286)

Minha investigação tem como objetivo observar como se dá o processo de leitura de textos escritos; portanto, de que forma é estabelecida a relação entre os sujeitos responsáveis por tal processo. Para desenvolver este trabalho, porém, torna-se imprescindível discutir como entendo a comunicação escrita e em que perspectiva será abordada aqui a questão da leitura.

Primeiramente, minha preocupação com a escrita, como um dos veículos da comunicação humana, parte da constatação de que esta apresenta mecanismos de produção e leitura bastante diferenciados em relação à fala, e, em determinados aspectos, bastante semelhantes. Tanto na fala quanto na escrita existe um sujeito que se dirige a outro, sendo os dois condicionados espacial e temporalmente. Para ler de maneira mais completa o discurso que um produz para outro é necessário que se leve em conta não só aquilo que é verbalizado, como também aquilo que não o é. Nessa categoria devem ser levadas em conta as determinações institucionais, profissionais, de classe, de saber etc.

O que diferencia uma modalidade comunicativa da outra é o fato de que, para uma, o destinatário está realmente presente no ato de construção do discurso, podendo, pelas determinações já levantadas e as manifestações cinésica e proxêmicas, modificá-lo.

Durante a produção do discurso escrito, o destinatário também está presente, só que sua presença é modificada pela sua ausência,[1] uma vez que não é real, mas fruto da imagem que o sujeito que diz tem daquele para quem pensa estar se dirigindo. Retomando Derrida, vê-se que o que é intrínseco à escrita é sua legibilidade, isto é, um texto escrito só se torna um meio de comunicação a partir do momento em que, ao ser preenchida a casa do enunciatário por um leitor em carne e osso, ele pode ser compreendido, ou melhor, repetido: "Toda escrita deve, pois, para ser o que ela é, poder funcionar na ausência radical de todo destinatário empiricamente determinado em geral" (Derrida, 1991, p.19).

A partir dessa discussão sobre os conceitos de fala e de escrita é que proponho algumas perguntas inerentes a esta investigação: Em que medida se pode falar de uma leitura possível/correta ou impossível/incorreta de um texto escrito? Quem determina a possibilidade de leitura de um texto é seu autor ou o leitor? O processo de leitura é sempre igual para todo tipo de texto? Quais os motivos que podem desencadear a leitura?

Com o objetivo de abordar todos os aspectos da leitura em questão, tomarei como referência O príncipe de Nicolau Maquiavel e suas várias interpretações ao longo da história. O que pretendo saber, em primeiro lugar, é como esse texto pôde permitir tantas leituras, e, em segundo, em que medida as várias leituras do texto maquiavélico são realmente diferentes entre si. Essa questão será apenas levantada neste capítulo para ser mais bem explorada nos dois capítulos finais.

Este capítulo compreende, portanto, nove tópicos, por meio dos quais procurarei determinar em que sentido estará sendo empregado o termo leitura, observando para isso seus vários aspectos. O primeiro tópico discutirá a noção de leitura e enunciação; o segundo, leitura e interpretação; na sequência, a noção de contexto;

---

1   Em seu texto "Assinatura Acontecimento Contexto", Derrida (1991) parte das colocações de Condillac sobre a origem da escrita como posterior à fala ("Os homens em condições de comunicarem entre si seus pensamentos por sons sentiram a necessidade de imaginar novos signos próprios para perpetuá-los e torná-los *conhecidos* por pessoas *ausentes*") para reforçar a noção de *ausência*. Toda a exposição e as considerações sobre essa questão podem ser observadas no texto de Derrida, aqui citado, entre as páginas 16 e 20.

três pespectivas de leitura; formas de leitura; duas leituras de *O príncipe*; três modalidades de leitura; a leitura como conhecimento enciclopédico; e, no fim, a descontextualização e a intertextualidade como dois aspectos de leitura.

1 LEITURA E ENUNCIAÇÃO

Para desenvolver algumas reflexões sobre a questão da leitura, julgo ser necessário fazer algumas considerações preliminares. Em primeiro lugar, entendo o processo de construção do texto como uma confluência de vários discursos que se interpõem, mediados por um sujeito da enunciação. Nesse sentido, o texto é um signo[2] semiótico, uma vez que, no caso do texto escrito, compreende as formas de construção do sujeito e do objeto, razão de ser do próprio texto, manifestadas linguisticamente.

Por essa perspectiva, retomamos a noção de enunciação,[3] de acordo com o postulado da semiótica do grupo greimasiano, como uma instância linguística anterior ao enunciado. Duas formas

---

2   Empregarei o termo signo tal como Eco (1991) o caracteriza: "A ciência dos signos é a ciência de como se constitui historicamente o sujeito. Provavelmente Pierce estava pensando nisto ao escrever: 'Uma vez que o homem só pode pensar através de palavras ou de símbolos externos, estes poderiam começar a dizer: *Você não significa nada que nós não tenhamos lhe ensinado, logo você significa apenas por dirigir algumas palavras como interpretantes de seu pensamento.* Então, de fato os homens e as palavras educam-se reciprocamente: cada acréscimo de informação num homem comporta – e é comportado por – um correspondente acréscimo de informação de uma palavra ... A palavra ou signo que o homem usa é o próprio homem, pois, como o fato de que cada pensamento é um signo – considerado junto com o fato de que a vida é um fluxo de pensamentos – prova que o homem é um signo, assim o fato de que cada pensamento é um signo externo prova que o homem é um signo externo, isto é, o homem e o signo externo são idênticos, no mesmo sentido em que as palavras *homo* e *homem* são idênticas. Assim, minha linguagem é a soma de mim mesmo, uma vez que o homem é o pensamento'" (p.62).

3   Tomando a enunciação como uma instância linguística, pressuposta pelo enunciado que dela contém traços e marcas, Greimas & Courtés (s. d.) a definem como "um componente autônomo da teoria da linguagem, como uma instância que possibilita a passagem entre a competência e a performance (linguística); entre as estruturas semióticas virtuais, de cuja atualização ela deve encarregar-se, e as estruturas realizadas sob a forma de discurso" (p.146).

linguísticas estão manifestas na enunciação: o sujeito gerador do discurso, o enunciador, e aquele para quem esse mesmo discurso está dirigido, seu enunciatário. Como etapa de construção, o sujeito-autor projeta-se num narrador[4] que passa a assumir características e forma próprias. Já o sujeito-leitor constitui-se um narratário, também determinado por uma projeção do próprio autor, uma vez que ele fará prevalecer sua isotopia de leitura no texto em construção. Pode-se falar, assim, de duas instâncias que se concretizam no processo de leitura. Num primeiro nível, todo texto apresenta em sua organização uma "imagem de leitor", seu narratário, capaz de compreender a mensagem veiculada da exata maneira como seu narrador pretendeu expressá-la. Esse "leitor ideal" é um actante porque está inscrito no processo formador do discurso e corresponde ao sujeito imaginário para quem o narrador dirige sua voz. Ele é parte material do discurso enunciado e pode assumir um contorno mais ou menos definido conforme seja a intenção do narrador.

No caso dos romances de Machado de Assis, por exemplo, seu narratário se concretiza na figura do leitor que o narrador muitas vezes invoca quando pretende discutir explicitamente aquilo que está sendo contado.[5] Mas é inegável ainda que esse narratário, uma vez que corresponde a uma projeção do sujeito da enunciação, identifique-se totalmente com ele, autor, e com seus valores. É nesse sentido que a criação reflete sempre a imagem de seu criador.

Num segundo nível, aparece a figura do enunciatário que, embora também faça parte do processo de constituição do discurso,

---

4 "Quando o destinador e o destinatário do discurso estão explicitamente instalados no enunciado (é o caso do 'eu' e do 'tu'), podem ser chamados, segundo a terminologia de G. Genette, narrador e narratário. Actantes da enunciação enunciada, são eles sujeitos diretamente delegados do enunciador e do enunciatário, e podem encontrar-se em sincretismo com um dos actantes do enunciado (ou da narração), tal como o sujeito do fazer pragmático ou o sujeito cognitivo, por exemplo" (Greimas & Courtés, s. d., p.294).

5 Veja-se a seguinte passagem de *Memórias póstumas de Brás Cubas*: "Era fixa a minha ideia, fixa como... Não me ocorre nada que seja assaz fixo nesse mundo: talvez a Lua, talvez as pirâmides do Egito, talvez a finada dieta germânica. Veja o leitor a comparação que melhor lhe quadrar, veja-a e não esteja daí a torcer-me o nariz só porque ainda não chegamos à parte narrativa destas memórias. Lá iremos. Creio que prefere a anedota à reflexão, como os outros leitores, seus confrades, e acho que faz muito bem" (Machado de Assis, 1997, p.516).

representa um espaço indeterminado que deverá ser preenchido por várias possibilidades de "leitores reais". Enquanto o primeiro não emite juízo de valor, pois é criado como suporte da tessitura narrativa, funcionando quase que como uma testemunha responsável pelo estabelecimento da verdade, o segundo, contrariamente, julgará o fazer discursivo.

Na primeira instância tem-se um actante linguístico que corresponde a uma posição sintática; já na segunda, um ator de estatuto semiótico que irá, por meio de um outro texto, emitir um fazer interpretativo que sanciona o fazer discursivo do enunciador.

É possível, no entanto, estabelecer um jogo entre essas duas instâncias quando se cria o narratário com a intenção de estereotipá-lo, isto é, de lhe atribuir certas características próprias de um determinado tipo de pessoa: o avarento, o ardiloso, o romântico, o ingênuo etc. Assim, nos textos de Machado de Assis, o leitor é o suporte da ironia que o contrato enunciativo do texto estabelece com seu leitor real. Isso fica claro nos momentos em que o narrador questiona certos valores do narratário; por exemplo, quando deixa para ele decidir se o amor à glória é a coisa mais verdadeiramente humana que há no homem ou a perdição das almas, conforme faz no Capítulo II ("O emplasto") de *Memórias póstumas de Brás Cubas*.

2 LEITURA E INTERPRETAÇÃO

A leitura pode ser entendida como um processo de interpretação,[6] na medida em que uma mensagem elaborada por um determinado sujeito em uma dada língua deverá ser entendida por um outro sujeito, o qual, por meio do entrelaçamento de seu universo de consciência discursiva com o do texto lido, construirá um novo

---

6   Tomamos aqui o termo "interpretação" tal como é desenvolvido por Eco (1992, p.16): "a interpretação ... é o mecanismo semiótico que explica não apenas nossa relação com as mensagens elaboradas intencionalmente pelos seres humanos, mas toda forma de interação do homem ... com o mundo que o envolve. É através dos processos de interpretação que nós construímos cognitivamente os mundos, reais e possíveis".

texto. Ao externá-lo para um novo sujeito o processo anterior irá repetir-se, criando um encadeamento contínuo, que é o motor da comunicação humana.

A consciência de um sujeito falante de uma determinada língua corresponde a uma soma de discursos, na medida em que ele entra em contato com as mais variadas formas de organização discursiva. Dessa maneira, todo texto se assenta sobre uma determinada formação discursiva, porque aquele que o produziu é um sujeito sócio-histórico, isto é, reprodutor de uma das formações discursivas de determinada formação social. Não que um texto deva mostrar apenas uma visão dos fatos que apresenta, pois é possível ocorrer uma polifonia discursiva quando, por exemplo, num romance, aparecem personagens que assumem posições ideológicas distintas.[7] É evidente que na organização textual que chamaríamos "geral", aquela determinada pelo sujeito da enunciação, há sempre uma formação ideológica hegemônica.

O que pode ocorrer durante o ato de leitura é o fato de um determinado sujeito interpretar o texto de acordo com sua experiência de mundo, isto é, de sua configuração como sujeito cultural. Entram aqui os fatores de ordem linguística, geográfica, religiosa etc. Um falante de português, por exemplo, que leia um texto em inglês (supondo que este tenha apenas um conhecimento escolar da língua inglesa), não conseguirá realizar uma leitura tão completa

---

7 Tal visão é a de Bakhtin (1981) quando caracteriza o romance de Dostoievski como um romance polifônico: "A multiplicidade de vozes e consciências independentes e imiscíveis e a autêntica polifonia de vozes plenivalentes constituem, de fato, a peculiaridade fundamental dos romances de Dostoievski. Não é a multiplicidade de caracteres e destinos que, em um mundo objetivo uno, à luz da consciência una do autor, se desenvolve nos seus romances; é precisamente a multiplicidade de consciências equipolentes e seus mundos que aqui se combinam numa unidade de acontecimento, mantendo a sua imiscibilidade. Dentro do plano artístico de Dostoievski, suas personagens principais são, em realidade, não apenas objetos do discurso do autor mas os próprios sujeitos desse discurso diretamente significante. Por esse motivo, o discurso do herói não se esgota, em hipótese alguma, nas características habituais e funções temático-pragmáticas assim como não se constitui na expressão da posição propriamente ideológica do autor ... A consciência do herói é dada como a outra, a consciência do outro mas ao mesmo tempo não se objetifica, não se fecha, não se torna mero objeto da consciência do autor" (p.2).

quanto a de um falante de língua inglesa, pois lhe faltam certas informações da cultura em que o texto foi originalmente produzido.

Isso pode ser percebido não só no caso de uma leitura em língua estrangeira, mas também quando um sujeito lê, na mesma língua que fala, textos de épocas históricas muito distantes de seu tempo. A mesma situação pode ser observada quando um falante de determinada camada social põe-se a ler textos produzidos por sujeitos de uma outra camada ou ainda quando o leitor comum se defronta com textos de uma área específica, com a qual não tem muita intimidade, como, por exemplo, a filosofia, a sociologia, a linguística, a zoologia, a biologia ou qualquer outra área científica do conhecimento humano.

Para aclarar essa questão, é necessário discutir um pouco a noção de contexto, uma vez que ela pode se referir a dois conceitos distintos. Primeiramente, pode-se pensar em "contexto interior" ao texto quando, por exemplo, pretende-se dizer que determinada palavra tem um significado "x" por aparecer no enunciado "y". Em segundo lugar, pode-se pensar em "contexto exterior" quando, para localizar as condições sócio-históricas e de produção do enunciado, torna-se necessário recorrer a outros textos. É isso o que ocorre quando, para desmascarar a pretensão "democrática" de determinado discurso político, por exemplo, um leitor recupera a história de seu autor e as posições políticas que tem defendido.

É necessário, porém, observar que as duas noções de contexto são semióticas, porque, nos dois casos, temos relação entre uma unidade semiótica menor e outra maior. O primeiro refere-se àquilo que a superfície verbal do texto de leitura diz, o que está inscrito nela. O contexto exterior, por sua vez, não tem a presença assegurada pelo texto; é necessário que se busquem essas informações em outros textos (verbais ou não).

3 DISCUTINDO A NOÇÃO DE CONTEXTO

Segundo Lyons (1979), sempre foi consensual a afirmação de que, para entender o significado de uma palavra, era necessário saber em que contexto ela aparecia.[8] Sua crítica aos estudos da semântica tradicional reside, porém, no fato de que esta não deu o devido reconhecimento teórico a essa questão, embora assumisse o discurso do senso comum sobre a importância do contexto para os estudos do significado dos vocábulos.

Em suas considerações sobre a questão da significação, Lyons (1979) fará algumas colocações sobre a problemática do contexto. Inicialmente, ao tratar do contexto situacional de um enunciado, que envolve um produtor e um receptor, o autor levanta quatro aspectos fundamentais: a "situação espácio-temporal em que ele é produzido"; a percepção dos objetos, referentes, e das ações que se realizam no momento de concretização do ato comunicativo; "o conhecimento partilhado pelo falante e pelo ouvinte do que se disse antes na medida em que isso seja pertinente para a compreensão do enunciado"; a aceitação "de todas as convenções, crenças e pressuposições correntes entre os membros da comunidade linguística a que o falante e o ouvinte pertencem" (p.438).

Assumindo os dois primeiros, a situação espácio-temporal e a percepção dos objetos e ações, como pressupostos elementares de qualquer ato de produção de enunciado, Lyons (1979) irá estabelecer uma diferenciação na ocorrência dos dois últimos aspectos. Segundo ele, existem dois diferentes tipos de contextos. O primeiro seria o contexto situacional propriamente dito, característico dos atos de comunicação em que o enunciado é compreendido a partir dos "traços contextuais relevantes". Tal proposição parte da concepção de que o contexto de um enunciado vai sendo estabelecido na medida em que se desenvolve. Pensando numa conversa, por exemplo, na medida em que dois sujeitos interagem linguisticamente, a compreensão do discurso do enunciador pressupõe um encadeamento entre o que se disse anteriormente e o que vai sendo dito em seguida.

---

8 "Quando perguntamos a alguém qual é o significado de determinada palavra, em geral recebemos a resposta de que isso depende do contexto. 'Dê-me o contexto em que se encontra a palavra e eu lhe darei o significado', é como nos respondem. É muitas vezes impossível dar o significado de uma palavra sem 'inseri-la num contexto'" (Lyons, 1979, p.435).

O PRÍNCIPE DE MAQUIAVEL E SEUS LEITORES   27

Essas colocações de Lyons (1979)[9] poderiam relacionar-se com a proposta de Halliday & Hasan (1976) quando tratam da questão da coesão textual. Na verdade, o contexto determinado pela sequência discursiva de um ato de comunicação corresponde aos dêiticos e anafóricos. O segundo tipo de contexto seria o de "contextos restritos". Com essa denominação, o autor pretende dar conta da significação de determinados enunciados que não dependem da relação sequencial de seus elementos, mas de um conhecimento sociocultural dos sujeitos em interação.[10]

Por meio de uma comparação entre esses dois tipos de contexto, Lyons irá dizer que o segundo, o "contexto restrito", é menos importante quando se pretende desenvolver uma investigação do sentido. Segundo ele, não se deve perder de vista que a noção de significação está assentada sobre o componente linguístico.

Segundo Greimas & Courtés (s. d.), por sua vez, o contexto deve ser entendido como uma conjunção que se estabelece entre um determinado texto e os outros que o precedem, que o seguem e no qual está contido. Da inter-relação entre os vários textos é que se dá a significação de um texto. Partindo dessa proposta, Greimas & Courtés irão estabelecer dois tipos de contextos: o linguístico (explícito) e o extralinguístico ou situacional (implícito).

Para justificar a possibilidade de interpretação dos contextos extralinguísticos, que também são significativos, uma vez que compreendem uma carga semântica, os autores apresentam duas justificativas: possibilidade de explicitar o contexto implícito e possibilidade de homologação do texto linguístico por meio de um

---

9   O trabalho de Lyons que cito aqui é a tradução brasileira de 1979 para *Introduction to theoretical linguistics*, publicado primeiramente em 1968, em Londres, pela Cambridge University Press.

10 "quando usamos a língua para nos comunicar com outros não produzimos frases, mas enunciados; tais enunciados são produzidos em certos contextos e não podem ser compreendidos ... sem um conhecimento dos traços contextuais relevantes ... O caso limite de contextos que não se 'desenvolvem' nesse sentido seria o daqueles em que os participantes de uma conversa não partem de conhecimento prévio um do outro ou da 'informação' comunicada em enunciados anteriores, mas o que eles partilham é algo mais geral: crenças, convenções e pressuposições gerais que regem o 'universo especial do discurso' na sociedade a que eles pertencem" (Lyons, 1979, p.444-5).

28 ARNALDO CORTINA

não linguístico, dependente da semiótica do mundo natural (cf. Greimas & Courtés, s. d., p.82).

Observando atentamente as afirmações de Greimas & Courtés, portanto, é necessário ressaltar que não se pode confundir o extralinguístico com o extrassemiótico, o que implicaria uma total impossibilidade de significação. O extralinguístico que está implicitado pode-se transformar na medida em que é transcodificado. Assim, se digo, por exemplo, que para fazer uma leitura mais completa de *O príncipe*, preciso conhecer o envolvimento de Nicolau Maquiavel (seu autor) com o governo republicano da Florença de sua época e a concepção de mundo do homem renascentista, estou referindo-me a um contexto extralinguístico que pode tornar-se explícito por meio da transformação de seu código de registro, porque se assim não fosse não seria possível fazer referência a ele por meio da manifestação linguística.

Se comparo as afirmações de Lyons, por um lado, e as de Greimas & Courtés, por outro, observo que ambos defendem a existência de dois tipos de contextos. Para o primeiro, existe um contexto situacional que poderia ser chamado textual, pois se refere àquilo que precede ou segue um determinado enunciado; e outro, que o próprio autor chama restrito, que se reporta às "crenças, convenções e pressuposições gerais que regem o 'universo especial do discurso' na sociedade a que pertencem os sujeitos de uma interação comunicativa" (Lyons, 1979, p.445). Para Lyons, na determinação dos significados, o primeiro tipo é mais comum, enquanto o segundo é mais raro. Para os outros dois autores deve-se falar também em dois contextos, um linguístico (explícito) e outro extralinguístico (implícito).

Nesse momento, porém, é importante questionar a afirmação de Lyons de que o chamado contexto restrito seja menos importante para a questão da significação. Ponho em discussão ainda o próprio adjetivo "restrito" que determina a palavra contexto. Segundo o ponto de vista deste trabalho, esse tipo de contexto é mais amplo e não mais restrito. Entendo também que existam dois diferentes tipos de contextos, um que chamaríamos exterior-implicitado e outro, interior-explicitado em relação ao texto.

Embora minha preocupação, conforme já apontado no início, seja com a investigação do processo de leitura de textos escritos, julgo interessante observar, com relação à noção de contexto, como Dijk (1992) trata esse tema ao abordar a compreensão dos atos de fala.

Partindo da concepção de que o processo de compreensão dos atos de fala não se concretiza apenas no momento em que os usuários da língua conseguem relacionar "as informações recebidas com o conhecimento linguístico mais geral e outros conhecimentos arquivados na memória" (na forma de *frames*), Dijk (1992) destaca a importância da noção de contexto, entendido como uma abstração teórica e cognitiva.

Segundo o autor, durante o processo interpretativo devem ser levados em conta três tipos de contextos: o semântico, o pragmático e o social. O sentido de um vocábulo, determinado pelo espaço que ocupa num enunciado em relação a outros vocábulos com os quais se associa, corresponde ao chamado contexto semântico. Assim, por exemplo, por meio dos enunciados "O garoto levou seu cão para passear no parque" e "O cão da espingarda estava enguiçado" pode-se determinar o sentido em que a palavra "cão" está sendo empregada. Aproveitando ainda o mesmo exemplo, poderia dizer que o contexto semântico dessa mesma palavra extrapolaria o espaço enunciativo de uma simples frase e exigiria a delimitação de um espaço maior se deparasse com um enunciado que estivesse falando de um caçador que atirasse numa codorna e, metaforicamente, esperasse que o cão fizesse o que seria sua obrigação.[11] Sem recorrer ao contexto do parágrafo, por exemplo, em que esse enunciado se desenvolve, seria impossível saber se o termo "cão" se refere ao animal doméstico ou à peça de espingarda.

Por contexto pragmático deve-se entender o espaço que assegura o sentido da ação comunicativa de um locutor em relação ao alocutário. O valor de um enunciado como "Eu o condeno a pagar uma multa em razão de suas atitudes" só será reconhecido se tiver sido produzido por um juiz no exercício de suas funções e não por um cidadão comum, que não tem poderes jurídicos para condenar ninguém.

Entendido também como um "construto abstrato em relação às situações verdadeiras" (Dijk, 1992, p.83), o contexto social

---

11   A exemplificação com a palavra "cão", por mim utilizada, é uma apropriação de Eco (1986, p.4).

subdividir-se-á em dois níveis: um geral e outro específico. O primeiro compreenderá as seguintes categorias: privado, público, institucional/formal e informal; o segundo, outras categorias: posições, propriedades, relações e funções dos membros envolvidos num determinado ato de fala. Ressalte-se ainda que cada categoria geral, relacionada a outra específica, será constituída por um conjunto de *frames*.

Ao tratar a questão do contexto em relação aos atos de fala, Dijk parece cair num terreno pantanoso em que certas asserções não podem ser claramente demonstradas. O que aponto, portanto, é a possibilidade de diferenciar um contexto pragmático de um social. Embora o autor fale de um contexto pragmático em seu texto, não deixa muito claro o que está pretendendo dizer com ele. As características desse tipo de contexto aqui explicitadas foram inferidas daquilo que o autor colocou de forma genérica. Segundo meu ponto de vista, o que existe é o contexto situacional em que se dá um determinado ato de fala e, partindo da observação desse contexto, percebo o valor pragmático de um determinado enunciado. Em outras palavras, o contexto situacional explicita a força ilocucionária de um determinado enunciado. Por esse motivo é que se pode aceitar como verdadeira a frase "Eu te condeno a pagar suas dívidas", se ela tem como contexto situacional o fato de ter sido enunciada por um juiz de direito num tribunal em que o destinatário ocupa a posição de réu.

É importante salientar, ainda, que as afirmações de Dijk (1992) estão voltadas para a investigação dos processos cognitivos compreendidos pelos atos de fala que se realizam por meio de um processo de ativação da linguagem. O emprego que o autor faz da noção de *frame*, por exemplo, está assentado nos estudos da inteligência artificial. Alguns linguistas e pesquisadores da área de computação, dentro desse campo de investigação, tentam chegar à demonstração de como se processa o pensamento por meio da linguagem. Os estudiosos da computação valem-se de vários estudos sobre a linguagem, enquanto os linguistas, por sua vez, interessam-se pelos trabalhos que desenvolvem *softwares* com a linguagem da computação. O objetivo dos estudos sobre a inteligência artificial consiste em aperfeiçoar um programa que simule, na máquina, as mesmas operações cerebrais que o homem estabelece por meio da linguagem para ser capaz de pensar e expressar seu pensamento.

Há, porém, uma corrente dos estudos da inteligência artificial que considera a noção de *frame* insuficiente para a criação de um programa que dê condições à máquina de ler e interpretar um texto, por exemplo. Segundo esse grupo, não adianta construir uma infinidade de *frames* de um certo número de termos (mesmo porque, se alguém pensasse em se aproximar o máximo possível da capacidade do cérebro humano, levaria uma infinidade de anos só para fazer a lista de *frames* de todos os termos de uma língua) e esperar que, com isso, o computador adquira a mesma capacidade da mente humana, porque, por meio do processo cognitivo, o homem não só é capaz de estabelecer relações entre dois pensamentos, como também de fazer inferências. Portanto, ao elaborar a lista de *frames* e alimentar a memória de um computador, verifica-se que ele tem condições de cruzar os vários *frames* entre si, isto é, viabiliza-se o estabelecimento de relações, mas a máquina nunca seria capaz de, partindo de dois conceitos, inferir um terceiro. É por esse motivo que a utilização da teoria dos *frames* vem, ultimamente, sendo substituída pela da lógica.

Entretanto, como os estudos linguísticos não estão condicionados pelas limitações da máquina, a teoria dos *frames* tem uma contribuição bastante importante para as investigações sobre a noção de contexto, quer se trabalhe com a conversação quer com o discurso escrito.

Se eu considerar que, ao tratar do contexto pragmático, Dijk não está falando de outra coisa que não o contexto situacional, chego à conclusão de que a noção de contexto envolve, novamente, duas formas de abordagem: a semântica (interna ao texto) e a situacional (externa a ele).

Ao abordar a questão da determinação do sentido dos termos da língua, Eco (1986), por sua vez, faz uma distinção entre cotexto, contexto e circunstância. Segundo ele, o contexto refere-se à "possibilidade abstrata, registrada pelo código, de um determinado termo aparecer em conexão com outros termos pertencentes ao mesmo sistema semiótico" (p.4). Retomando o termo "cão" anteriormente citado, diria que se ele estiver associado a expressões como "fuzil", "gatilho" ou "coronha", terá um sentido determinado pelo contexto estabelecido por essas expressões (no caso, significará peça de espingarda que percute a cápsula); se, por sua vez, estiver associado a expressões que delimitem um contexto biológico, como "animado", assumirá um novo sentido (no caso, animal carnívoro, doméstico).

O contexto de um vocábulo é, portanto, determinado pela relação que estabelece com outros que apontam para um sentido preciso; uma possibilidade de coocorrência entre termos. Quando, porém, os termos efetivamente coocorrem num enunciado, tem-se então o cotexto. "As seleções contextuais preveem possíveis contextos: quando se realizam, realizam-se num cotexto" (Eco, 1986, p.4).

A noção de circunstância a que se refere Eco diz respeito à "possibilidade abstrata (registrada pelo código) de que um determinado termo apareça em conexão com circunstâncias de enunciação" (p.5). É o caso de um termo ser expresso em determinadas circunstâncias, como, por exemplo, empregar o termo "leão" ao me referir à selva, ao zoológico ou ao circo. Assim, em determinada circunstância, e num certo cotexto, "leão" poderia indicar "liberdade", "ferocidade" etc., em relação à selva; "prisão", "enjaulamento" etc., em relação ao zoológico; "amestramento", "habilidade" etc., em relação ao circo.

Para retomar essa diferenciação, observe-se a seguinte frase também citada por Eco (1986):

(1) Deveríamos levar o leão ao zoológico.

No momento da recepção desse enunciado, o leitor de língua portuguesa estabelece uma série de inferências. Primeiramente, é capaz de identificar os possíveis contextos em que o termo "leão" ou "zoológico" podem ser empregados. Em segundo lugar, percebe o cotexto em que concretamente se manifestou o termo "leão" para relacioná-lo à circunstância indicada pela frase.

Diante da ocorrência (1), portanto, um leitor estabeleceria uma série de inferências que o levariam à interpretação de que um leão foi encontrado em estado de "liberdade", o que não é possível fora de uma circunstância como "selva", e que, dada sua característica de "ferocidade", deveria ser conduzido para a "prisão", que indicaria a circunstância do "zoológico", concretamente manifestada no enunciado. Para Eco, essas inferências constituem matéria de interpretação textual; fazem parte da competência enciclopédica dos falantes de uma determinada língua e são ali arquivadas na forma de *frames*.

É importante observar que, embora Eco fale de uma tríade, cotexto, contexto e circunstância, os dois primeiros mantêm-se extremamente ligados, de tal maneira que sobra novamente a oposição diádica: de um lado, o contexto interno e, de outro, o externo. Tanto é verdade que Eco faz a exposição das considerações aqui apresentadas no segundo subitem do capítulo 1, "Texto e enciclopédia", denominado "Seleções contextuais e circunstanciais", de sua obra "Lector in Fabula".[12]

Segundo Derrida (1991), a noção de contexto abrange duas perspectivas: uma chamada "real" (externa) e outra, semiótica (interna). O chamado contexto "real" refere-se, primeiramente, ao momento *presente* em que está inscrito; é o marcador temporal de um espaço enunciativo. Em segundo lugar, esse contexto apresenta marcas do sujeito que produz o enunciado, destacando "o meio e o horizonte de sua experiência", bem como a intencionalidade, o querer-dizer que leva um sujeito a dizer. O segundo tipo de contexto, o semiótico, trata do encadeamento dos sintagmas entre si, responsável pela organização do enunciado de tal forma que a compreensão é atingida quando se percebe a recorrência de um termo sobre outro.

Embora estabeleça essas características para cada tipo de contexto, Derrida (1991) retoma certos princípios de seu desconstrutivismo, questionando as dicotomias. Ao mesmo tempo que distingue os contextos da maneira supracitada, conclui pela total impossibilidade de estabelecer os limites de cada um. Segundo o autor, o contexto comporta um jogo da diferença, da abertura, o que torna complicado estabelecer os limites entre o fora e o dentro, isto é, do enquadramento de um contexto.[13]

---

12 Na verdade, essa oposição contexto/circunstância é utilizada primeiramente em seu livro *Tratado geral de semiótica* (Eco, 1976).

13 "Ora, o menos que se pode dizer da incondicionalidade ... é que ela é independente de todo contexto determinado, da própria determinação de um contexto

Nesse momento parece ser possível visualizar alguma perspectiva para a questão do contexto. Todos os autores a quem recorri para discutir essa questão (Lyons, Greimas & Courtés, Dijk ou Eco), de uma forma ou de outra, acabavam chegando sempre a uma dicotomia (interno *versus* externo; linguístico *versus* extralinguístico) e, a partir disso, procuravam estabelecer os limites para cada um dos termos opostos. Parece que a proposta de Derrida, ao questionar a fronteira entre as duas formas de contexto, embora penda aparentemente para o anarquismo, desfaz a crise da diferenciação. Não estou dizendo com isso que não continue a existir, durante o processo de leitura, um procedimento de reconhecimento textual *stricto sensu* e outro cultural, no sentido sócio-histórico, mas que esses dois fatores dependem do conhecimento daqueles que se põem a ler e a escrever.

É importante retomar aqui as observações dos pesquisadores que trabalham com a inteligência artificial quando criticam a utilidade dos *frames* na execução de um programa de leitura a ser realizado por um computador. Como disse antes, o limite em que esbarram está no fato de que uma máquina não é capaz de inferir, deduzir, concluir. É isso o que ocorre durante a leitura: quanto maiores forem os dados contextuais do sujeito leitor e quanto maior for sua capacidade de perceber relações, tanto mais verdadeira, diria, será sua leitura. Voltarei a essa questão ainda, mas se o leitor quiser observar alguns aspectos do que acabou de

---

em geral. Ela só se anuncia como tal na *abertura* do contexto. Não que seja simplesmente presente (existente) alhures, fora de contexto, mas intervém na determinação de um contexto desde sua abertura e a partir de uma injunção, uma lei, uma responsabilidade que transcende de tal determinação de um contexto dado. Em seguida, resta articular essa incondicionalidade com os imperativos determinados de tal ou tal contexto; e é o momento das estratégias, das retóricas, da ética e da política. A estrutura assim descrita supõe ao mesmo tempo que só haja contextos, que não *exista* nada além do contexto, como disse frequentemente, mas também que o limite do quadro ou a borda do contexto comporta sempre uma cláusula de não fechamento. O exterior penetra e determina, assim, o dentro. É o que tão frequentemente analisei, há tanto tempo, sob as palavras 'suplemento', 'parergon' e cada vez que abordei traço de escrita ou de inscrição (por exemplo, o que marca o limite de um *corpus* ou de um contexto que era divisível e se apagava na sua própria marcação)" (Derrida, 1991, p.209).

O PRÍNCIPE DE MAQUIAVEL E SEUS LEITORES   35

ser dito aqui, basta dar uma olhada na polêmica travada entre
Searle e Derrida.[14]

4 TRÊS PERSPECTIVAS DE LEITURA

Em sua tentativa de estabelecer uma semiótica da recepção,
Eco (1992) observa que é possível entender o processo de leitura
como uma procura da intenção do autor, da intenção da obra ou
da intenção do leitor.[15]

Tal consideração não deixa de ser a grande polêmica que se
tem estabelecido durante muito tempo em relação à interpretação
de textos. Se se pensar na primeira delas, a intenção do autor, é
possível dizer que durante séculos tal perspectiva tem estabelecido
seu domínio, compreendendo uma numerosa corrente de seguidores. Segundo essa perspectiva, interpretar um texto corresponde a
tentar descobrir exatamente aquilo que seu autor pretendeu dizer.
É por esse motivo que, por exemplo, a detentora do "verdadeiro
conhecimento" das Sagradas Escrituras, durante todo o período
da Idade Média, foi a Igreja Católica. Por meio do argumento da
autoridade, oriundo de sua dominação ideológica, a Igreja conseguiu investir sua leitura da Bíblia de um poder de verdade que não

---

14   A propósito do texto "Assinatura Acontecimento Contexto" com que Derrida
     conclui seu livro *Margens da filosofia* e no qual faz algumas críticas à teoria dos
     atos de discurso de Austin, Searle escreve outro texto em resposta, procurando
     mostrar como Derrida não havia compreendido corretamente Austin. Para
     replicar o texto de Searle, Derrida escreve *Limited Inc.* (que empresta o título
     a seu livro citado na bibliografia deste trabalho), provando em que medida a
     má leitura tinha sido a de Searle com relação a seu texto e não dele em relação
     a Austin.

15   "A oposição entre abordagem gerativa (que prevê as regras de produção de um
     objeto textual analisável independentemente dos efeitos que provoca) e abor-
     dagem interpretativa não corresponde a outra oposição, corrente nos meios
     de estudos herméticos, que se apresenta como uma tricotomia, a saber uma
     oposição entre interpretação como procura da *intentio auctoris*, interpretação
     como procura da *intentio operis* e como prescrição da *intentio lectoris* ... Mesmo
     que se afirme que um texto estimula uma infinidade de interpretações e que *não
     existe o sentido verdadeiro de um texto* (Valéry), não se diz se a infinidade dessas
     interpretações depende da *intentio auctoris*, da *intentio operis* ou da *intentio
     lectoris*" (Eco, 1992, p.29-31).

poderia ser, de maneira alguma, contestado. Saía-se do domínio do duvidoso para o da certeza: o texto "x" tinha o sentido "y" e ninguém se opunha a isso. Quem ousasse contestar a leitura da Igreja, ou era louco ou não tinha capacidade para atingir o verdadeiro significado das "palavras divinas".[16]

Para não ficar no exemplo clássico da dominação da Igreja sobre os "textos sagrados", pode-se falar nas interpretações autorizadas, aquelas produzidas não mais pelo poder místico, mas sim pelos detentores do saber. Assim são feitas muitas interpretações literárias veiculadas pelos livros escolares ou então pelos críticos literários institucionalizados. Segundo essa perspectiva, é muito importante saber exatamente o que um determinado autor pretendeu dizer com sua obra, bem como reconhecer marcas de sua vida pessoal, de seus conflitos humanos em seus escritos. Dessa maneira, ler torna-se um exercício de investigação empírica por meio do qual o leitor se submete à autoridade máxima do autor. A este último cabe determinar o que está certo e o que está errado em relação às interpretações realizadas de seu texto, enquanto o leitor, durante seu movimento compreensivo, deve buscar sempre o acerto e fugir do erro.

A partir do início do século XX, por meio de certos conceitos discutidos no Círculo Linguístico de Praga e das afirmações de Ferdinand de Saussure,[17] é que os estudos sobre o texto começam a estabelecer um novo rumo, surgindo aí os princípios do estruturalismo. Tal atitude em relação ao texto vai instaurando-se de maneira bastante intensa até que, por volta das décadas de 1960 e 1970, domina, principalmente, as pesquisas universitárias. A partir de então, ler um texto significa buscar a intenção da obra, pouco importando se o autor quis dizer isso ou aquilo em seu texto. O autor é

---

16 A propósito disso, é interessante o romance *O queijo e os vermes*, de Carlo Ginzburg (1987). Esse livro narra a história de Menocchio, um moleiro italiano que nascera, no ano de 1532, e vivera em Montereale, uma pequena aldeia nas colinas do Friuli. Após ser julgado duas vezes pela inquisição, é condenado à morte por defender uma leitura das Sagradas Escrituras que se contrapunha totalmente àquela estabelecida pela Igreja Católica. Conforme Renato Jeanine Ribeiro, no posfácio dessa edição, "o importante não é o que Menocchio leu ou recebeu – é como leu, é o que fez de suas experiências; o que diminui a distância que se costuma propor entre leitura e escrita, entre uma postura passiva e outra ativa frente ao conhecimento" (p.236).

17 Conforme suas colocações na obra *Curso de linguística geral* (1973).

destronado e, em seu lugar, instala-se o texto; agora é ele o todo--poderoso. No início dos anos 70, por exemplo, num artigo sobre a questão da enunciação, Greimas irá postular a completa impossibilidade de pensar em qualquer interpretação que leve em conta elementos "exteriores ao texto" por meio de uma paráfrase: "*Hors du texte, point de salut*" ["Fora do texto, não há salvação"].[18]

Segundo essa visão, o ato interpretativo compreende a capacidade de o indivíduo perceber como o texto é organizado e, a partir disso, o que está pretendendo dizer. Na verdade, importa mais saber *como* o texto diz o que diz e menos *o que* diz. A visão da leitura correta deixa de ser aquela que busca a intenção do autor, pois o leitor deve encontrar as respostas para suas indagações no próprio texto. Uma leitura é mais correta na medida em que dá conta de toda uma visão estrutural do texto em questão, sem fazer nenhuma relação com nenhum elemento exterior.

Apesar de toda polêmica estabelecida em torno do método de investigação estruturalista, acusado de representar uma forma da dominação da ideologia burguesa, porque instaura o domínio puro e simples da forma, é inegável que ele contribuiu bastante para o avanço dos estudos de texto. Para citar apenas uma de suas contribuições em relação à interpretação, pode-se falar da importância em distanciar a figura do autor da do narrador do texto. Foi importante perceber que aquele que diz *eu* no texto é um sujeito que se constrói ao longo de uma sequência narrativa. Além disso, a própria noção de estrutura textual irá contribuir para que se percebam suas possibilidades de organização.

Uma terceira maneira de realizar a leitura é aquela que privilegia a figura do leitor. A perspectiva dos estudos da recepção textual, porém, não irá negar que todo texto é organizado por meio de uma estrutura, o que seria uma ingenuidade, mas defende que ela não deva ser o árbitro de toda a interpretação.

---

18 O artigo a que me refiro aqui está em Greimas (1974). O caráter paródico da frase, citada no corpo de seu trabalho, é identificado pelo próprio Greimas (p.22). Ela consiste numa apropriação da máxima da Igreja Católica que dizia: "*Hors de l'église, point de salut*" ("Fora da Igreja, não há salvação"). Não se pode deixar de notar, porém, que o simples fato de Greimas retomar uma frase com um conteúdo ideológico tão marcado como o da Igreja seja uma forma de "sacralizar" a perspectiva estruturalista. Há aqui uma paráfrase da formação discursiva e da ideológica também.

Embora reconheça que o texto literário seja sempre plurívoco, é durante o período concretista que a questão da valorização do leitor pode ser vista de maneira bastante intensa. O poema "Caixa-preta", de Haroldo e Augusto de Campos, que consistia realmente numa caixa de papelão preta, contendo uma série de fichas coloridas que registravam diferentes letras do alfabeto da língua portuguesa, é um exemplo da valorização do leitor em relação ao texto. No caso desse poema de Haroldo e Augusto de Campos, é o leitor que deve organizar essas fichas coloridas, como bem entender, para construir "seu texto", portanto sua interpretação. Evidentemente o texto--fonte (a caixa-preta) é importante, porque há uma determinada ordem na sua organização, mas essa não é considerada a única, pois, dependendo das associações que os leitores realizam, muitas outras formas de ordenação podem ser criadas.

É segundo esse mesmo princípio que se dá a elaboração de O jogo de amarelinhas de Cortázar (1974). Esse texto corresponde a, basicamente, dois textos: uma história obtida por meio da ordenação linear de seus capítulos, até o quinquagésimo-sexto, e outra, iniciada no septuagésimo-terceiro, que pode ser obtida por meio de uma indicação ao final de cada capítulo. Além dessas, o leitor pode organizar outras relações entre os diversos capítulos do livro, obtendo, assim, textos diferentes.

Obviamente, todos os exemplos aqui apresentados referem-se a textos que já preveem, na sua produção, várias possibilidades de leitura, isto é, já são produzidos em forma de anagramas que propiciam "n" formas de combinação; entretanto, a figura do leitor passa a ter uma importância mais acentuada, uma vez que chega ao ponto de determinar a própria organização do texto que lê. Daí para a supervalorização do ato interpretativo é um salto.

Para assegurar o domínio do leitor, defende-se a ideia de que durante o processo de leitura deve-se levar em conta o lugar em que ele se coloca, suas condições físicas e psicológicas. Dessa maneira, diferentes formas de interpretação podem coexistir simultaneamente em relação a um mesmo texto sem que se entre na questão do acerto ou do erro. Nos bancos escolares isso vai propiciar todo um questionamento sobre o fato de que cada aluno tem a "liberdade" de apresentar "sua" interpretação a respeito de um texto sem o julgamento de um professor, que é autorizado institucionalmente para fazê-lo. Aliado ao ideal "democrático" que a ideia de poder interpretar um texto de acordo com suas possibilidades carrega, procura-se mostrar, mais ainda, o papel repressor da interpretação do texto pelo texto.

Acontece, porém, que a ideia das "n" possibilidades de leitura carrega em si uma postura ainda mais alienante que a anterior, pois, dizer que qualquer interpretação de um texto é verdadeira, significa dizer que ele não tem nenhuma importância. Se posso atribuir qualquer informação a um dado texto, de que me vale ele? Só se for como pretexto para o meu discurso. Nesse caso, não existe leitura, existe apenas a presença do texto como desencadeadora de um novo discurso que só se relaciona com aquele por meio do levantamento de um ou mais temas.

É evidente que essa preocupação com o leitor trouxe uma série de novas contribuições para a investigação do texto, pois ele passou a ser percebido como um actante discursivo presente no próprio processo de produção. Sempre que alguém produz um texto elabora mentalmente um leitor à sua imagem, o que significa privilegiar uma determinada isotopia do discurso. A concepção de signo de Pierce, que o entende como uma tríade composta pelo significado, pelo objeto e pelo interpretante, já coloca a importância do leitor no processo de elaboração da significação.[19]

---

19 A propósito disso, Eco (1991) afirma o seguinte: "Remetendo-me às afirmações de Pierce, é verdade que a semiose é 'uma ação ou influência, a qual é, ou implica, uma cooperação de três sujeitos, o signo, seu objeto e seu interpretante, de modo que esta influência relativa não pode de forma alguma resolver-se em ações entre duplas'. Esta definição de semiose, no entanto, opõe-se à de signo só se esquecermos que, quando neste contexto Pierce fala de signo, não o entende em absoluto como entidade biplanar, mas como expressão, como *representamen*, e, por objeto, não entende apenas o objeto dinâmico, ou seja aquele a que o signo se refere, mas também o objeto imediato, aquele que o signo expressa, ou seja, seu significado. O signo, portanto, acontece só quando uma expressão é imediatamente envolvida numa relação triádica, na qual o terceiro termo, o interpretante, gera automaticamente uma nova interpretação, e assim até o infinito. Por isto, para Pierce, o signo não é apenas alguma coisa que está no lugar de alguma outra coisa, ou seja, está sempre mas só sob alguma relação ou capacidade" (p.13). De acordo com essa defesa que Eco faz dos postulados de Pierce sobre a noção de signo, é possível constatar que ele só tem existência real no momento em que se atualiza. Essa é uma concepção

Segundo Eco (1992), a opção pelo leitor, embora seja a mais interessante, não deve deixar de levar em conta a maneira como o texto se constrói.[20] Defender que um texto tem mais de uma possibilidade de leituras não significa dizer que qualquer leitura que se produza a partir dele seja verdadeira. Uma leitura só é válida quando consegue se sustentar no próprio texto, isto é, quando é coerente com o que foi enunciado de forma explícita ou implícita.

Com relação à questão da leitura errada, julgo necessário fazer aqui um parêntese para comentar um exemplo de Possenti (1991). Em seu texto, o autor defende que nem toda leitura de um texto pode ser considerada correta e que dizer isso não significa defender que só deva existir *uma* leitura correta para um texto. Além disso, afirma que, ao atentar para a manifestação verbal formadora do texto, é sempre possível verificar por que uma determinada leitura não pode ser considerada verdadeira, com o que concordo plenamente.

Ocorre, porém, que, ao propor apresentar um exemplo de leitura errada, Possenti cita a interpretação que um monitor de

---

contrária à do significado latente, isto é, do signo composto de uma série de traços semânticos. Além disso, acrescentaria que no processo de produção de infinitas interpretações, que faz que o signo seja "aquilo que sempre nos faz conhecer algo a mais" (p.13), está a própria concepção de discurso. Assim, se o interpretante do signo "liberdade", por exemplo, estabelece um encadeamento com vários outros interpretantes é porque ocorre um entrecruzamento de discursos, quer totalmente distintos quer semelhantes. O que estou querendo dizer é que o signo se constitui como tal porque é determinado por um contexto que o produz; tanto o textual quanto o sócio-histórico.

20 "Se, ultimamente, o privilégio conferido à iniciativa do leitor ... parece tomar o lugar de todo o resto, o debate clássico se articula, de fato, em volta da oposição entre os seguintes programas:
a) deve-se procurar no texto aquilo que o autor quis dizer;
b) deve-se procurar no texto aquilo que ele diz, independentemente das intenções de seu autor.
Se se aceitar o segundo termo da oposição, poder-se-á, então, articular a oposição entre:
b$_1$) é necessário procurar no texto aquilo que ele diz com referência à sua própria coerência contextual e à situação dos sistemas de significação aos quais ele se refere;
b$_2$) é necessário procurar no texto aquilo que o destinatário pretende com referência a seus próprios sistemas de significação e/ou com referência a seus próprios desejos, pulsões, vontades" (Eco, 1992, p.29-30). (Tradução minha.)

O PRÍNCIPE DE MAQUIAVEL E SEUS LEITORES   41

português fez de um trecho do capítulo 4, "Diferença não é deficiência", do livro de Magda Soares (1987). Embora Possenti tenha citado apenas um período, opto, para melhor contextualizá-lo, citar o parágrafo todo:

> Para avaliar a verdadeira capacidade verbal da criança, é necessário estudá-la no contexto cultural em que essa capacidade se desenvolve, e em situações naturais, distensas. Segundo Labov, a pesquisa de linguagem coloca o pesquisador diante de um 'paradoxo': seu objetivo é descrever a fala das pessoas tal como ocorre quando elas não estão sendo sistematicamente observadas; entretanto, essa descrição só pode ser feita através de uma observação sistemática. Em suas pesquisas, Labov resolve esse paradoxo usando várias técnicas; no caso específico da observação da linguagem de crianças e adolescentes dos guetos, o *pesquisador*, além de ser também negro, e ter a mesma origem social dos pesquisados, transforma as entrevistas em conversas informais, realizadas em contextos em que os falantes se sentem à vontade, esquecendo o gravador e interagindo livremente com o adulto. (Soares, 1987, p.46-7)

O erro, apontado pelo autor, consistiu no fato de o leitor, em razão da leitura do texto de Soares, haver concluído que Labov era negro. Possenti afirma ainda que o que levou esse leitor a tal conclusão foi o fato de acreditar que "o pesquisador" (do terceiro período do parágrafo de Soares) e "Labov" eram a mesma pessoa, "o que é possível com base em critérios estritamente textuais", mas impossível se se conhece a pessoa de Labov, que é branco. "O leitor erra porque lhe falta a informação que elimina uma das leituras possíveis e é claro que ela não está no texto" (Possenti, 1991, p.718).

A primeira objeção que teria a fazer é que, na verdade, esse não pode ser um exemplo de leitura errada porque o leitor leu o que o texto está afirmando. Não só o monitor de português, mas muitas pessoas também o compreenderam assim porque o problema está na maneira como o texto foi redigido, e não na leitura. Note-se, ainda, que o terceiro período da citação é iniciado por "Em suas *pesquisas*, Labov resolve esse paradoxo..." (grifo meu). Ora, se é Labov quem faz a pesquisa, logicamente será ele "o pesquisador". O leitor seguiu apenas as relações lógicas do enunciado.

A segunda objeção que faria refere-se à afirmação de Possenti de que "O leitor erra porque lhe falta a informação que elimina uma das leituras possíveis e é claro que ela não está no texto". Primeiramente, não acredito que o texto permita *duas* leituras. Na realidade, como disse antes, a leitura é uma só: Labov é negro. Em segundo lugar, e essa me parece uma questão, embora óbvia, bastante importante para os estudos sobre leitura, o leitor foi "enganado" pela redação de Soares, porque não fazia parte de seu conhecimento enciclopédico o fato de Labov ser branco.

Referindo-me ainda ao texto de Possenti, julgo importante destacar a diferença que ele estabelece, a partir do texto "Language use in jokes and dreams: sociopragmatics vs psychopragmatic" de Dascal, entre compreensão e interpretação. Segundo ele, a compreensão seria uma "tarefa cumprida ao nível das regras de uso da língua natural, aí incluída a pragmática; isto é, compreender não implica manipular apenas material verbal" (1991, p.722). A interpretação, por sua vez, só se realiza quando o leitor procura descobrir "as motivações ideológicas e inconscientes dos textos" (ibidem). A partir dessa oposição, Possenti irá afirmar que: "se aceitarmos que 'leitura' pode significar 'compreensão' em alguns casos e 'interpretação' em outros, parece que é mais adequado falar em erro no nível da compreensão do que no da interpretação" (ibidem).

Certamente acredito que o erro de compreensão, no sentido em que esse termo é definido por Possenti, existe, embora tenha tentado mostrar que ele não ocorre no exemplo dado pelo autor. Mas acredito também que seja possível o erro de interpretação; é isso que se pretende mostrar mais adiante, quando trato da leitura de três capítulos de *Memórias póstumas de Brás Cubas* de Machado de Assis. O ponto de vista defendido é o de que, algumas vezes, determinados leitores concluem que certos textos têm uma motivação ideológica e inconsciente "x", quando, na verdade, isso não pode ser assegurado pelo próprio texto. Se o ponto de vista do leitor não pode ser provado, seu argumento é falso; logo, sua interpretação é errada. O que pretendo frisar é que as motivações ideológicas e inconscientes também estão presentes no texto.

Ainda em relação à questão do conhecimento enciclopédico, julgo que, quanto maior for o "acervo" semiótico (porque não estou me referindo apenas à significação linguística) de um leitor, maior será sua capacidade de leitura. Somente sua capacidade intertextual é que lhe permitirá constatar as diversas subdivisões da formação discursiva de um texto.

Para retomar a questão de que toda leitura, para ser aceita como verdadeira, deve sustentar-se no texto que lhe deu origem, sou levado a pensar na maneira como se dá esse processo de "sustentação". Com base em que pontos de vista posso dizer que uma leitura é coerente com o texto que lhe deu origem? Além disso, posso indagar ainda se existem realmente leituras distintas de um mesmo texto, ou se, na verdade, temos uma mesma leitura que elege uma dada isotopia da rede significativa do texto. Nesse caso, então, pode-se pensar na leitura como uma relação intertextual em que se combinam modalidades discursivas, de acordo com as quais todo discurso é construído.

Com o propósito de discutir, ainda neste item deste capítulo, a questão da pertinência da leitura, abordarei, em primeiro lugar, algumas interpretações realizadas por leitores universitários de um trecho da obra *Memórias póstumas de Brás Cubas*, de Machado de Assis (1997, v.1, p.565-8, capítulos L, LI e LII), que representará a modalidade do texto narrativo literário, e, depois, um trecho do livro *O que é poder*, de Gérard Lebrun,[21] representando a modalidade do texto dissertativo de caráter científico. Para melhor facilitar a referência, chamarei o texto de Machado de Assis texto 1 e o de Lebrun, texto 2.

Após uma leitura individual e silenciosa, os leitores deveriam contar o que cada texto tinha pretendido dizer. O texto 1 foi considerado mais fácil de ser interpretado, na opinião dos leitores, exatamente pelo fato de ser narrativo. Segundo eles, embora a linguagem de Machado de Assis fosse considerada difícil, a narrativa histórica fazia referência a fatos concretos (personagens, ações, lugares etc.) que tornavam o texto mais acessível. Outra justificativa era o fato de que o texto, por fazer uso da linguagem figurada, oferecia uma maior mobilidade interpretativa. Geralmente alegavam que, para o texto 2, era preciso encontrar "a leitura correta", porque ele não pretendia ser ambíguo, enquanto, para o texto 1, era pertinente encontrar "uma leitura possível".

---

21 O texto corresponde a um trecho do capítulo intitulado "A comédia liberal" (Lebrun, 1984, p.74-8).

Em relação ao texto 1, devo destacar que houve consenso no que diz respeito ao julgamento ético. De uma forma ou de outra, os leitores procuraram mostrar que Machado de Assis havia pretendido mostrar a ambiguidade do comportamento humano, isto é, que as pessoas são boas e más em diferentes situações da vida. Destacavam, ainda, o fato de que sempre que o homem comete uma boa ação, recebe algum tipo de recompensa, o que caracteriza a leitura moralizante.

Se observadas essas duas interpretações pode-se perceber que elas refletem duas ideias pré-formuladas: "todos nós temos nosso lado bom e nosso lado mau" e "toda pessoa que cometer uma boa ação será recompensada, enquanto aquela que cometer uma má ação será castigada". Tais pensamentos tornam-se clichês quando se apoiam na concepção de que, segundo certos leitores, o autor quis mostrar que "as pessoas devem preocupar-se com seu enriquecimento espiritual e não material".

Embora concorde com o fato de que o herói machadiano seja contraditório, uma mistura de pensamentos e ações que transitam entre o bem e o mal, não é possível aceitar como verdadeira a leitura ética realizada pelos leitores quando esta está assentada num dado falso de observação. Alguns justificam a ambiguidade dos sentimentos de Brás Cubas no fato de ele haver devolvido uma moeda (a boa ação) e ter ficado com os cinco contos de réis (a má ação). É dessa forma que enxergam o entrecruzar da moral e da ética.

Mas em que momento Brás Cubas agiu verdadeiramente movido pela bondade de sentimento, pelo sentimento humanitário? É exatamente a questão moral que está sendo ironizada, e de forma bastante sarcástica, por um enunciador que se esconde por trás do narrador Brás Cubas. Aí está o princípio da "lei da equivalência das janelas": Cubas só devolveu a moeda (e o fato de ser apenas uma moeda também é significativo, pois reforça a mesquinhez de seu caráter) para "compensar" o peso (de consciência) que lhe causava seu envolvimento com Virgília, uma mulher casada. Com relação a isso, o título do capítulo LI é revelador: "É minha!". O destaque dado à exclamação, tornando-a título de um capítulo, é a ponte entre a posse da mulher e a posse da moeda. E porque a primeira lhe pesasse tanto, foi possível desperdiçar a segunda. Está aí a metáfora da transação: Cubas *compra* o amor de Virgília por meia dobra de ouro. Não houve, portanto, nenhuma boa ação e nenhuma recompensa.

Quando Cubas fica com o dinheiro do embrulho misterioso (e o fato de ser uma soma muito maior que a anterior é, novamente, revelador de sua mesquinhez), cria novamente um problema de consciência, pois, pelo fato de ter tornado pública sua *boa ação* ao devolver a moeda, sente-se moralmente cobrado pelas pessoas que insistem em ressaltar a *grandeza de seu ato*. O trecho selecionado para interpretação encerra no momento em que Cubas se sente constrangido pelos elogios que mais reforçam seu pecado, e talvez por essa razão muitos leitores tenham visto aí o castigo dado à má ação cometida. Mas se olharmos a narrativa um pouco mais à frente (capítulo LXX), veremos que Brás Cubas aplica novamente a "lei da equivalência das janelas" para justificar seus atos. Ele entrega exatos cinco contos de réis, os do embrulho misterioso achado na praia de Botafogo, para dona Plácida, costureira, amiga de Virgília, que foi morar na casinha da Gamboa, lugar onde Cubas e Virgília passaram a se encontrar. A presença de dona Plácida na casa era para "adormecer a consciência e resguardar o decoro" (Machado de Assis, 1997, capítulo LXVII, p.581), uma ação escusa financiada com o lucro de uma outra.

Na verdade, então, o erro dos leitores não está na leitura realizada, pois ela deve ser ética e moral, mas nos argumentos com os quais justificam suas interpretações. Houve, por parte deles, uma simples transposição dos fatos narrados para um contexto cristalizado como é o do clichê; faltou a eles remeter seu *frame* de comportamento ético-moral (*intentio lectoris*) ao contexto do texto de Machado de Assis (*intentio operis*) para justificar sua leitura. Embora todos tivessem julgado que o texto narrativo-literário fosse mais simples de ser lido que o dissertativo-científico, não levaram em conta os recursos utilizados na produção do discurso, faltou uma avaliação estética da construção e não da estética da recepção.

Em relação ao texto 2, os leitores que emitiam opiniões sobre o que ele pretendeu dizer constatavam que o autor tencionava discutir o conceito de liberalismo no século XIX, em razão dos limites entre o poder do governante e o do povo. Mas, embora chegassem a essa constatação, raramente eram capazes de discutir os conceitos apresentados. Justificavam essa impossibilidade de discutir as ideias do texto por desconhecerem o sentido do termo liberalismo, bem como os vários autores citados. Na verdade, reclamavam que, para entender o texto, era preciso estar a par do contexto histórico a que ele se referia.

Embora uma das propostas deste livro seja exatamente discutir a importância do contexto na interpretação do texto e, em razão disso, tenha consciência de que, para compreender mais claramente o conceito de liberalismo, seja necessário conhecer os fatores que propiciam o surgimento do pensamento liberal na história da humanidade, não é possível concordar com a alegação dos leitores de que seja impossível entender o que está sendo dito no texto de Lebrun, de que este é impenetrável sem um "conhecimento prévio" do assunto. Essa justificativa é mais incoerente ainda quando se verifica que todos os leitores, sem exceção, afirmaram já terem ouvido falar sobre o liberalismo em algum momento de suas vidas ao responderem a uma das questões apresentadas para interpretação.

O trecho do texto de Lebrun selecionado não pretende definir o que seja o liberalismo. Em verdade, está propondo apresentar as bases do pensamento liberal que, segundo o autor, estão assentadas na "crítica à noção de soberania" e nos "excessos a que esta pode conduzir". Só mais adiante é que o autor chegará a uma definição mais clara do liberalismo, mas os leitores não tiveram acesso ao texto completo. O trecho que leram dava exatamente as informações contextuais para que se pudesse compreender depois a filosofia do liberalismo.

Nesse momento, então, pode-se supor uma das causas do alegado insucesso das interpretações dos leitores: foi-lhes oferecido um texto incompleto e, por essa razão, não foi possível saber em que contexto (agora pensando na organização do texto como um todo) está colocado o trecho escolhido. Não foi possível, deduzo então, saber qual era a intenção do texto ou a intenção de seu autor.

Mesmo reconhecendo um relativo peso para as justificativas anteriores, não se pode considerar impossível o entendimento do texto 2. Em relação à significação do termo liberalismo, porque o enunciador pretende determiná-la por meio do próprio texto; em relação aos autores citados (Rousseau, Hobbes, Benjamin Constant, Locke, Adam Smith ou Jean-Baptiste Say), porque o texto só fez referência a ideias especificadas por algumas orações e não pretendeu abarcar a totalidade do pensamento de cada um desses autores. Por essas razões, então, a alegação de desconhecimento de informações prévias não é aceitável, uma vez que todos os conceitos de que o texto faz uso estão claramente expressos em sua própria superfície discursiva.

Como pude verificar, por meio das considerações sobre as leituras dos textos 1 e 2, é necessário que toda interpretação leve em conta a maneira como o texto organiza e desenvolve seu discurso. Quando uma leitura não considera esse aspecto, pode "enxergar" coisas que, em verdade, não se justificam, caindo, assim, no erro interpretativo. A proposta, repito uma vez mais, não é dar ao texto o poder absoluto, como se tudo pudesse estar inscrito nele próprio, mas justificar o que se está observando no discurso do texto-fonte da leitura. Para provar que vi uma coisa é necessário sempre mostrá-la para o incrédulo interlocutor.

Vejamos, por último, como dois autores comentam as interpretações de seus próprios textos. Não se trata, agora, de um autor tão desprestigiado como o leitor universitário, ao qual, um professor, por exemplo, na condição de julgador, pode atribuir erros e acertos. Primeiramente mostrarei como Umberto Eco, representando a categoria de autor de texto literário, com *O nome da rosa* e *O pêndulo de Foucault*, comenta as interpretações que outras pessoas fazem de seus textos e como ele próprio os lê.[22] Num segundo momento, representando o texto dissertativo científico, apontarei como Jacques Derrida julga a interpretação que John Searle faz de seu texto "Assinatura Acontecimento Contexto".[23]

---

22 Os comentários que Umberto Eco faz sobre a leitura de *O nome da rosa* e *O pêndulo de Foucault* estão em Eco (1992), parte III, "Le travail de l'interpretation" ["O trabalho da interpretação"], mais especificamente nos capítulos III.1.4 "L'auteur et ses interprètes. Un test 'in corpore vili'" ["O autor e seus intérpretes. Um teste 'in corpore vili'"] (p.137-47), e III.1.5 "Quand l'auteur ne sait pas qu'il sait" ["Quando o autor não sabe que sabe"] (p.147-51).

23 O texto com que Derrida responde a Jonh Searle intitula-se "Limited inc. a b c..." (p.43-148), que está no livro *Limited inc.* (Derrida, 1991).

48   ARNALDO CORTINA

Partindo de considerações sobre o autor que comenta leituras de sua obra, Eco (1992) propõe três tipos: o perverso, aquele que considera impossível toda leitura que não identifica aquilo que ele pretendeu dizer; o que concede, aquele que reconhece não haver pretendido dizer o que leram em seu texto, mas acha pertinente a interpretação; por último, o que argumenta, aquele que, independentemente do fato de ter querido dizer isso ou aquilo, julga inadequada a interpretação de determinado leitor por considerá-la "pouco econômica" (p.138).

Referindo-se a alguns comentários de seu romance *O nome da rosa*, Eco se propõe como um autor dos dois últimos tipos: o que concede e o que argumenta. Para justificar a primeira posição, Eco faz referência à observação de um leitor com relação a duas passagens do livro:

> (1) – O que mais o apavora em relação à pureza? – pergunta Adso.
> – A *pressa* – responde Guillaume.

> (2) – A justiça não age com *precipitação*, como creem os pseudoapóstolos, e a de Deus tem séculos a sua disposição (frase dita por Bernard Gui, ameaçando o celeiro de tortura).

O leitor do texto literário de Eco questiona a relação que o autor pretendera estabelecer entre a pressa temida por Guillaume (1) e a ausência de pressa celebrada por Bernard (2). Sem poder oferecer uma resposta a essa indagação, Eco comenta que há uma possibilidade de incoerência no texto, não notada por ele porque o diálogo (1) não constava dos originais do romance e fora acrescentado no momento em que confeccionava as provas para a edição. Ele julgara que seria útil, do ponto de vista rítmico, inserir ainda algumas ideias de efeito antes de passar a palavra a Bernard, mas esquecera que, pouco mais adiante, essa mesma personagem falaria de precipitação (ibidem).

Assumindo a posição de autor que argumenta, Eco irá discutir a leitura que Elena Kostjukovic, tradutora de *O nome da rosa* para o russo, faz de seu romance. Segundo ela, existe um romance chamado *Rosa de Bratsislava* escrito em 1946 por Emile Henriot que fala da caça a um misterioso manuscrito que é destruído, no fim da história, num incêndio da biblioteca (p.139). Para a tradutora,

O PRÍNCIPE DE MAQUIAVEL E SEUS LEITORES

o romance de Eco teria tomado o outro como fonte, para não dizer que o havia plagiado.

Eco afirma ser inverossímil essa afirmação porque nunca, em sua vida, teve conhecimento do livro de Henriot. Para tanto, argumenta que existem inúmeros textos que falam da busca de manuscritos e que terminam em incêndio ou destruição final. O fato de o bibliotecário de seu livro se chamar Berengario e o do livro de Henriot, Berngard é, aí sim, uma incrível coincidência. Mas esse fato, segundo ele, não poderia constituir um motivo para que o acusassem de copiar o livro de outra pessoa.

Para fazer referência a uma situação em que o autor refuta uma leitura de seu texto, Eco cita uma crítica que lhe foi feita por um leitor que considerava a frase "*la plus haute félicité est d'avoir ce que tu as*" ["a maior felicidade é ter aquilo que se tem"], dita por seu personagem Adso, um clichê, uma banalidade no texto. Reconhecendo o absurdo de tal pensamento na mente de uma personagem da Idade Média, que só enxerga a felicidade depois da morte, Eco não reconheceu que a tivesse escrito em seu romance. Ao procurar a passagem indicada pelo leitor percebeu que este não havia levado em consideração o contexto em que esta fora colocada. Adso profere tal frase no momento em que está em êxtase, por estar mantendo, pela primeira vez em sua vida, uma relação sexual. A frase em questão é precedida por uma oração temporal que a situa discursivamente: "Oh, Senhor, quando a alma é arrebatada, a única virtude está no amar o que se vê (não é verdade?), a suma felicidade no ter o que se tem...".[24]

Observo, com relação a *O pêndulo de Foucault*, apenas um comentário de Eco sobre uma questão de interpretação de seu texto. Segundo o autor (1992, p.146), quando criou o título de seu romance, quis fazer referência a Léon Foucault, inventor do pêndulo, assunto central de sua história, e não ao filósofo Michel Foucault, como muitas pessoas entenderam. Talvez se possa justificar essa confusão quando alguém vê apenas o título da obra, mas se a lê inteiramente, a relação a Michel Foucault não se sustenta. O que

---

24 Conforme Eco (1983). Em Eco (1992), esse trecho está assim escrito: "*Oh! Seigneur, quand l'âme se voit ravie, alors la seule vertu est d'aimer ce que tu vois (n'est-ce pas?), la plus félicité est d'avoir ce que tu as...*" (p.142).

ocorreu, porém, foi que vários leitores disseram encontrar no texto referências ao pensamento do filósofo que, mesmo sem a intenção de Eco, diluiu-se no enredo do livro, porque estava presente na enciclopédia de leitura do autor italiano. Eco, por sua vez, não refuta essas considerações, pois é um defensor da presença inconsciente de determinadas manifestações de partes do conhecimento enciclopédico de um autor que se põe a produzir um texto. Contrariamente à posição de Eco, julgo ser impossível qualquer relação da trama em *O pêndulo de Foucault* com o pensamento filosófico de Michel Foucault. Para que essa interpretação fosse feita seria necessária uma referência concreta, se não ao pensamento do filósofo francês, pelo menos a algum tema específico por ele desenvolvido. Essa relação só me pareceria possível se o "leitor" de Eco tivesse lido apenas o título do romance em vez de lê-lo por inteiro. Embora Eco diga que as afirmações de seus leitores tinham-no deixado na dúvida quanto à influência do discurso de Michel Foucault em seu texto, acredito que a narrativa de seu texto desfaz a hipótese dessa relação.

Observando a crítica de Derrida ao texto de Searle ("Reply to Derrida"), podemos constatar como o filósofo francês defende a intenção do autor assegurada no texto.[25] Essa também é a opinião de Eco (1991), quando diz que a única fraqueza de Derrida foi pretender que Searle lesse seu texto de modo "correto" (p.226). Para verificar como isso se dá, mostro duas situações em "Limited inc. a b c..." (Derrida, 1991, p.43-148).

A primeira delas consiste numa acusação de Searle a Derrida, de que ele diz "coisas manifestadamente falsas". Essa consideração de Searle refere-se ao fato de Derrida dizer que a frase do francês *"le vert est ou"* ["o verde é ou"] "significa" um exemplo de agra-

---

25 "Se *Sec* (redução de 'Signature événement contexte') não é o que Sarl (sigla que significa 'Société à responsabilité limitée' com que Derrida designa o conjunto de pessoas, lideradas por Searle, que escreveram a crítica a seu texto) pode ou quer ler nele, que é que está escrito aí? Primeiro, entre outras coisas, aquilo que a *Reply* pretende opor-lhe e teria podido encontrar primeiro em *Sec*, a saber, que 'The survival of the text is not the same as the phenomenon of repeatability' [A sobrevivência do texto não é a mesma coisa que o fenômeno da repetibilidade] (p.200), embora esta seja a condição daquela" (Derrida, 1991, p.76).

maticalidade, quando, na sua opinião, ela não "significa", mas "é" um exemplo de agramaticalidade.[26] Confrontando a citação do texto de Searle com o seu próprio, Derrida procura mostrar como aquele "alterou" o que ele estava dizendo, em sua interpretação de *Sec*, quando omitiu o contexto em que a afirmação de que "o verde é ou" significa um exemplo de agramaticalidade. Segundo Derrida, o simples fato de Searle haver ignorado o advérbio *ainda* permite ver como ele "forçou" uma interpretação impossível daquilo que estava sendo lido.[27]

A segunda situação consiste na afirmação de Derrida de que Searle não conseguiu identificar um outro texto que existe por detrás do subtítulo "Os parasitas. Iter, da escrita: que talvez não exista" que corresponde à terceira parte de seu *Sec* (1991, p.26). Embora essa questão da intertextualidade seja retomada no item 9 deste capítulo, convém aqui observar como Derrida usa esse fato para agredir Searle na sua "competência".

Segundo Derrida, no subtítulo de *Sec* (Os parasitas: Iter, da escrita: que talvez não exista) há "uma citação, mais ou menos

---

26 "A relação de significação não deve ser confundida com a exemplificação. Esse erro é importante, porque faz parte do modo geralmente errôneo pelo qual ele (Derrida) dá conta da natureza da citação e de seu fracasso em compreender a distinção entre *uso* e *menção*. A sequência 'o verde é ou' pode, com efeito, ser *mencionada* como um exemplo de agramaticalidade, mas *mencioná-la* não é a mesma coisa que *utilizá-la*. Nesse exemplo, não é utilizada para significar algo; com efeito, não é absolutamente utilizada" (Searle apud Derrida, 1991, p.112).

27 "É, pois, somente num contexto determinado por uma vontade de saber, por uma intenção epistêmica, por uma relação consciente com o objeto de conhecimento num horizonte de verdade, é nesse campo contextual orientado que 'o verde é ou' é inaceitável. Mas, como 'o verde é ou' ou 'abracadabra' não constituem seu contexto em si mesmos, nada impede que funcionem num outro contexto a título de marca significativa (ou índice, diria Husserl). Não somente no caso contingente em que, pela tradução do alemão para o francês, 'o verde é ou' poderia encarregar-se de gramaticalidade, *ou* (order) tornando-se para a audição *où [onde] (marca de lugar): 'Onde está o verde (da grama: o verde está onde)?', 'Onde está o copo no qual eu gostaria de lhe dar de beber?'* Mas mesmo *'o verde é ou' significa ainda exemplo de agramaticalidade.* É nessa possibilidade que eu gostaria de insistir: possibilidade de destaque e de enxerto citacional que pertence à estrutura de toda marca, de todo horizonte de comunicação semiolinguística; na escrita, isto é, na possibilidade de funcionamento cortado, num certo ponto, de seu querer-dizer 'original' e sua pertinência a um contexto saturável e constrangedor" (Derrida, 1991, p.25).

crítica, mais ou menos paródica, irônica, alterada, lateral e literal ...
do título da quinta *Meditação metafísica* de Descartes" (p.115):
"*De essentia rerum materialum; et iterum de Deo, quod existat*"
["Da essência das coisas materiais; e ainda de Deus, o qual existe"].
Respondendo à crítica de Searle de que ele não sabia a diferença
entre *use* e *mention*, Derrida propõe demonstrar como utilizou o
título de Descartes. De acordo com Derrida, ele acrescentou a segunda parte de seu título (a partir da palavra *iterum*) para, novamente,
argumentar sobre a prova da existência de Deus. Isso era um acréscimo porque, como se constata pela leitura da obra de Descartes, a
existência de Deus já havia sido provada na terceira das *Meditações*.
Em seguida, a expressão "*de Deo*" é substituída por "da escrita" com
o intuito de determiná-la como o tópico da argumentação e "*quod
existat*" por "que talvez não exista". "O 'talvez' do 'ela talvez não
exista' não opõe o estatuto da escrita ao de Deus, que certamente
existiria. Extrai as consequências do que acaba de ser dito quanto
ao próprio Deus e quanto à existência em geral, na sua relação com
o nome e a referência" (Derrida, 1991, p.116).

Quanto ao termo "parasita" que inicia seu título, Derrida afirma
que ele desempenha uma dupla função: referir-se aos parasitas em
geral e para fazer referência à apropriação (parasitagem) que vem
a seguir (a de Descartes).[28]

Com relação a esse segundo caso em que Derrida mostra a leitura correta de seu texto, podemos observar que o filósofo francês
desencadeia um processo de intimidação de seu interlocutor por
um julgamento do saber. Searle não havia percebido que ali estava
ocorrendo um processo intertextual.

A partir da observação da questão das três perspectivas de
leitura, proporei discutir, no item seguinte, as razões que podem
levar uma pessoa a ler.

---

28 "A função da palavra 'parasitas' (no plural), como no outro título, 'assinatura',
ela intitula *ao mesmo tempo* (logo parasitando-se já no seu funcionamento) os
parasitas em geral (fenômenos de linguagem tratados nesses capítulos de Sec e
na literatura austiniana) e aquilo que segue imediatamente, no título, a saber,
um exemplo, um acontecimento de parasitagem, o de um título por outro (que
desde então não é mais inteiramente um título), a parasitagem do célebre título
emprestado de René Descartes, título que já tinha parasitado a si mesmo como
se viu há pouco" (Derrida, 1991, p.117).

5 FORMAS DE LEITURA

Um aspecto importante sobre a questão da leitura consiste em saber por que motivo uma pessoa se põe a ler determinado texto. Ao atentar para essa questão, percebe-se que existem diferentes razões que podem levar um sujeito a executar o ato de leitura.

Em primeiro lugar, é possível falar em leitura como fruição, isto é, como busca do prazer. Por meio desse processo, o leitor não tem outro objetivo senão encontrar no texto algo que desperte sua paixão. É essa a característica básica dos textos de ficção, embora possa também ocorrer com outros tipos de texto. Utilizo aqui a expressão "textos de ficção" para tratar dos textos narrativos em geral, sem distinguir aqueles que, de acordo com um padrão estético, têm valor literário de outros, considerados comuns.

Dentro dessa categoria dos textos de ficção, pode-se dizer que é a busca de uma determinada paixão que leva um leitor a preferir certo tipo específico de narrativa. Na policial, a perseguição de um transgressor da ordem por meio de um emaranhado de pistas desencadeia um mistério, uma tensão; na mística, procura-se uma explicação imaterial para o mundo material, o desvendamento das coisas ocultas; na romântica, o sentimento amoroso, a paixão, no seu sentido comum; na de terror, exalta-se o medo; na de aventura, o inesperado, a inquietação e outros tipos mais.

Esse envolvimento passional com o texto, tão característico da literatura de ficção, pode ser uma etapa inicial da leitura que será seguida por uma outra possibilidade, que chamarei leitura investigativa.

Essa segunda forma de leitura abarca qualquer tipo de texto. É por meio dela que o leitor irá procurar desvendar o significado de um texto, interpretá-lo, investigando seu conteúdo e/ou sua forma. Esse processo, porém, pode seguir em duas direções. Por um lado, aquela responsável pelo trabalho com textos literários; por outro, a que se ocupa dos não literários.

No primeiro caso, o texto tem, segundo Greimas, um valor semissimbólico e o ato de leitura corresponde ao desvendamento de um objeto que não está preocupado em apenas dizer alguma coisa, mas também com a forma como diz, com a sua configuração estética. Nesse sentido, a leitura é dupla, porque deve estar voltada para o conteúdo e também para a expressão desse conteúdo. Como a relação entre o significado e o significante é arbitrária, o texto literário, como signo que valoriza tanto um quanto outro, sai à procura de uma motivação e acaba criando um outro efeito: a opacidade, que irá, por sua vez, permitir um número de leituras maior que a do discurso não literário. É nesse campo que a discussão sobre a intenção do autor, a da obra e a do leitor, conforme foi abordada no item anterior, torna-se mais polêmica.

No caso da interpretação do texto não literário, entra em jogo a questão da avaliação que um determinado sujeito pode fazer do texto que lê, em virtude de uma posição já tomada diante do assunto que está sendo tratado, ou então a busca de um universo de conhecimento específico. É o caso da pesquisa científica em que um pesquisador lê outros textos para estabelecer um ponto de vista próprio em relação a determinado tema. A leitura interpretativa pode ter por objetivo uma contraposição de textos, isto é, lê-se determinada obra para estabelecer um diálogo com ela, discutindo suas ideias, por intermédio da criação de um novo discurso.

Outro modo de leitura ocorre quando se busca acumular informações. É por meio desse processo que se dá a leitura de jornais ou revistas. O leitor recorre a esses veículos para se situar no mundo em que vive, para saber dos acontecimentos que constituem sua realidade social e para se posicionar diante dos fatos relatados, isto é, para se manter bem informado. Por essas razões, essa forma de leitura é responsável por um processo de conscientização do sujeito. É evidente, porém, que se pode recorrer ao jornal e a certos tipos de revistas como forma de entretenimento.

Um quarto modo de leitura é aquele que toma o texto como pretexto para falar sobre o assunto por ele abordado, sobre seu conteúdo manifesto. Nesse caso, não se estabelece um real processo de leitura como o do segundo tipo, pois o objetivo que se estabelece é a criação de um novo discurso que só se vincula ao do texto lido na medida em que fala da mesma coisa. O sujeito que parte do texto que tomou como base para fazer seu discurso não tem necessariamente que apresentar uma interpretação do texto em si, mas daquilo que é o tema do texto de leitura. É esse o caso de uma certa leitura didática; isto é, para falar, por exemplo, sobre a questão da ecologia, toma-se um texto sobre esse assunto de um determinado autor e, a partir dele, discute-se, com um grupo, essa questão. Muitas vezes, nesse caso, o texto serve para introduzir certos conceitos básicos, certos princípios que serão utilizados na argumentação dos sujeitos envolvidos no processo comunicativo. As formas de leitura dependem, portanto, dos interesses daqueles que se põem a ler. Uma observação que se pode fazer é que o processo de interpretação do sujeito leitor será melhor toda vez que este tiver um determinado objetivo ao ler um texto. A leitura cumpre um duplo papel: informar e propiciar prazer. Dependendo, portanto, da intenção do leitor, este deverá optar por textos distintos.

6 DUAS LEITURAS DE *O PRÍNCIPE* DE NICOLAU MAQUIAVEL?

Não pretendo, nesse momento, discutir ou descrever as várias leituras realizadas ao longo do tempo sobre *O príncipe*, pois essa questão será mais extensamente desenvolvida no Capítulo 4 deste livro. Por ora, abordarei apenas a leitura da Igreja Católica e a de Jean-Jacques Rousseau, para poder introduzir o tema das modalidades de leitura que será discutido no item seguinte.

Considerado o precursor da teoria do Estado, Maquiavel, em *O príncipe*, procura mostrar a necessidade de constituir um governante forte o bastante para conseguir a unificação da nação italiana por ele almejada. Para tanto, e aí está a fonte do conceito de maquiavelismo, os fins deveriam justificar os meios. Esse príncipe poderia ser qualquer pessoa que tivesse a capacidade e a força para assumir o poder, mesmo que fosse um papa, porque, naquela época, muitos deles agiam como qualquer outro governante, invadindo outras cidades para anexá-las a seus domínios, financiando exércitos para enfraquecer adversários etc.

Se não fosse um religioso, porém, o príncipe deveria ser poderoso o suficiente para suplantar a dominação da Igreja. O princípio da centralização de poder, proposto pelo livro, entendia que o governo leigo não poderia jamais estar subordinado a qualquer tipo de dominação religiosa.[29]

Deve-se atentar ainda para o fato de que o Renascimento, época em que Maquiavel viveu e escreveu sua obra, é um período da história ocidental responsável por uma grande renovação cultural e científica, capaz de estabelecer uma nova posição ideológica. Começa a ganhar impulso então a visão antropocêntrica do universo em oposição ao teocentrismo dominador do período da Idade Média. E é nesse contexto que se colocam as questões da dessacralização da política, da independência do poder temporal diante da Igreja e da superioridade do Estado em relação à religião. É por essa razão, também, que, durante alguns anos, *O príncipe* circula sem causar nenhum escândalo entre seus leitores, tendo, aliás, a sua primeira edição, em 1532, patrocinada e autorizada pelo papa Clemente VII.

Na realidade, a primeira reação contrária ao livro ocorre durante o período da Contrarreforma, quando a Igreja, para se opor aos novos princípios estabelecidos pelos grupos dissidentes, propõe o retorno à ortodoxia, que tem como objetivos revitalizar sua influência espiritual e defender seu poder temporal. Assim, em 1559, o papa Paulo IV inclui *O príncipe* no *Index Librorum Prohibitorum* e sua decisão será, em 1564, confirmada pelo Concílio de Trento.

Quando, no século seguinte, se consolida o poder absoluto dos monarcas na Europa, acrescenta-se uma nova visão sobre o

---

29   "O príncipe ... deve ... aparentar, à vista e ao ouvido, ser todo piedade, fé, integridade, humanidade, religião. Não há qualidade de que mais se careça do que esta última. É que os homens, em geral, julgam mais pelos olhos do que pelas mãos, pois todos podem ver, mas poucos são os que sabem sentir. Todos veem o que tu pareces, mas poucos o que és realmente, e estes poucos não têm a audácia de contrariar a opinião dos que têm por si a majestade do Estado. Nas ações de todos os homens, máxime dos príncipes, onde não há tribunal para que recorrer, o que importa é o êxito bom ou mau. Procure, pois, um príncipe, vencer e conservar o Estado. Os meios que empregar serão sempre julgados honrosos e louvados por todos, porque o vulgo é levado pelas aparências e pelos resultados dos fatos consumados, e o mundo é constituído pelo vulgo, e não haverá lugar para a minoria se a maioria não tem onde se apoiar. Um príncipe de nossos tempos, cujo nome não convém declarar, prega incessantemente a paz e a fé, sendo, no entanto, inimigo acérrimo de uma e de outra. E qualquer delas, se ele efetivamente a observasse, ter-lhe-ia arrebatado, mais de uma vez, a reputação ou o Estado" (Maquiavel, 1987, p.75).

texto de Maquiavel, considerado, então, o grande defensor dos déspotas. Ele passa a ser interpretado como um manual de técnicas instrumentais do despotismo.

É interessante observar que essa nova leitura do livro de Maquiavel retira-o do contexto em que foi produzido e coloca-o num outro campo, que é o da consolidação do poder absolutista dos reis que irá ser destruído, um século mais tarde, pela revolução burguesa na França (1789).

Contrariamente, porém, a essa leitura de O *príncipe*, Rousseau, na defesa dos princípios republicanos de sua época, recupera o texto maquiavélico em O *contrato social* (1988), observando que seu autor, ao contrário do que todos afirmam, não pretendeu submeter-se à nova ordem dos Medici. Rousseau entende que não é o príncipe Lorenzo o interlocutor do texto. Segundo ele, Maquiavel, em sua obra, desmascarou o poder dos príncipes para o povo. Este último é que seria seu grande interlocutor e, dessa forma, não haveria nenhum tipo de traição a seus princípios republicanos.

Chega-se então a duas leituras que compreendem o texto de Maquiavel de duas maneiras distintas. Para uma, a da Igreja da Contrarreforma, O *príncipe* faz afirmações contrárias aos ensinamentos do Cristo, portanto é um mau texto, ao mesmo tempo que não diz a "verdade", tal como é entendida pela Igreja. Para Rousseau, as posições valorativas são opostas, pois considera bom o texto de Maquiavel, ao mesmo tempo que o julga verdadeiro.

Essas posições em relação ao texto refletem leituras totalmente divergentes ou, na verdade, são dois pontos de vista contrários da mesma leitura? Essa questão será retomada nos capítulos que seguem. Por ora, pretendo discutir um pouco mais detidamente o tema da modalidade de leitura.

7 TRÊS MODALIDADES DA LEITURA

Para discutir a questão da modalidade na leitura é preciso, inicialmente, destacar o significado desse termo para deixar claro como o estou entendendo e de que maneira será aqui empregado.

De uma forma geral, a modalidade é entendida como a maneira segundo a qual uma coisa existe ou se porta. No entanto, sua relação com a leitura pode ser estabelecida no momento em que a emprego como uma forma de "juízo", entendo como neste último se unem o sujeito e o predicado.[30] Com relação ao processo de leitura, é necessário dizer, inicialmente, que não o entendo como uma simples decodificação; isto é, ler não é a mesma coisa que decifrar um pergaminho (embora, às vezes, seja), uma vez que se espera uma interpretação do objeto fonte da leitura e não o reconhecimento da manifestação linguística que o constitui. Esse mecanismo decodificador é muito comum nos primeiros estágios de aquisição da escrita que ocorre durante a alfabetização. Primeiro a criança vai lendo vagarosamente cada uma das letras porque precisa criar, na memória, a relação entre a estrutura gráfica e a fonológica da língua que já sabe falar. Isso significa dizer que a criança já tem desenvolvida a hipótese significativa de um determinado conjunto de signos linguísticos, que deve variar de acordo com o "ambiente linguístico" a que está exposta. O que chamo "ambiente linguístico" envolve uma série de fatores de várias ordens que condicionam as crianças que são falantes de uma determinada língua: classe social, localização geográfica, instrução formal dos pais, maior ou menor contato com o texto escrito etc.

O que estou querendo dizer é que, além da formulação da hipótese grafo-fonológica, cada sujeito tem a capacidade de criar e inter-relacionar textos. Por ser falante de uma determinada língua, sempre que emito um juízo de valor a respeito de uma manifestação escrita (quando leio), quer use o código oral quer o escrito quer o pictórico etc., estarei sempre construindo outros textos. Assim, ler não é outra coisa senão produzir um texto que tenha como referente outro texto.

---

30 É essa a definição de Brugger (1962) para o termo "modalidade". Ele ainda acrescenta que "encarando o juízo, do ponto de vista do conteúdo e em sua relação com o objeto que deve exprimir, temos as modalidades valorativas 'verdadeiro' e 'falso' (Verdade, Falsidade); relativamente à apropriação da verdade por parte do entendimento, temos a certeza e a probabilidade" (p.350). A partir dessa afirmação, passo a trabalhar com o conceito de modalidade epistêmica. Para Greimas & Courtés (s. d.) "a partir da definição tradicional de modalidade, entendida como 'o que modifica o predicado' de um enunciado, pode-se conceber a modalidade como a produção de um enunciado dito modal que sobredetermina um enunciado descritivo" (p.282).

A partir do momento em que se entende a leitura como uma relação intertextual, isto é, um texto que remete a outro que é sua razão de ser, e que o enunciador desse texto de leitura é um sujeito sócio-histórico, chega-se à conclusão de que o que ocorre no processo interpretativo é uma emissão de juízo de três diferentes ordens. O primeiro mecanismo presente no processo interpretativo refere-se à categoria do *crer*. Segundo Greimas & Courtés (s. d.), essa categoria pode ser observada a partir de duas perspectivas: ou como categoria alética, em que o *crer*, visto como sinônimo de "possibilidade", identifica-se com o *não-dever-ser*; ou como categoria epistêmica, em que o *crer*, entendido como categoria modal da "certeza", sobredetermina um enunciado de estado, materializando-se num *crer-ser*.

A modalidade epistêmica, portanto, deve ser entendida como um ato cognitivo, sobredeterminado pela categoria modal da "certeza", que, por meio de relações lógicas, tem a "probabilidade" como elemento complementar. Cada uma delas, por sua vez, encontra na "incerteza" e na "improbabilidade", respectivamente, seus termos contraditórios. As duas primeiras, por sua vez, corresponderiam, respectivamente, ao "crer-ser" e ao "não-crer-não-ser" e as duas últimas, ao "crer-não-ser" e ao "não-crer-ser". A organização dessas categorias no quadrado lógico, segundo Greimas & Courtés (s. d., p.151), poderia ser assim representada:

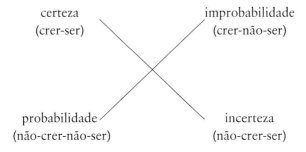

Com relação ainda ao eixo da comunicação, o *crer* opõe-se ao *fazer-crer*, na medida em que este corresponde ao processo de persuasão desencadeado pelo enunciador do discurso, enquanto aquele refere-se ao fazer interpretativo desenvolvido pelo enunciatário. Se o objetivo de todo discurso é fazer seu enunciatário crer naquilo que é dito, ocorre aí um contrato da ordem das modalidades epistêmicas. É por meio da apreciação epistêmica que o leitor irá manifestar sua adesão ao texto lido. Se o fazer persuasivo do discurso do enunciador for eficaz, ou, se estiver assentado nas mesmas formações ideológicas do enunciatário, este o assumirá; caso esse processo não ocorra, o discurso do enunciador será negado.[31]

Esse juízo epistêmico, contudo, depende de um *saber* que incide sobre as modalizações veridictórias do enunciado, materializadas pela oposição entre o "ser" e o "parecer". Quando um sujeito lê um texto, toma-o como um objeto sígnico e, por essa razão, sua interpretação será da ordem do parecer sobre o ser. "O juízo epistêmico é uma assunção do numeral a partir do fenomenal interpretado" (Greimas & Courtés, s. d., p.151). Isso significa que a leitura é sempre uma busca do ser, uma busca da verdade que não é conseguida de maneira simples, porque, pelo fato de constituir um outro texto, terá que desencadear um novo contrato enunciativo para ser reconhecida como verdadeira, e assim até o infinito. É por essa razão que, muitas vezes, o valor epistemológico de uma leitura é dado pelo contexto institucional no qual está assentada.

Na verdade, em relação à leitura, é importante destacar o valor do processo persuasivo, quando se leva em consideração o contexto institucional, que pode estar centrado no autor, na obra ou no leitor. Dependendo do produtor do texto, a leitura estará, previamente, marcada. Isso ocorre em casos de autores consagrados quer pelo valor literário, jornalístico, histórico, filosófico etc. de seus escritos quer pela "publicidade institucional". O estabelecimento desse estatuto do autor depende também do grupo sociocultural ao qual sua obra é destinada; para um estudioso de Letras, Machado de Assis pode significar algo, enquanto para um comerciante,

---

31 Sobre essa questão é interessante observar o que Greimas & Courtés (s. d.) falam sobre as modalidades epistêmicas: "As modalidades epistêmicas dizem respeito à competência do enunciatário ... que, em seguida ao seu fazer interpretativo, 'toma a cargo', assume (ou sanciona) as posições cognitivas formuladas pelo enunciador ... Na medida em que no interior do contrato enunciativo (implícito ou explícito) o enunciador exerce um fazer persuasivo (isto é, um fazer-crer), o enunciatário, por sua vez, finaliza o seu fazer interpretativo por um *juízo epistêmico* (isto é, por um crer) que ele emite sobre os enunciados de estado que lhe são submetidos" (p.151).

um contínuo, por exemplo, que tenha concluído somente o primeiro ou segundo graus, esse autor pode não significar absolutamente nada. Segundo esse mesmo ponto de vista, é possível pensar no sucesso da crônica jornalística de um Afanásio Jadzadi para determinado tipo de público. O autor, em diferentes níveis, corresponde a uma mercadoria que se destina aos mais diversos grupos que compõem a sociedade. Quando se pensa no contexto institucional da obra, a relação é a mesma que a exposta aqui. Para citar um fato específico, basta pensar no valor que as histórias infantis, como *Chapeuzinho Vermelho*, *João e Maria* etc. e determinadas fábulas adquirem no imaginário popular. Nessa situação, o valor de mercado não está no autor, mas na obra. Além disso, podemos dizer, em relação à obra, que, para as camadas sociais menos privilegiadas ou até para as crianças, por exemplo, o simples fato de algo estar impresso em forma de livro já incorpora um valor de verdade indiscutível.

Em relação ao leitor, o processo não é diferente, pois, dependendo da autoridade que adquire em determinados meios, sua leitura será sempre considerada verdadeira. É isso o que ocorre, por exemplo, quando um professor apresenta a interpretação de um texto para um grupo de alunos. Da mesma forma isso acontece no discurso da crítica, que assumirá maior ou menor importância dependendo do veículo de informação em que circula.

A segunda modalidade da leitura é a ética. Emprego aqui o termo "ética" como doutrina dos costumes,[32] pois é por meio dela que o leitor irá posicionar-se diante da oposição certo *versus* errado ou bom *versus* mau. O que ocorre, então, é que um sujeito leitor, sócio-historicamente determinado, irá interpretar os valores inscritos

---

32 "O termo 'ética' deriva de uma palavra grega que significa 'costume' e, desse modo, se definiu com frequência a ética como a doutrina dos costumes, principalmente no que se refere às questões empíricas. A distinção aristotélica entre as virtudes éticas e virtudes dianéticas indica que o termo 'ético' é empregado primitivamente apenas em seu sentido 'adjetivo': trata-se de saber se uma ação, uma qualidade, uma 'virtude' ou um modo de ser são ou não 'éticos' ... Na evolução posterior do sentido do vocábulo, o ético identificou-se cada vez mais com o moral, e a ética chegou a significar propriamente a ciência que se ocupa dos objetos morais em todas suas formas, a filosofia moral" (Ferrater Mora, 1965, p.594-5).

no discurso do sujeito produtor de acordo com sua visão ética, ou seja, de acordo com os valores de sua formação ideológica. Dessa maneira, o sentido de certo, errado, bom ou mau irá diferenciar-se dependendo da perspectiva em que aquele que emite esses valores está colocado. Por esse motivo, então, é que se pode explicar a razão pela qual a Igreja Católica da Contrarreforma condenou o texto de Maquiavel. Para ela era importante reafirmar o papel primordial da Igreja na organização dos Estados. Para ela não interessava a independência do príncipe em relação a seus dogmas, ao mesmo tempo que buscava afirmar a imperfeição do homem em relação à perfeição divina. Nesse aspecto, porém, a Igreja não tinha o que reclamar do discurso de Maquiavel, pois ele sustenta sua concepção do poder despótico exatamente no fato de o homem ser mau por natureza e, portanto, precisar de alguém que direcione suas ações. Por esse motivo mesmo é que se podem perceber marcas do discurso religioso no discurso maquiavélico. Sua divergência com a Igreja é apenas de ordem política e não ideológica.

A modalidade ética, por sua vez, está na base de ambos os tipos de texto, o literário e o não literário, pois em qualquer um deles sempre ocorrem confrontos de ideias e valores, fruto de juízos éticos. Com relação à modalidade estética, julgo que ela é mais frequente no texto literário, porque uma das características fundamentais desse tipo de texto é o trabalho com a linguagem, com a materialidade da mensagem. Embora eu não deixe de reconhecer que um texto não literário também possa ser submetido a esse tipo de modalidade, quando estiver, de alguma forma, preocupado com sua organização estrutural, isto é, com a maneira de dizer o que diz.

É por meio desse terceiro tipo de modalidade de leitura que se irá determinar o valor artístico daquilo que o leitor se põe a interpretar ou que irá dizer se dele gosta ou não. Da mesma forma que nas modalidades anteriores, esta também será determinada pelo aspecto contextual. Basta um pequeno conhecimento de história da literatura para constatar que, dependendo da época, os princípios que determinam os padrões estéticos de um texto (no sentido semiótico) são diferentes. Além do fator histórico, o que mais claramente determina o valor estético de uma obra é seu aspecto formal. Assim, retomando a questão das diferenças históricas, as características estruturais de um texto barroco serão diferentes das de um texto romântico, e assim por diante. Cada época elege um modelo de beleza para as diversas áreas de manifestação artística: a literatura, a pintura, a escultura, o teatro e, mais tarde, o cinema. Em outro trabalho de minha autoria (Cortina, 1989), que procurou observar o processo de leitura de dois textos distintos, um literário (*A hora dos ruminantes*, de José J. Veiga) e outro político (o discurso proferido pelo ex-presidente do Brasil, José Sarney, em cadeia nacional de rádio e televisão, no dia 18 de maio de 1987), constatei que a posição de todos os leitores com que trabalhei, em relação ao juízo de valor emitido, era muito constante. No que se referiu ao discurso literário, o juízo era sempre estético: bonito ou feio; com relação ao político, era sempre epistêmico: concordo ou discordo. Quanto à apreciação ética, posso dizer que, em relação ao texto literário, restringia-se às ações dos sujeitos enunciados; já em relação ao político, referia-se às ações explicitadas ou implicitadas do enunciador. O Juízo Final resumia-se sempre a duas posições antagônicas: gostei ou não gostei do que li.

Os leitores, em relação ao texto de José J. Veiga, eram capazes de considerar inadequada, por exemplo, a invasão dos estranhos em Manarairema,[33] que foi responsável pela privação da liberdade, tanto espacial quanto cognitiva, de todos os habitantes da cidadezinha. Essa reprovação, ainda, na maioria das vezes, estava relacionada à identificação que faziam daquela situação com a do povo brasileiro durante o golpe militar de 64. Os que se posicionavam contrários ao período da ditadura militar instaurada no Brasil na década de 1960 entendiam que o texto de Veiga, simbolicamente, reconstituía aquele fato histórico.

Quanto ao texto de José Sarney, o julgamento ético do leitor recaía sobre a questão fundamental do discurso do ex-presidente: a defesa dos cinco anos de mandato presidencial. Muitos leitores consideravam incorreta a atitude de Sarney em defender a legalidade dos "cinco anos", porque isso havia sido instaurado durante o regime militar, que se configurava como um regime de exceção, isto é, antidemocrático. Houve, porém, aqueles que consideraram correta a defesa feita por Sarney dos cinco anos, porque esse era o período

---

33 Nome da cidade onde se passa a história contada no romance de José J. Veiga.

que lhe estava assegurado pela Constituição, não importando que ela tivesse sido elaborada pelos militares ou não.

No caso do texto de Maquiavel, *O príncipe*, é possível afirmar que tanto a leitura da Igreja da Contrarreforma quanto a de Jean--Jacques Rousseau distinguem-se na maneira como organizam as duas formas de juízo interpretativo: a ética e a epistêmica. Para a Igreja, o discurso maquiavélico é falso porque se opõe àquilo que, segundo ela, deve ser o conceito de verdade. Ela o condenará, também, eticamente, uma vez que defende uma outra ordem ética. Uma das maiores polêmicas sobre o texto de Maquiavel é aquela criada em torno do estabelecimento de uma nova ética política. Para Rousseau, a valorização epistêmica da verdade é decorrência do julgamento positivo da ética do autor florentino. Segundo Rousseau, a verdade do discurso de *O príncipe* pode ser constatada pela colocação dessa obra em seu contexto de origem e em relação a outros textos do mesmo autor.[34]

O que se constata por meio da oposição entre a interpretação da Igreja e a de Rousseau é que a leitura, na verdade, é a mesma, pois ambas dizem a mesma coisa: Maquiavel mostra o que um príncipe deve fazer para conquistar o poder e como proceder para mantê-lo. Para a Igreja, isso é maléfico, pois incita os homens à maldade, a atrocidades; para Rousseau, isso é benéfico, pois revela aos homens comuns as verdadeiras razões e os princípios que regem as ações políticas dos príncipes. O que difere é o juízo de valor a partir do qual cada um realiza seu ato interpretativo.

Vejamos um outro caso em que dois autores interpretam a narrativa infantil *Chapeuzinho Vermelho*. Em relação às leituras que Bettelheim (1980) e Darnton (1986) fazem desse texto, pode-se

---

34 Segundo seus muitos biógrafos, Maquiavel começou a escrever *Discorsi sopra la prima decada di Tito Livio* em 1513 e só veio a concluí-lo em 1517. Durante o primeiro ano (1513), a produção dessa obra foi interrompida porque o autor florentino resolveu escrever *De principatibus*. Enquanto o *Discorsi* é visto como um livro que defende claramente os ideais republicanos, *De principatibus* parece exaltar os valores monárquicos. O que seus vários leitores defendem é a impossibilidade de dois textos, escritos praticamente juntos e pelo mesmo autor, revelarem posições tão diferentes. E é baseado nesse raciocínio que Rousseau parece apoiar-se; pois, segundo ele, Maquiavel não poderia ser tão contraditório.

O PRÍNCIPE DE MAQUIAVEL E SEUS LEITORES   65

dizer que um juízo epistêmico e um ético são desenvolvidos pelos dois, embora por meio de perspectivas diferentes.

Bettelheim faz uma leitura psicanalítica dos contos de fadas, em que procura mostrar como essas histórias, simbolicamente, tratam de problemas da infância e como são importantes para que as crianças, lendo-as, consigam vencer seus medos e superar suas frustrações.[35] Para que esse processo catártico ocorra são importantes os "finais felizes". Assim, *Chapeuzinho Vermelho*, segundo o autor, é uma história que discute a questão da sexualidade. A menina, ingênua, sente-se atraída pela figura masculina, identificada no pai, que é incorporada pelo lobo e pelo caçador, e que luta contra a mãe, reduplicada na figura da avó (a mãe da mãe), que é devorada. Com a morte do lobo e a "ressurreição" da avó, nada se perde e o equilíbrio é restabelecido. Para Bettelheim, a criança, que é "pura e inocente por natureza", vai construindo ao longo do tempo, num processo contínuo de releitura, a identificação de seu conflito com o apresentado pelo conto de fada.[36] Sua interpretação defende o valor de verdade que está manifesto nessas narrativas infantis, ao mesmo tempo que ressalta seu efeito benéfico.

Para Darnton, por sua vez, em seu estudo sobre interpretação de texto por meio do método antropológico da história, é necessário

---

35 "Os contos de fadas, à diferença de qualquer outra forma de literatura, dirigem a criança para a descoberta de sua identidade e comunicação, e também sugerem as experiências que são necessárias para desenvolver ainda mais o seu caráter. Os contos de fadas declaram que uma vida compensadora e boa está ao alcance da pessoa apesar da adversidade – mas apenas se ela não se intimidar com as lutas do destino, sem as quais nunca se adquire verdadeira identidade. Estas estórias prometem à criança que, se ela ousar se engajar nesta busca atemorizante, os poderes benevolentes virão em sua ajuda, e ela o conseguirá. As estórias também advertem que os muito temerosos e de mente medíocre, que não se arriscam a se encontrar, devem se estabelecer numa existência monótona – se um destino ainda pior não recair sobre eles" (Bettelheim, 1980, p.32).

36 Nesse sentido, a série norte-americana "Família Dinossauro", transmitida, em certa época, pela Rede Globo de Televisão, é mais realista que Bettelheim. A personagem Baby mostra a tirania das crianças em relação a seus pais. Em vez de continuar dizendo que os garotos são puros e ingênuos, essa série destinada para o público infantil revela, para eles mesmos, seu lado egoísta, individualista e sádico até. Da mesma forma que os contos de fada, porém, cada história dessa série tem um propósito moral, só que adaptado aos tempos, pois discute problemas da cultura ocidental moderna.

observar a origem dos contos de fadas. Não é possível negar, segundo o autor, por exemplo, que eles são adaptações de contos orais que faziam parte do universo cultural de vários povos da Europa. Sua crítica a Bettelheim parte da afirmação de que esse psicólogo desconsiderou uma série de outras versões do conto *Chapeuzinho Vermelho*, anteriores a Perrault e Grimm. Além disso, procurou encontrar explicações psicanalíticas que pretendiam dar conta do imaginário universal sem levar em conta os traços culturais da época em que o texto foi escrito.

A primeira versão da história de Chapeuzinho, segundo Darnton, realizada por Charles Perrault, em 1697, em *Contes de ma mére l'oye*, é uma adaptação de uma das histórias do vasto material que ele havia colhido da tradição oral francesa. Como Perrault era um aristocrata e pretendeu transformar as histórias em textos passíveis de serem contados nos salões de sua época, provavelmente sentiu necessidade de dar-lhes um tratamento menos rústico, isto é, mais aristocrático.

Na adaptação de Perrault, por exemplo, desaparece a cena de antropofagia[37] presente em alguns registros desse conto anteriores a Perrault. Além disso, ele será responsável pela moral final do texto em que o leitor é advertido para que nunca proceda como a menina, pois poderá sofrer igual punição: a morte. Na versão popular, essa reflexão moral não é explicitamente enunciada, pois a história acaba quando o lobo devora a menina.

Na versão dos irmãos Grimm, de 1812, entram a figura do caçador e a "ressurreição" da avó e de Chapeuzinho, que são retiradas da barriga do lobo e substituídas por pedras, causando a morte do lobo. Nas versões modernas, geralmente, apenas a avó é engolida pelo lobo e Chapeuzinho esconde-se no guarda-roupa ou sai correndo pela floresta.

O que se pode perceber é que, com o passar do tempo, as leituras de *Chapeuzinho Vermelho*, manifestadas nas suas diferentes transformações, adaptam o texto aos tempos, afastando-se cada vez mais da crueza das narrativas populares francesas da Idade

---

37 O lobo, disfarçado de vovozinha, oferece para Chapeuzinho carne e vinho (na verdade, correspondiam à carne e ao sangue da vovó), que a menina come e bebe antes de se deitar na cama com o lobo.

Média. Esse histórico, segundo Darnton, não pode ser negligenciado quando se pretende interpretar esse conto de fadas.

De certa forma, tocando em alguns pontos da análise que Bakhtin (1987) faz do texto rabelaisiano, a presença da antropofagia na história de Chapeuzinho ou as referências a peidar, catar piolho, rolar no feno e jogar esterco um no outro, em outras histórias do imaginário popular francês, "são manifestações das paixões, valores, interesses e atitudes de uma sociedade camponesa hoje extinta" (cf. Darnton, 1986, p.77). A vida cruel das pessoas que viviam naquela época é retratada nas histórias por meio de situações que estão muito distantes das que ocorrem na sociedade burguesa moderna. Um exemplo é a presença constante de madrastas malvadas nas histórias infantis, que pode ser explicada se se constata que, durante o período da Idade Média, a mortalidade feminina por parto era muito grande e, consequentemente, os homens ficavam viúvos com pouca idade. Ao se casarem novamente, suas novas esposas tendiam a se desfazer das crianças do casamento anterior, não por maldade, mas porque, para dar de comer para seus próprios filhos, não queriam dividir o pouco alimento que conseguiam com os filhos da ex-mulher de seu marido.

Nesse sentido, a leitura de *Chapeuzinho Vermelho* proposta por Darnton julga o texto verdadeiro, por se tratar do retrato de uma cultura, mas, diferentemente da leitura de Bettelheim, apresenta um outro juízo ético: para enfrentar as precárias condições de vida, o camponês da Idade Média deve ser astuto, ardiloso, transformando, nesse momento, os conceitos de bondade e maldade, de certo e errado.[38]

Como todo texto é uma leitura do mundo, uma manifestação cultural, procurarei observar, ainda neste item deste capítulo, como

---

38 "Mais da metade das trinta e cinco versões registradas de 'Chapeuzinho Vermelho' terminam como a versão contada antes, com o lobo devorando a menina. Ela nada fizera para merecer esse destino; porque, nos contos camponeses, ao contrário dos contos de Perrault e dos irmãos Grimm, não desobedece a sua mãe nem deixa de ler os letreiros de uma ordem moral implícita, escritos no mundo que a rodeia. Ela, simplesmente, caminhou para dentro das mandíbulas da morte. É a natureza inescrutável e inexorável da calamidade que torna os contos tão comoventes, e não os finais felizes que eles, com frequência, adquirem, depois do século XVIII" (Darnton, 1986, p.79).

João Cabral de Melo Neto (1994, p.336-7) lê a realidade do sertão em seu poema "Na morte dos rios". Não se trata, porém, do comentário da leitura que alguém faz do texto cabralino, mas de uma interpretação da leitura que o poema apresenta de uma dada realidade. Partindo da oposição entre vida e morte, as duas estrofes iniciais têm como tópico dois referentes: a vegetação, na primeira estrofe, e o homem, na segunda. Diferentemente deste, aquela para diante do rio seco, embora seja agressiva, cortante, indomável. O homem não tem a resistência da vegetação e, para sobreviver, roe a areia múmia do rio como um verme que se alimenta de um cadáver. É essa, segundo o texto, a condição de vida dos dois seres do sertão: o humano e o vegetal.

Ao estabelecer essa visão da realidade nordestina, o poema, como recurso argumentativo, propõe-se como verdade; faz, com o leitor, um contrato de veridicção. Para fazer uso dessa modalidade veridictória, que se mostra como concretização da epistêmica, porém, o texto utiliza-se de outro recurso, que também é argumentativo, a exploração da modalidade estética. Seria impossível ler o poema de Cabral como se ele fosse uma reportagem de jornal que comentasse as consequências da seca para a vida do nordeste brasileiro. A cor, como metáfora de referência, o ritmo, a sonoridade permeiam a visão do leitor em relação aos fatos narrados pelo texto. É a crueza poética do abandono do homem nordestino que transforma a realidade na verdade da ficção.

Mas é por meio de uma terceira modalidade, a ética, que o sujeito da enunciação irá manifestar um juízo de valor em relação ao tema de seu discurso: a injustiça social que pesa sobre o homem nordestino. No nível discursivo, a morte, manifestada como seca, como "leito tumba", como "rio de ossos", como "areia múmia", recebe uma valorização negativa em oposição à vida, valorizada positivamente.

Tomando-se o texto poético por inteiro, porém, pode-se ver que, já por meio da modalidade estética, existe uma manifestação da enunciação, pois a maneira de dizer (não só o que se diz) é, por si só, significativa. Na verdade, então, as modalidades epistêmica, ética e estética, que são recuperadas durante o processo interpretativo, fazem parte, também, do processo gerativo do texto. É,

O PRÍNCIPE DE MAQUIAVEL E SEUS LEITORES   69

portanto, a partir da observação das instâncias mais profundas do texto que o leitor irá elaborar sua hipótese interpretativa.

8 A LEITURA COMO CONHECIMENTO ENCICLOPÉDICO

Tomando emprestado de Eco (1991) o termo "enciclopédia",[39] tenciono mostrar como ele está ligado à questão das modalidades da leitura apresentadas no item anterior deste capítulo. Eco (1991) estabelece o conceito de enciclopédia a partir de certos estudos da linguística textual. Assim, para o autor, a forma como a enciclopédia registra os hábitos e costumes dos sujeitos de um determinado grupo social se dá sob a forma de roteiros, entendidos como *frames* ou *scripts*.[40] Um falante incorpora os sentidos dos termos de sua língua por meio de esquemas mentais de registro e os *frames* e os *scripts* correspondem a diferentes tipos de esquemas.

Entendida nesse contexto, a leitura corresponderia à maneira como um indivíduo percebe o mundo à sua volta por meio de suas experiências linguísticas. Tais processos não seriam tão individuais como podem parecer, pois essas formas de percepção estariam condicionadas pelo grupo social a que o sujeito está ligado. Assim, o sentido que um determinado leitor atribui aos signos que compreendem o texto que ele interpreta depende da maneira como foram

---

39 "a enciclopédia é um postulado semiótico ... o conjunto registrado de todas as interpretações, concebíveis objetivamente como a biblioteca das bibliotecas, onde uma biblioteca é também um arquivo de toda a informação não verbal de algum modo registrada, das pinturas às cinematecas ... é interessante reconhecer os diversos níveis de posse da enciclopédia, ou as enciclopédias parciais (de grupo, de seita, de classe, étnicas e assim por diante) ... Do mesmo modo, qualquer intérprete que deva interpretar um texto não é obrigado a conhecer toda a enciclopédia mas apenas a porção da enciclopédia necessária para a compreensão desse texto. Uma semiótica textual estuda também as regras com base nas quais o intérprete de um texto, com bases em 'sinais' contidos nesse texto (e talvez com base num conhecimento precedente), decide qual é o formato da competência necessária para enfrentar esse texto" (Eco, 1991, p.113-4).

40 "enquanto um *frame* é geralmente tratado como um conjunto essencialmente estável de fatos sobre o mundo, um *script* é mais programático na medida em que incorpora uma sequência-modelo de eventos que descreve uma situação" (Brown & Yule, 1983, p.243). (Tradução minha).

incorporados os significados desse signo pelo grupo linguístico a que ele pertence. Sua leitura, portanto, seria condicionada pela forma como se constitui sua enciclopédia de leitura particular. Além do mais, confrontando sua leitura com a de indivíduos de outro grupo, pode-se determinar o universo enciclopédico das interpretações possíveis de um texto.

Atentando-se para o conceito de enciclopédia, será possível ver que, na verdade, há um encadeamento infinito de leituras. O sujeito acumula determinados significados para certos signos a partir de uma "leitura" das experiências a que é submetido durante sua vida. Na realidade, é dessa maneira que se concretiza o processo de aquisição e uso da linguagem criada pelo homem. A partir de uma relação intensa com os signos, em diferentes contextos, toma-se consciência de uma estrutura sintagmática e paradigmática que é a da língua. A partir dessa aquisição que é interpretativa, uma vez que a palavra nunca é apreendida isoladamente, mas por meio de sua textualização, criam-se novos conceitos que permitirão a captação de outro, e assim até o infinito.

Se eu disser que o processo de leitura está próximo ao da aquisição do conhecimento, estarei afirmando que ele é epistemológico ou gnosiológico. Nesse sentido, a primeira modalidade abordada no item anterior é inerente à leitura desde sua formação. Se a organização do universo enciclopédico realizado pela leitura se dá por meio da observação dos costumes do sujeito social que dela faz uso, estarão abertos os domínios da segunda modalidade, a ética. Por último, diria que a maneira de organizar os significados de diferentes formas, em épocas distintas, estabelecendo várias idealizações dessas formas, corresponderia ao padrão estético de um determinado grupo, que corresponde à terceira modalização da leitura.

9 DOIS ASPECTOS DA LEITURA: DESCONTEXTUALIZAÇÃO E INTERTEXTUALIDADE

Neste último item deste capítulo procurarei abordar dois aspectos do procedimento de leitura. O primeiro deles, que chamo descontextualização, ocorre quando o leitor, para justificar seu ponto

O PRÍNCIPE DE MAQUIAVEL E SEUS LEITORES   71

de vista em relação à interpretação de um texto, retira dele certos
trechos isolados, sem, muitas vezes, se preocupar em marcar com
maior clareza em que contexto ele diz o que diz.

Por meio de um segundo procedimento, que denomino intertextualidade, observo o caso de leituras de textos que, de uma forma
ou de outra, constrói-se num entrecruzar de um texto com outro.
O que importa discutir, nesse caso, é o nível de consciência que o
leitor deve ter do texto de referência daquele outro com que seu
texto de leitura dialoga.

Embora pretenda falar de um caso específico de retomada de
um texto por outro, não posso deixar de marcar que um processo
similar faz parte da constituição de todo discurso. É dessa forma,
por exemplo, que Maingueneau (1989), a partir de sua interpretação do ponto de vista de Authier-Revuz (1982), caracteriza a
heterogeneidade constitutiva do discurso. Segundo o autor, tanto
no momento da produção quanto no momento da leitura está presente o fenômeno da heterogeneidade, na medida em que todo
sujeito tem incorporada na sua memória uma ou mais formações
discursivas.[41] É nesse sentido que o dizer é um constante redizer,
isto é, um discurso é a repetição de muitos outros. Para o processo
interpretativo, importa saber com que discurso está dialogando o
discurso que o sujeito lê e produz.

Para tratar da questão da descontextualização, remeto a uma
análise (Cortina, 1990) sobre o discurso proferido pelo papa João
Paulo II, em 3 de julho de 1980, aos operários de São Paulo, no
estádio do Morumbi. O interesse por esse texto específico surgiu
em razão de uma indagação primeira: como era possível que tantas
pessoas, de posições ideológicas tão diferentes, como políticos do
PDS, do PMDB, do PT, padres da corrente conservadora da Igreja

---

41 "Assim, toda formulação estaria colocada, de alguma forma, na intersecção de
dois eixos: o 'vertical', do pré-construído, do *domínio de memória* e o 'horizontal', da linearidade do discurso, que oculta o primeiro eixo, já que o sujeito
enunciador é produzido como se interiorizasse de forma ilusória o pré-construído
que sua formação discursiva impõe. O 'domínio de memória' representa o
interdiscurso como *instância de construção de um discurso transverso* que
regula, tanto o modo de doação dos objetos de que fala o discurso para um
sujeito enunciador, quanto o modo de articulação destes objetos" (Maingueneau,
1989, p.115).

Católica do Brasil, padres da corrente progressista, sindicalistas e empresários, pudessem afirmar que o papa dissera no Morumbi exatamente aquilo que eles defendiam e em que acreditavam?

Analisando o discurso proferido pelo papa pode-se constatar que ele realmente mantém uma certa ambiguidade, pois determinadas afirmações que demonstram maior teor crítico em relação a certos problemas sociais são entremeadas por outras de cunho bastante conservador. Do ponto de vista de sua organização, esse discurso do papa João Paulo II constrói-se sob duas isotopias de leitura: uma política, outra religiosa. A confluência das duas, porém, assegura a dominação da segunda sobre a primeira.[42]

Uma expressão muito característica da igreja progressista brasileira, na época em que o referido discurso foi proferido, por exemplo, era a "opção pelos pobres". Em seu texto, o papa utiliza-se dessa expressão para dizer que essa era realmente uma preocupação da Igreja Católica em relação a todos os povos. João Paulo II, porém, não usa tal expressão no sentido em que a igreja progressista costumava empregá-la. Para ela, "opção pelos pobres" significava "opção pelos oprimidos", pelos explorados por uma sociedade capitalista que viviam na miséria. O discurso do papa aos operários no Morumbi, de forma ambígua, não recusa de imediato esse mesmo sentido, mas, para justificar como a "opção pelos pobres" é uma opção cristã, remete ao discurso bíblico. Nesse novo discurso pode-se perceber que o signo "pobre" adquire um novo significado, no momento em que aparece na expressão "espírito de pobre". Não era dessa forma que o discurso da igreja progressista pretendia

---

42 "Esse discurso não é menos canônico do que o de qualquer outro religioso. Embora toque em vários problemas sociais, a resignação do homem perante Deus é sempre um fato indubitável. Se quisermos fazer uma leitura seguindo a isotopia religiosa, conseguiremos sem muito esforço, mas se quisermos ler somente a isotopia política no discurso, tal tarefa será impossível. Os dois primeiros parágrafos do texto são a base de todo ele, pois apresentam as duas isotopias de que falamos e que serão constantemente retomadas durante o seu desenvolvimento ... Outro aspecto importante é que esse discurso forma um círculo, pois começa falando do antissujeito e acaba falando dele. Esse desenvolvimento circular, do ponto de vista de sua estrutura, é o retrato do discurso conservador, pois ao final restabelece o mesmo clima inicial. Ele não propõe absolutamente nada de novo, é repetitivo e reafirma a posição inabalável da instituição religiosa" (Cortina, 1990, p.16).

significá-lo. No momento em que se reporta ao discurso bíblico, o texto de João Paulo II cita a frase dita por Jesus a seus discípulos quando uma multidão de pessoas, das mais diversas regiões, aproxima-se para vê-lo: "Bem-aventurados os que têm o espírito de pobre, porque deles é o reino dos céus" (Mt. 5,3).[43]

Segundo o papa, a Igreja Católica pretende alcançar a salvação de todos os homens (por meio da conversão deles a sua doutrina) e, por essa razão, faz sua "opção pelos que têm espírito de pobre". Para chegar a determinar assim o significado dessa expressão, João Paulo II se vale ainda de um recurso de argumentação bastante eficaz para aqueles que se dizem seguidores dos ensinamentos da doutrina cristã (as palavras de Jesus Cristo contidas no Novo Testamento): o argumento pela autoridade.

Por meio desse recurso, ainda, fica claro que a Igreja não está escolhendo o "pobre" e excluindo o "rico". Para que este último se inclua entre "os merecedores do reino dos céus", basta ser caridoso, humilde e seguidor dos ensinamentos de Jesus. É nesse sentido que eu dizia anteriormente que a isotopia política desse discurso está subordinada à dominação da isotopia religiosa. O discurso do papa não prega uma revolução social ou uma ação política para extinguir as diferenças de classe; pelo contrário, sugere a mudança interior, isto é, que as pessoas não se preocupem com as coisas materiais, mas sim com as espirituais.

Quando, portanto, os padres da corrente progressista da igreja, os sindicalistas e os políticos dos partidos de esquerda citam o discurso do papa para dizer que este defendeu seus pontos de vista, estão fazendo uso, também, de um recurso argumentativo. Ao descontextualizarem as expressões retiradas do texto de João Paulo II, constroem um novo texto, diferente do anterior. Esse procedimento consiste num ajustamento interpretativo que, na maioria

---

43 Em seguida a essa citação da fala de Cristo, João Paulo II diz o seguinte: "Para além daqueles ouvintes, é também a nós reunidos aqui em São Paulo, no Brasil, que Ele dirigia estas palavras. Vinte séculos não tiraram nada da importância premente, da gravidade e da esperança contidas nestas palavras do Senhor: 'Bem-aventurados os que têm o espírito de pobre!' Estas palavras são válidas para cada um de nós. Este convite grita dentro de cada um de nós. Adquira o espírito de pobre: é isto o que Cristo pede a todos" (Cortina, 1990, p.22).

das vezes, é intencional, salvo apenas em casos de desconhecimento ou ingenuidade do leitor. Isso não significa, porém, que não ocorra, no caso da leitura do discurso do papa aqui apresentada, um erro de interpretação, conforme ficou dito no item 5 deste capítulo.

Neste momento, então, é que, retomando o texto central deste trabalho, me pergunto se, para condenar a leitura dos textos do autor de *O príncipe*, a Igreja da Contrarreforma não destacou exatamente determinadas partes desse texto, as que a agrediam mais diretamente, como, por exemplo, o questionamento de seu poder político? No momento em que surgem grupos religiosos que se revoltam contra as determinações da Igreja Católica é lógico que qualquer manifestação que possa significar a diminuição de seu poder deverá ser combatida. Não foi outra a razão dos inúmeros processos inquisitoriais instaurados durante a Contrarreforma; era preciso eliminar qualquer foco de resistência à autoridade do discurso da Igreja. Nesse sentido, não se estava fazendo outra coisa que não fosse seguir uma das prescrições de Maquiavel: o príncipe deve eliminar todos aqueles que se opuserem ao seu domínio para que não seja, mais tarde, morto por seus inimigos.

No caso de Rousseau, o processo não é muito diferente, pois não é à toa que sua referência a Maquiavel ocorra exatamente em *O contrato social*, obra que pretende provar a supremacia do Estado republicano. Para que as ideias do autor florentino sejam um argumento em favor do sistema político defendido por Rousseau é que ele realiza a leitura positiva de *O príncipe*. Novamente ocorre um processo interpretativo em que o texto de origem é transformado para que o leitor defenda seu ponto de vista. E é exatamente isso o que faz o próprio Maquiavel em seu texto. Segundo alguns historiadores, muitos dos fatos históricos utilizados pelo florentino para ilustrar suas afirmações são adaptados às suas necessidades; não correspondendo, portanto, à exata verdade.

Em relação ao segundo aspecto da leitura, o da intertextualidade, pode-se afirmar que, em determinados casos, como o da paródia, estabelece-se uma tal dependência com o texto matriz, aquele que dá origem a um novo texto, que, se o leitor não o conhece, não consegue realizar uma interpretação adequada. Isso ocorre porque a paródia e o texto parodiado tornam-se um só texto.

Tomando, por exemplo, o poema "Canção do exílio" de Murilo Mendes e o poema homônimo de Gonçalves Dias, verifica-se que é possível *compreender* cada um deles separadamente, mas torna-se impossível *interpretar* o texto de Murilo Mendes sem conhecer o de Gonçalves Dias.

A diferença estabelecida aqui entre os termos compreender e interpretar é muito semelhante àquela estabelecida por Possenti (1991). Utilizamos, portanto, o termo compreender para significar a depreensão daquilo que está escrito numa superfície discursiva. A compreensão corresponde ao reconhecimento da organização morfológica, sintática e semântica de um texto. Já a interpretação requer a relação entre a enciclopédia de leitura (no sentido semiótico) do leitor e a do texto, isto é, a procura da coerência entre os conceitos ativados pelo discurso do texto de leitura e os conceitos do discurso do universo de conhecimento do leitor. A interpretação corresponde, portanto, ao reconhecimento da organização semiótica do texto e da cultura em que ele se manifesta e que nele se manifesta.

Neste capítulo procurei mostrar, em primeiro lugar, que é possível falar em leitura errada na medida em que aquilo que o leitor afirma sobre o texto não pode ser nele comprovado. Em vez de defender a ditadura do leitor, prefiro o juízo dialético que leva em consideração tanto a *intentio operis* quanto a *intentio lectoris*.

Outra questão bastante importante para a determinação do processo de leitura é a distinção entre o ato de interpretação e o de compreensão por ele abarcados. Muitas vezes, um erro de compreensão pode ser a causa de um erro de interpretação; outras vezes, as mudanças de contexto social ou histórico podem propiciar um novo ângulo para a observação dos elementos compreensivos do texto, o que irá influenciar na sua interpretação. Não quero defender, porém, que haja uma verdade compreensiva e outra interpretativa, pois o texto, como manifestação de linguagem, entendida como um código de comunicação marcado pelas formações ideológicas e discursivas daquele que o produz e que o lê, é, por esse motivo, fruto de uma rede intertextual que faz parte do conhecimento enciclopédico do leitor.

Como procurei mostrar, se existir alguma falha na observação dos elementos que constituem a superfície discursiva de um texto, que corresponde à relação intradiscursiva (compreensão), ou na captação dos registros do conhecimento, isto é, de outros textos ou outras culturas, que corresponde à relação intertextual (interpretação), o ato de leitura será prejudicado, ou, no mínimo, alterado.

Partindo do exame das formas de leitura, a fruição, a investigação, a busca de informação ou o uso do texto como pretexto para abordar determinado assunto, procurei introduzir a discussão sobre as três modalidades de leitura. Ocorre, porém, que cada uma delas é consequência de uma característica básica da constituição do texto: a proposição do contrato de veridicção.

Para discutir a relação de verdade, instaurada no texto por meio da relação entre um enunciador e um enunciatário, é preciso retomar algo que ficou diluído em todo este capítulo: a tipologia de texto. A indagação inicial consistiu em saber se o processo de leitura é igual para qualquer tipo de texto. Para encontrar uma resposta para isso, porém, é preciso discutir melhor essa questão no capítulo seguinte.

2 TIPOLOGIA DE TEXTO E LEITURA

Classer ne sera donc plus référer le visible à lui-même,
en chargeant l'un de ses éléments de représenter les autres;
ce sera, dans un mouvement qui fait pivoter l'analyse,
rapporter le visible à l'invisible, comme
à sa raison profonde, puis remonter de cette
secrète architecture vers les signes manifestes qui en
sont donnés à la surface des corps.
(Michel Foucault, *Les mots et les choses*, 1966, p.242)

No capítulo anterior, quando foi discutida a questão da leitura, buscando uma delimitação de sua significação, afirmei que este trabalho estaria voltado apenas para o texto escrito e que o objeto de investigação que serviria para refletir sobre a problemática da leitura seriam as várias interpretações que se realizaram, desde o Renascimento até nossos dias, de *O príncipe* de Nicolau Maquiavel. Nesse momento, portanto, já estava sendo realizado um recorte metodológico em relação ao estudo do texto, uma vez que elegia uma situação de produção de língua escrita, em detrimento de outra, a da língua oral. Essa primeira delimitação correspondeu a uma primeira proposição de tipologia: texto escrito *versus* texto falado.

Isso não significa, porém, uma valorização do texto escrito e uma desvalorização do falado. O estudo deste último tem sido bastante desenvolvido ultimamente e muito tem contribuído para a

compreensão de certos aspectos da escrita. Minha escolha deveu-
-se mais à pluralidade de leituras de *O príncipe*, que a crítica, os
estudos de filosofia e de sociologia consideram tão opostas umas
das outras, que propriamente ao fato de esse ser um texto escrito.
Parti, portanto, de uma situação, uma ocorrência, e cheguei ao
tipo escrito, em vez de realizar o processo contrário. É preciso
reconhecer, porém, que somente um texto escrito poderia permitir
a observação de suas diversas interpretações ao longo da história,
uma vez que a escrita foi, por muito tempo, a mais eficaz e dura-
doura forma de registro do ponto de vista do sujeito em relação a
um determinado objeto.

Meu interesse, neste segundo capítulo, será, portanto, discutir
a tipologia de texto com dois propósitos. O primeiro, para poder
classificar o texto cujas diferentes leituras serão abordadas, investigando a que categoria de texto ele pertencia durante o Renascimento, quando surgiu, e em que categoria pode ser encaixado nos
dias atuais. O segundo objetivo, que só será possível no Capítulo 4,
consistirá em verificar como os textos de leitura, que já pertencem
a uma determinada categoria, classificam o texto de Maquiavel,
isto é, como eles o leem do ponto de vista da tipologia. Isso será
feito partindo da hipótese, em relação às leituras de *O príncipe*,
de que, dependendo da classificação tipológica que o leitor faz de
seu texto de leitura, chega a diferentes "posições interpretativas",
ou seja, de que a tipologia textual é também fator determinante da
modalidade de leitura.

Para a averiguação dessas hipóteses, procurarei, inicialmente,
apresentar algumas propostas de tipologias de texto, pertencentes
às três correntes teóricas que desenvolvem trabalho com a análise
de texto, que já foram mencionadas no capítulo anterior, a saber, a
semiótica e a análise do discurso francesas e a linguística textual.
A partir dessas propostas tipológicas, pretendo apresentar algumas
reflexões com o objetivo de, no item 6 deste capítulo, determinar
como classifico tipologicamente *O príncipe* e os textos de suas
leituras.

Na parte final deste capítulo, proponho ainda desenvolver
alguns aspectos da modalização da leitura, partindo do exame de
sua narrativização.

O PRÍNCIPE DE MAQUIAVEL E SEUS LEITORES   79

I TIPOLOGIA DE TEXTO SEGUNDO A PERSPECTIVA DA SEMIÓTICA FRANCESA

Para Barros (1990a), a classificação e a comparação entre os vários textos existentes depende da realização de diferentes escolhas a serem feitas nos níveis de organização interna e do reconhecimento de outros elementos relativos à organização externa ou, mais propriamente, intertextual. Sua proposta tipológica não se limita, uma vez que se origina de uma perspectiva semiótica, à modalidade escrita dos textos, como a que se pretende aqui; ao contrário, procura ser o mais abrangente possível, embora não se atenha aos limites impostos pela teoria que a assegura.

Partindo, portanto, da perspectiva de que o texto é uma entidade semiótica cuja constituição interna de sentido se dá por meio de quatro níveis de organização, o fundamental, o narrativo, o discursivo e o textual, Barros (1990a) propõe o exame das várias subcategorizações tipológicas possíveis em cada um deles. Na realidade, a classificação de um determinado texto dar-se-ia a partir do entrelaçamento das várias subtipologias expressas em cada um dos níveis internos dessa ordenação do sentido.

No nível das estruturas fundamentais a autora estabelece três critérios para a distinção entre textos. O primeiro compreende a "categoria semântica universal", que corresponde a uma oposição entre o aspecto individual (vida *versus* morte) e outro social (natureza *versus* cultura). O segundo leva em conta a "axiologização de conteúdos", expressa pela categoria tímica (euforia *versus* disforia) e pela tensiva (tensão *versus* relaxamento). O terceiro corresponde à "direção de percursos resultante de operações lógicas", que pode se dar de duas formas: pela negação de um termo e, consequentemente, pela afirmação de seu contrário; ou pela afirmação de um termo e pela negação de seu contrário.

No nível das estruturas narrativas, Barros (1990a) estabelece as subcategorizações tipológicas distinguindo a sintaxe da semântica narrativa. Com referência à sintaxe narrativa, estabelece cinco aspectos que podem determinar tipos de textos. O primeiro refere-se à valorização de uma ou de várias etapas do percurso narrativo canônico: textos que privilegiam a manipulação (o publicitário e o político, por exemplo); outros, a *performance* (como os contos populares); outros, a sanção (como os discursos da crítica literária ou dos editoriais de jornal, por exemplo); e, finalmente, os que mantêm um equilíbrio entre essas três etapas do percurso narrativo.

O segundo aspecto para a caracterização tipológica do texto ainda no nível das estruturas narrativas é o que se refere ao desdobramento polêmico da narrativa. Uma vez que todo texto conta a história de dois sujeitos em oposição, isso implica certas escolhas estratégicas que irão indicar uma única direção do percurso de construção do texto ou várias ao mesmo tempo. É, portanto, por meio desse mecanismo que se poderá verificar, no Capítulo 4 deste trabalho, como Rousseau, por exemplo, pôde ler *O príncipe* como um discurso de desmascaramento do poder dos príncipes dirigido ao povo. Sua leitura privilegiou a perspectiva do povo, porque ambas (a do povo e a do príncipe) estão inscritas na narrativa do texto maquiavélico.

O terceiro aspecto refere-se aos modos de aquisição de valor. Assim, Barros (1990a) diferencia os textos que tomam objetos pertencentes ao mundo, quer real quer imaginário, como os contos infantis, por exemplo, e os que constroem seu objeto durante o desenrolar de seu percurso, como as receitas de cozinha ou os manuais de instrução, por exemplo. Essa é outra classificação tipológica que se relaciona a *O príncipe* de Maquiavel, uma vez que muitos de seus leitores o tomam como um manual do poder, conforme se poderá observar no Capítulo 4.

O quarto aspecto observa como se dá a construção da progressão narrativa do texto, a intencionalidade narrativa; isto é, se, no final do percurso, é retomada a proposição inicial, o que configura a construção de um discurso de tipo conservador. Ao contrário, porém, se o final não retoma o começo da narrativa, tem-se um discurso de tipo polêmico.

O quinto e último aspecto que deve ser observado com referência à subcategorização tipológica do nível das estruturas narrativas do texto é a relação que se estabelece entre os actantes narrativos e os atores do discurso. Assim, é possível encontrar discursos em que um só ator desempenha vários papéis actanciais, e outros em que vários atores desempenham um só papel actancial.

Com referência à semântica narrativa, Barros (1990a) mostra dois aspectos que podem estabelecer distinções tipológicas. O primeiro refere-se às classes de objetos-valor com os quais determinados discursos desenvolvem seu percurso narrativo. De um lado, há narrativas em que os sujeitos buscam objetos-valor modais (saber, poder e querer) e, de outro, há aquelas em que os sujeitos aspiram a objetos-valor descritivos (os objetos materiais: a riqueza etc.). O segundo aspecto trata das várias formas de combinação de modalidades que, em diferentes textos, podem produzir efeitos passionais de sentidos distintos. Para ilustrar esse caso, a autora cita como exemplo dois discursos que culminam com uma decepção ou frustração, e um conduz à resignação e outro, à revolta.

No nível das estruturas discursivas, o mesmo processo de estabelecimento das subcategorizações tipológicas distingue a sintaxe da semântica discursiva. Com referência à sintaxe discursiva, Barros (1990a) determina quatro procedimentos responsáveis pela determinação de tipos de textos. O primeiro refere-se ao emprego das categorias de pessoa, espaço e tempo que criam os efeitos de aproximação ou distanciamento da instância da enunciação. Os textos que tendem para a aproximação entre enunciação e enunciador materializam as três categorias já citadas na forma de um *eu*, um *aqui* e um *agora*; os que tendem para o distanciamento engendram um *ele*, um *lá* e um *então*. Os primeiros são denominados textos subjetivos e os segundos, objetivos.

O segundo procedimento refere-se ao processo interno de delegação de vozes. Assim, é possível encontrar textos em que ocorre esse processo, por meio do emprego do discurso direto, com o objetivo de criar o efeito de realidade, e outros em que a delegação de vozes não ocorre, deixando explícito o domínio do discurso do enunciador.

O terceiro trata da relação possível entre os actantes narrativos e os discursivos. Nesse caso podem ocorrer textos em que o narrador é também um actante narrativo e outro em que cumpre apenas papéis discursivos. Segundo a autora, no primeiro caso tem-se o narrador propriamente dito e, no segundo, o observador.

O quarto procedimento da sintaxe discursiva é aquele responsável pela modalização do enunciatário do discurso. Nesse sentido, dois grupos de textos tipologicamente distintos podem ser organizados. O primeiro, em que o enunciatário é modalizado pelo querer-fazer (texto literário), pelo dever-fazer (texto religioso), pelo saber-fazer (texto técnico) e pelo poder-fazer (texto publicitário). O segundo grupo abarca o primeiro, na medida em que se refere ao tipo de modalização desencadeada, e, nesse caso, o enunciatário será sujeito de um fazer cognitivo (texto científico) ou de um fazer pragmático (texto publicitário, político ou didático).

Em relação à semântica discursiva, Barros considera cinco aspectos responsáveis pelo estabelecimento de organizações tipológicas. O primeiro refere-se aos procedimentos de ancoragem discursiva, isto é, quando o sujeito da enunciação projeta-se na forma de um *Eu*, tem-se a ancoragem enunciativa, responsável pelo efeito de sentido de realidade; quando se projeta na forma de um *Ele*, a ancoragem enunciva, responsável pelo efeito de sentido de ficção.

O segundo aspecto da semântica discursiva que deve ser levado em consideração no estabelecimento tipológico é aquele referente à distinção estabelecida pela semiótica francesa entre tema e figura.[1] Uma vez que essas duas categorias semânticas estão presentes em todos os textos, de acordo com a teoria semiótica, pode-se falar em textos predominantemente temáticos (o científico, o político) ou predominantemente figurativos (o literário, o religioso).

Dependendo, ainda, do grau de figurativização estabelecido em um determinado texto ou da classe de temas utilizada por ele, chega-se a outros dois procedimentos possíveis de distinção entre textos. Barros (1990a) diferencia, com relação ao grau de figurativização, os textos com figurativização simples e os com figurativização icônica; já na organização por classe de temas, mostra o caso do discurso religioso que, dependendo da perspectiva da enunciação, pode ser construído ora para defender o tema da "salvação" (o discurso religioso canônico) ora o da "libertação" (o discurso religoso reformador).

---

1 "*Figura* é um elemento da semântica discursiva que se relaciona com um elemento do mundo natural, o que cria, no discurso, o efeito de sentido ou a ilusão de realidade ... *Tema* é um elemento da semântica narrativa que não remete a elementos do mundo natural, e sim às categorias 'linguísticas' ou 'semióticas' que o organizam" (Barros, 1990b, p.87-8).

Uma quinta possibilidade de distinção tipológica baseia-se na noção de isotopia,[2] na medida em que permite ao leitor o acesso a um percurso de sentido do texto. Assim, verifica-se a ocorrência de textos que permitem uma única isotopia, os monoisotópicos, cujo exemplo é o texto científico, ou aqueles que permitem mais de uma isotopia, os pluri-isotópicos, cujo exemplo é o texto literário.

No nível de organização propriamente textual, Barros (1990a) destaca três mecanismos que devem ser considerados para diferenciar os vários tipos de textos. A primeira distinção pode ser estabelecida de acordo com a utilização de determinadas substâncias de expressão. Nesse caso, pode-se distinguir o texto visual do auditivo etc. A segunda ocorre com textos que usam mais de uma substância de expressão para transmitir suas mensagens como, por exemplo, as histórias em quadrinhos, que se utilizam tanto da escrita quanto do desenho. A terceira e última distinção pode ser estabelecida pela utilização ou não dos sistemas semissimbólicos que são responsáveis pela relação motivada entre as categorias da expressão e do conteúdo.

No que diz respeito aos elementos externos, socioculturais ou intertextuais, segundo os quais os textos podem se diferenciar, a autora não apresenta nenhuma proposta de tipologia, apenas reconhece que cada época histórica e cada cultura distinguem certos tipos de textos com base em procedimentos bastante heterogêneos. No seu entender, a classificação de um texto se dá com base num contrato interpretativo estabelecido entre o enunciador e o enunciatário e, portanto, na medida em que esse contrato se modifica, o reconhecimento e as condições de aceitação dos textos se transformam.

Partindo da mesma perspectiva teórica, isto é, da semiótica francesa, Fiorin (1990) apresenta, também, uma proposta de tipologia de texto. Inicialmente coloca a questão de que diferentes culturas sempre se preocuparam em estabelecer suas tipologias e que devem ser consideradas, nesse caso, "duas ordens distintas de problemas: a dos critérios de classificação dos discursos e a dos gêneros" (p.91).

---

2 "A reiteração dos temas e a recorrência das figuras no discurso denominam-se isotopia. A isotopia assegura, graças à ideia de recorrência, a linha sintagmática do discurso e sua coerência semântica" (Barros, 1990b, p.74).

Uma vez que a base teórica do modelo de Fiorin (1990) é igual à do modelo anterior, proposto por Barros (1990a), não abordarei aqui os critérios de classificação tipológica do nível fundamental, pois eles são idênticos aos apresentados em Barros (1990a). Observarei os critérios apenas a partir de três dos níveis responsáveis pela constituição do sentido do discurso: o narrativo, o discursivo e o textual.

Do ponto de vista do nível narrativo, três são as perspectivas a partir das quais se pode pensar uma tipologia de discurso, observando-se os elementos da sintaxe narrativa. A primeira leva em conta a ênfase colocada em determinada fase da sequência narrativa canônica: a manipulação, a competência, a *performance* ou a sanção; a segunda, o tipo de sanção pragmática que se aplica a uma dada *performance*; a terceira, a possibilidade de se correlacionarem uma conjunção e uma disjunção.

Com relação à primeira perspectiva, destacam-se, conforme exemplificação de Fiorin (1990), os discursos tecnológicos, que privilegiam a fase da competência, uma vez que pretendem transmitir ao enunciatário um saber para a execução de um determinado fim (instruções para uso de aparelhos eletrônicos, receitas de cozinha, plantas de engenheiro etc.); os discursos de jornais sensacionalistas, que privilegiam a fase da *performance*, da ação propriamente dita; os romances policiais, que privilegiam a fase da sanção, uma vez que seu objetivo será sempre desvendar um crime e punir aquele que o cometeu.

O segundo critério tipológico refere-se à sanção pragmática que se aplica a dada *performance*, o que irá propiciar a constituição do discurso conservador (em que os bons são premiados e os maus, punidos) e a do discurso que inverte esse valores (os bons são castigados e os maus, recompensados).

Com relação à terceira perspectiva, observam-se dois tipos de textos: as narrativas de aquisição, isto é, aquelas que partem, durante seu percurso, de um estado inicial disjuntivo (sujeito privado do objeto-valor) para um estado final conjuntivo (sujeito de posse do objeto-valor); as narrativas de privação, que, ao contrário da anterior, partem de uma conjunção para chegar a uma disjunção.

A partir dos elementos da semântica narrativa, Fiorin (1990) estabelece duas possibilidades tipológicas. A primeira refere-se aos discursos em que o sujeito busca a conjunção com objetos de valor descritivos que, por sua vez, podem ser tesaurizáveis ou consumíveis, como, por exemplo, a galinha dos ovos de ouro dos contos infantis, ou prazeres ou estados de alma. A segunda possibilidade remete às paixões que levam um sujeito a fazer. Segundo Fiorin (1990), por exemplo, "as três paixões básicas presentes na novela policial são a cobiça, a cólera (que leva à vingança) e o fanatismo" (p.95).

Do ponto de vista do nível discursivo, estabelece-se a tipologia por meio da organização dos elementos da sintaxe e da semântica. Com relação à primeira, a sintaxe discursiva, que visa analisar as projeções de pessoa, tempo e espaço no enunciado e as relações entre enunciador e enunciatário, o autor estabelece alguns princípios norteadores da constituição tipológica.

Com referência às pessoas, podem ser observadas duas possibilidades de projeção do enunciador. Uma, que consiste na sua presença por meio de marcas explícitas, como é o caso do discurso polêmico; outra, em que ocorre o apagamento do enunciador, que se oculta atrás dos fatos, como é o caso do discurso científico. Quanto ao enunciatário, observa-se o mesmo tipo de ocorrência, isto é, discursos em que ele está claramente expresso, como o didático, e outros em que está elíptico, como é novamente o caso do discurso científico.

Quanto à projeção temporal, são duas as possibilidades: o discurso do *agora*, cuja narração é concomitante ao momento em que os fatos ocorrem, e o discurso do *então*, que pode assumir duas diferentes formas: a primeira, cuja narração é anterior ao momento em que os fatos são narrados, e a segunda, em que é ulterior. No que se refere à projeção espacial, é possível estabelecer o discurso do *aqui*, quando o espaço do narrador e o do fato narrado são idênticos, ou o do *lá*, quando eles são distintos.

Outro princípio norteador da construção de uma tipologia é o estabelecido pela relação entre a instância da enunciação enunciada e a do enunciado enunciado. Fiorin (1990) propõe, nesse caso, a separação entre os discursos em que há coincidência entre as duas instâncias e aqueles em que não há coincidência entre elas, como no discurso irônico, por exemplo.

Com relação à semântica discursiva, Fiorin (1990) chega à mesma tipologia apresentada por Barros (1990a). No que se refere ao revestimento das estruturas narrativas, podem ser observados os discursos predominantemente temáticos (como o texto dissertativo, por exemplo) e os predominantemente figurativos (como o texto narrativo, por exemplo). Quanto à possibilidade de leitura inscrita num texto, os monoisotópicos e os pluri-isotópicos.

No que se refere ao nível textual, é possível pensar numa classificação tipológica a partir de duas maneiras distintas. A primeira, dependente da relação que se estabelece entre o plano da expressão e o plano do conteúdo, que poderá dar origem a dois diferentes tipos de discursos: aquele que se utiliza do plano de expressão apenas para veicular conteúdos (como o discurso científico, por exemplo) e aquele que mantém uma estreita dependência entre um e outro planos (como o discurso poético, por exemplo). A segunda maneira permite ainda uma tipologia relacionada à quantidade de planos de expressão por meio da qual se manifesta o conteúdo, dando origem aos discursos sincréticos, em que um conteúdo é manifestado por meio de vários planos de expressão (como o cinema ou o teatro, por exemplo) e aos discursos não sincréticos, em que um conteúdo é manifestado por meio de um único plano de expressão (como a literatura, por exemplo).

No que diz respeito aos critérios de classificação dos gêneros, Fiorin (1990) observa a relatividade da constituição dos textos, o que significa que um gênero não se define exclusivamente por um dos tipos sugeridos anteriormente, é antes uma constelação de diferentes características tipológicas.[3]

2 TIPOLOGIA DE TEXTO SEGUNDO A PERSPECTIVA DA ANÁLISE DO DISCURSO FRANCESA

Ao defender que tudo é subjetivo na linguagem, Kerbrat--Orecchioni (1980) afirma que toda sequência discursiva apresenta

---

3 "A constelação tipológica que constitui o gênero é social. Varia, portanto, de época para época. O que numa época era considerado discurso científico pode não ser mais classificado assim. Os critérios de classificação pertencem à natureza da linguagem. Os gêneros são arranjos que dependem de fatores sociais, ou seja, dos efeitos de sentido valorizados num certo domínio por uma dada formação social ... Uma tipologia calcada nas teorias do discurso não pretende constituir uma norma, mas, ao contrário, quer mostrar quais os mecanismos que geram os diferentes tipos de discursos sociais: o científico, o didático, o religoso, o político, etc." (Fiorin, 1990, p.97).

O PRÍNCIPE DE MAQUIAVEL E SEUS LEITORES   87

a marca de seu enunciador, mas segundo modos e graus diversos. Em razão dessa observação, entende que as marcas enunciativas podem ser utilizadas como critérios para o estabelecimento de uma tipologia de textos, afastando, assim, a distinção retórica dos gêneros.

Embora não chegue, em seu trabalho, a esboçar um modelo formal de tipologia de texto, a autora faz um levantamento dos fatos enunciativos que, no seu entender, são indispensáveis para chegar a uma tipologia. Em primeiro lugar, trata do "dispositivo enunciativo extraverbal", que corresponde ao número e à natureza de actantes da enunciação implicados na troca verbal; num segundo momento, do "dispositivo intraverbal", que corresponde ao número e à natureza de diferentes actantes do enunciado, alguns dos quais são mais ou menos considerados para representar linguisticamente certos atos da enunciação.

Tomando como exemplo o discurso polêmico, Kerbrat-Orecchioni (1980) estabelece que, em relação ao dispositivo enunciativo extraverbal, esse tipo de discurso envolve três actantes abstratos: "um *locutor* polemista, que visa a desacreditar um *alvo* aos olhos de um *destinatário*, que o locutor procura constituir como cúmplice" (p.158).

Quanto ao dispositivo intraverbal, a autora afirma que o discurso polêmico se caracteriza pelo fato de que o alvo é necessariamente mencionado no enunciado e que o enunciador-emissor e, em menor grau, o enunciador-receptor são geralmente inscritos com uma certa insistência na superfície textual: "diferentemente do discurso científico e do didático, o discurso polêmico é, em princípio, fortemente marcado enunciativamente" (ibidem).

A segunda questão que, para Kerbrat-Orecchioni, deve ser levada em consideração é a do aparelho formal da enunciação, do qual destaca os aspectos do estatuto linguístico do locutor e o do alocutário. Quanto à presença do locutor no enunciado, a autora levanta três possibilidades de ocorrência: por meio da presença explícita, da presença indireta ou do conjunto de escolhas estilísticas e da organização do material verbal. No que se refere ao alocutário, além dos índices explícitos dos chamados apelativos (vocativos) e do imperativo, a presença do destinatário inscreve-se na totalidade do material linguístico que constitui o enunciado.

Retomando a questão do gênero, Kerbrat-Orecchioni (1980) estabelece que ele é um "artefato" construído a partir do material básico que é o texto. Para a autora, todo gênero se constitui por meio de uma rede de propriedades específicas que podem ser chamadas "tipologemas" e que dependem de diferentes eixos de seleção (o sintático, o semântico, o retórico, o pragmático, o extralinguístico etc.). Em seu trabalho, a autora está preocupada apenas com o eixo das modalidades enunciativas e é dessa perspectiva que trata da distinção entre o discurso didático, o polêmico e o científico.

Enquanto o discurso didático destaca a presença do destinatário do enunciado, ocultando o enunciador sob a capa de um saber que lhe atribui o estatuto de autoridade, os discursos polêmico e científico têm um forte componente argumentativo. A diferença entre eles é que, no discurso polêmico, a presença do enunciador é indispensável, enquanto no discurso científico não se deixa mostrar.[4]

Outra tipologia de texto que se baseia nos pressupostos teóricos da análise do discurso é a apresentada por Orlandi (1987). Diferentemente do enfoque exclusivo na questão da enunciação, embora esse conceito também seja fundamental para sua tipologia, a proposta da autora pretende construir-se por meio da relação da linguagem com suas condições de produção. Segundo ela, a preocupação com o estabelecimento de uma tipologia é uma necessidade metodológica para a análise do discurso; sempre que se vai trabalhar com um texto, parte-se de sua classificação em relação a outros.

Em seu modelo tipológico, Orlandi (1987) não está preocupada com os critérios que estão presos à noção de instituição, como a diferença entre discurso religioso, jurídico, jornalístico etc., nem com aqueles em que se estabelecem diferenças entre domínios de conhecimento, como o científico, o literário, o teórico etc. Sua

---

4 "O princípio que anteriormente enunciamos: *a subjetividade linguageira está em tudo, mas diversamente modulada segundo os enunciados*, vale para os diferentes conjuntos textuais da mesma forma que para as unidades textuais: não é o *gênero* que escapa à empresa da subjetividade, nem o discurso dos historiadores, nem o dos geógrafos, nem o dos lexicógrafos, nem o dos juristas, nem mesmo o dos matemáticos. Mas não são os mesmos *subjetivemas* que exploram uns e outros. Utilizar o critério enunciativo (entre outros critérios), para fundar uma tipologia de textos, é então procurar os tipos de marcas enunciativas que são toleradas/refutadas por cada tipo de discurso, e caracterizar cada gênero por uma combinação inédita de enunciatemas" (Kerbrat-Orecchioni, 1980, p.170-1).

preocupação volta-se mais para as características já pressupostas no interior dessas tipologias anteriores; genericamente, pretende estabelecer uma tipologia voltada para a dimensão histórica do texto e de sua característica de interação, como base do relacionamento social. Dessa forma, sua proposta tipológica pensa o texto na sua relação com o contexto, observando esse último tanto por meio de seu sentido estrito (situação de comunicação) quanto por meio de seu sentido lato (determinações sócio-históricas).

Com base nessas posições prévias, Orlandi (1987) estabelece que sua tipologia de texto está assentada sobre dois princípios, o da *interação* e o da *polissemia*. O primeiro trata da relação entre os sujeitos envolvidos pelo processo de enunciação. Todo texto é criado, portanto, por meio da projeção de um sujeito discursivo que diz *eu*, o locutor, e da projeção que ele mesmo faz de um outro sujeito discursivo que se materializa na forma de um *tu*, o ouvinte. A dinâmica desse processo de interlocução é determinada pelo processo da *reversibilidade*. O segundo princípio trata da relação estabelecida entre os interlocutores e o objeto do discurso. Essa relação, segundo a autora, pode estabelecer-se de três formas: "o objeto de discurso é mantido como tal e os interlocutores se expõem a ele; ou está encoberto pelo dizer e o falante o domina; ou se constitui na disputa entre os interlocutores que o procuram dominar" (p.154). A partir desses princípios, Orlandi propõe os seguintes tipos de discurso: o lúdico, o polêmico e o autoritário.

Estabelecendo uma oposição entre o discurso lúdico, de um lado, o polêmico e o autoritário, de outro, a autora pretende mostrar como o primeiro implica uma noção de ruptura em relação a uma dada formação social, enquanto os dois outros se valem do uso eficiente da linguagem voltado para fins imediatos, práticos.

Valendo-se dos princípios já enunciados, Orlandi (1987) caracteriza cada um dos três tipos de discurso da seguinte forma: no *lúdico* há uma total reversibilidade entre os interlocutores e seu objeto se mostra integralmente, o que irá propiciar um alto grau de polissemia; no *polêmico* há uma reversibilidade relativa entre os interlocutores e seu objeto é direcionado pelos participantes, o que propiciará uma polissemia controlada; no *autoritário* não há reversibilidade entre os interlocutores e o objeto do discurso é ocultado pelo dizer, o que irá propiciar um reduzido grau de polissemia.

Numa tentativa de tornar mais clara a distinção entre cada um dos três tipos, a autora recorre a outros dois pontos de vista segundo os quais essa distinção pode ser estabelecida: o das funções da linguagem e o da noção de tensão entre paráfrase e polissemia. Com relação às funções da linguagem, destaca a referencial, tomando-a como forma de retratar a verdade. Nesse sentido, portanto, o discurso lúdico é o que menos leva em consideração essa função, valendo-se mais da poética, se se pensar na polissemia, e da fática, se se considerar a reversibilidade. Já no discurso polêmico, a referência é assegurada na medida em que os interlocutores disputam a verdade e, no autoritário, ela é determinada pelo locutor, uma vez que ele pretende impor a verdade.

Com relação à noção de tensão entre a paráfrase, entendida como o que é *igual, repetitivo*, e a polissemia, como aquilo que é *diferente*, pode-se distinguir cada um dos três tipos da seguinte maneira: no discurso lúdico a polissemia é intensificada e a paráfrase, diminuída; no discurso polêmico há um equilíbrio entre uma e outra; no autoritário há uma intensificação da paráfrase e um apagamento da polissemia.

Uma última observação a ser feita em relação às características da tipologia estabelecida por Orlandi (1987) é o fato de que os textos não incorporam cada um dos tipos individualmente. Ao contrário, o que se deve levar em conta é o fator de dominância.

Como a proposta da autora tem por objetivo estabelecer princípios genéricos da tipologia que tomem o texto em sua relação com o contexto, quer o da situação de comunicação quer o das determinações sócio-históricas, ressalta a articulação dessa com outras tipologias. Para demonstrar seu ponto de vista, observa que é possível pensar, por exemplo, que a concepção do discurso polêmico pode estar presente num discurso jornalístico, num discurso científico, num discurso oral etc.

O princípio que assegura sua proposição tipológica, entretanto, é o de que os contextos são constitutivos do discurso e de que o processo de interlocução entre os dois sujeitos da enunciação assegura o movimento entre o linguístico e o discursivo. Além disso, sua concepção de tipologia, ao se reportar à noção de contexto, discute as condições de significação do discurso, assumindo que não há

O PRÍNCIPE DE MAQUIAVEL E SEUS LEITORES

um sentido central previamente definido e outros marginais, mas sim condições determinadas que podem propiciar ora um ora outro sentido do discurso.[5]

3 TIPOLOGIA DE TEXTO SEGUNDO A PERSPECTIVA DA LINGUÍSTICA TEXTUAL

Partindo do pressuposto de que um estudo da linguística centrada no texto que pretenda contribuir para os estudos referentes à produção e à intelecção do texto não pode furtar-se à discussão de uma tipologia, Koch & Fávero (1987) apresentam uma proposta que visa estabelecer critérios abrangentes "que se mostrem adequados à descrição global dos diversos tipos de textos".

O critério que as autoras utilizam para estabelecer uma distinção desse tipo está assentado em três dimensões interdependentes. A primeira é a *pragmática*, que compreende os macroatos que direcionam a construção/recepção do texto e uma subcategorização tipológica por meio da qual esses mesmos macroatos são materializados. A segunda dimensão é a *esquemática global*, que compreende, na verdade, um esquema argumentativo que, embora assuma formatos distintos para cada tipo de texto, está na base de cada um deles. A terceira e última dimensão é a *linguística de superfície*, que compreende as marcas linguísticas (sintático-semânticas) que predominam em cada tipo de texto. É, portanto, a partir dessa perspectiva que Koch & Fávero diferenciam o texto narrativo, o descritivo, o expositivo (ou explicativo), o argumentativo *stricto sensu*, o injuntivo (ou diretivo) e o preditivo.

Com relação à dimensão pragmática, o texto narrativo compreende um macroato que consiste na asserção de enunciados de

---

5 "a função metodológica da tipologia que estabelecemos pode ser interpretada em sua versão forte ou em sua versão fraca. Pela versão forte, diríamos que esses tipos de discurso – polêmico, lúdico e autoritário – têm uma generalidade tal que, partindo de certos princípios, determinam as condições de significação para qualquer discurso. Pela versão fraca, diríamos que há sempre necessidade de uma tipologia na qual se inscrevam os princípios e as condições de significação para um discurso e a tipologia que estabelecemos seria uma das tipologias possíveis, em seu nível de generalização" (Orlandi, 1987, p.174).

ação, cuja atitude comunicativa envolve a noção de mundo narrado; no descritivo, o macroato refere-se à asserção de enunciados de estado ou de situação e a atitude comunicativa envolve as noções de mundo narrado e mundo comentado; no tipo expositivo, há uma asserção de conceitos direcionados para o fazer-saber; no argumentativo *stricto sensu*, uma persuasão constituída por um fazer-crer ou um fazer--fazer; no injuntivo, um direcionamento, uma orientação, voltada para o fazer-saber-fazer; no tipo preditivo, uma predição materializada por um fazer-crer ou um fazer-saber.

Ainda por meio da perspectiva da dimensão pragmática, ocorre uma subcategorização tipológica, denominada por Koch & Fávero (1987) "atualização em situações comunicativas". Assim, o tipo narrativo ocorre em romances, contos, novelas, reportagens, noticiários, depoimentos, relatórios etc.; o descritivo, na caracterização de personagens e do espaço em narrativas, guias turísticos, verbetes de enciclopédias, resenhas de jogos, relatos de experiências ou pesquisas, reportagens etc.; o expositivo, em manuais didáticos, científicos, obras de divulgação etc.; o argumentativo *stricto sensu*, em textos publicitários, propagandísticos, peças judiciárias, matérias opinativas etc.; o injuntivo, em manuais de instruções, receitas culinárias, bulas de remédios etc.; o preditivo, em horóscopos, profecias, boletins meteorológicos e previsões em geral.

A distinção entre cada um dos tipos de textos, com relação à dimensão esquemática global, segundo as autoras, parte da observação dos elementos da estrutura textual. O tipo narrativo refere-se a uma sequência de fatos com marcas de temporalidade e causalidade e pode ser demonstrado esquematicamente por meio das seguintes categorias: orientação, complicação, ação ou avaliação, resolução, moral ou estado final. O descritivo realiza uma ordenação espacial e temporal das qualificações do objeto e, a partir da seleção de um tema, obedece ao esquema: denominação, definição, expansão e/ou divisão. O tipo expositivo prende-se à análise/síntese e à ordenação lógica dos conceitos, podendo seguir a via dedutiva, indutiva ou dedutivo-indutiva. O quarto tipo, o argumentativo *stricto sensu*, estabelece uma ordenação ideológica dos argumentos e contra--argumentos referentes ao tema e pode ser esquematizado pelas seguintes categorias: (tese anterior) premissa, argumentos (contra-

-argumentos), (síntese) conclusão (nova tese). O injuntivo prescreve comportamentos e/ou ações por meio de uma sequência ordenada que chega a um resultado ou produto final. O preditivo consiste na apresentação de eventos, situações ou comportamentos que estabelecem entre si uma relação lógica e/ou causal.

No que se refere à dimensão linguística de superfície, Koch & Fávero (1987) fazem um levantamento das principais marcas pertinentes a cada um dos tipos de textos. Com relação ao tipo narrativo, as autoras destacam os tempos verbais predominantemente do mundo narrado, os circunstancializadores (onde, como, quando, por quê) e a presença do discurso relatado (direto, indireto e indireto livre). No descritivo, quanto aos tempos verbais, usam-se o presente, no comentário, e o imperfeito, no relato; quanto ao tipo de verbos, há predominância dos verbos de estado, de situação ou de indicadores de propriedades, atitudes e qualidades, uso abundante de adjetivos; presença de nexos ou articuladores responsáveis pela relação entre o tema e suas partes e utilização de figuras de retórica.

Quanto aos outros quatro tipos de texto, destacam que, no expositivo, há o emprego de tempos verbais do mundo comentado, presença de conectores de tipo lógico e do interdiscurso; no argumentativo *stricto sensu*, utilização dos verbos introdutores de opinião, operadores argumentativos, modalizadores e recurso de autoridade; no injuntivo, predomínio do modo verbal imperativo, da forma nominal infinitiva, do tempo futuro e dos verbos performativos, além da utilização de vocativos, de nexos e articuladores adequados ao encadeamento sequencial e ocorrência acentuada do período simples; no preditivo, a presença dominante dos tempos verbais com perspectiva prospectiva, abundância de adjetivação, uso de estruturas nominalizadas e ausência de conectores.

4 REFLEXÕES SOBRE AS DIFERENTES PROPOSTAS DE TIPOLOGIA DE TEXTO, RELACIONANDO DETERMINADOS ASPECTOS COM O *PRÍNCIPE* DE MAQUIAVEL

Conforme enunciei na introdução deste capítulo, a finalidade do levantamento sobre o estudo tipológico neste trabalho é determinada por duas direções. Primeiramente, verificar em que classe de textos *O príncipe* de Maquiavel pode enquadrar-se atualmente e a que classe pertencia no século XVI, quando foi escrito. Em segundo lugar, observar em que medida essa perspectiva tipológica influencia o processo de leitura, bem como averiguar a que categoria pertencem os textos interpretativos com a finalidade de examinar qual a influência desse aspecto na determinação das leituras. Para chegar a um modelo tipológico que satisfaça esse propósito, partirei, inicialmente, de um exame dos modelos apresentados.

A primeira observação que se pode fazer sobre as propostas de tipologia expostas nos itens anteriores é que a base que as diferencia é a perspectiva teórica a partir da qual cada uma delas é construída. Assim, o que importa verificar inicialmente são os aspectos que direcionam sua especificidade, isto é, aquilo que torna uma proposta diferente da outra, quer seja na mesma linha teórica quer seja em outra.

A proposta de tipologia que se assenta sobre os princípios da semiótica francesa está determinada pelas concepções de texto e discurso em que se baseia essa teoria. Segundo ela, o texto é um signo organizado pela junção de um plano de expressão e um plano de conteúdo. O plano de expressão compreende uma forma e uma substância que serão responsáveis pela manifestação dos elementos do plano de conteúdo, construído sob a forma de um percurso gerativo disposto em três níveis: o fundamental, o narrativo e o discursivo. Entendido como resultado de todo esse processo, o texto é ainda um "objeto de significação e um objeto cultural de comunicação entre sujeitos" (Barros, 1990b, p.90).

O discurso, por sua vez, é um dos patamares do percurso gerativo de sentido e é produzido pela enunciação, que concretiza em temas ou figuras os esquemas narrativos e, além disso, actorializa-os, temporaliza-os e espacializa-os.

A proposta de Barros (1990a) e a de Fiorin (1990) são idênticas quanto à finalidade, pois ambas visam à constituição de uma tipologia geral do texto, por meio da descrição dos vários mecanismos, tanto sintáticos quanto semânticos, que compõem cada um dos níveis de sua geração de sentido.

O trabalho de Kerbrat-Orecchioni (1980), por sua vez, é mais restrito que os dois anteriores, pois propõe pensar uma tipologia de texto que toma como critério distintivo apenas um único aspecto, o da enunciação. A partir desse ponto de vista estabelece uma diferenciação entre o discurso didático (locutor ocultado pelo "saber" e alocutário fortemente marcado), o polêmico (locutor e alocutário igualmente destacados) e o científico (locutor e alocutário ocultados em razão do princípio de impessoalidade). Essa proposta tipológica está voltada para a investigação de procedimentos linguísticos por meio dos quais procura observar como o sujeito imprime sua marca no enunciado, como se inscreve na mensagem e como se situa em relação a ela.

A proposta de Orlandi (1987) tem por objetivo observar a relação da linguagem com suas condições de produção e a produção de sentido. Por essa razão, distingue o discurso lúdico, o polêmico e o autoritário, que vão de uma total reversibilidade entre os interlocutores e uma exposição plena de seu objeto (discurso lúdico) a uma completa ausência de reversibilidade entre os interlocutores e o ocultamento de seu objeto (discurso autoritário). Além disso, o mesmo caminho é traçado em relação à oposição entre discurso com polissemia intensa e paráfrase débil (lúdico), polissemia e paráfrase controladas (polêmico), polissemia débil e paráfrase intensa (autoritário).

O primeiro ponto de vista a partir do qual a autora organiza sua proposta tipológica, o do uso da linguagem em relação às condições de produção, aproxima-a do modelo de Kerbrat-Orecchioni (1980) anteriormente apresentado. Entretanto, Orlandi (1987) leva em consideração, além da reversibilidade entre os interlocutores (troca de papéis entre o locutor e o alocutário), a maneira como cada um dos tipos expõe o objeto de seu discurso.

O que diferencia ainda essas duas perspectivas é o fato de, em sua proposta tipológica, Orlandi (1987) destacar não apenas o fator linguístico, mas também as condições sociais e históricas da produção de sentido do discurso. Assim, em relação ao chamado discurso lúdico, é a negociação do sentido do objeto discursivo, estabelecida pelos interlocutores, que irá determinar sua intensidade polissêmica. Nesse caso ocorre uma intensa polarização entre o locutor/enunciador e o alocutário/enunciatário, cuja consequência será o estabelecimento de uma multiplicidade de sentidos. Na verdade, a caracterização do discurso lúdico apoia-se nos conceitos de discurso literário e de narração. Por essa razão, o discurso "lúdico", que, para assegurar a construção de seu objeto, precisa estabelecer um contrato entre os dois sujeitos, encontra, segundo Orlandi, no "*non sense*" sua manifestação mais acentuada.

O discurso não literário ou dissertativo corresponde aos dois outros tipos, o polêmico e o autoritário. No primeiro, a relativa reversibilidade entre os interlocutores servirá como regulador do processo de produção do sentido, quer no aspecto da novidade (polissemia) quer no da repetição (paráfrase); nesse caso, a argumentação é estabelecida por meio da defesa de pontos de vista. No segundo, a impossibilidade de intercâmbio entre os interlocutores será responsável pela intensificação da repetição e pelo total apagamento da polissemia; nesse caso, desencadeia-se a argumentação pela autoridade em que o enunciatário deve tomar o discurso do enunciador como única verdade.

Segundo Orlandi (1987), não se pode falar em discursos exclusivamente lúdicos, polêmicos ou autoritários, mas sim em tendência ou dominância de cada um dos tipos nas diversas manifestações discursivas.[6] Essa característica de generalidade no estabelecimento da distinção tipológica é comum às mais diferentes propostas que têm sido feitas pelas várias correntes de estudos do texto.

Essa é também, portanto, uma marca da distinção entre narração, descrição e dissertação, tipologia clássica do trabalho com texto nos diferentes programas escolares. Para Orlandi (1987), porém, essa tipologia está subjacente às outras, criadas pelas diferentes perspectivas de estudos de texto, ou então com elas se combina. A autora destaca ainda que essa distinção tipológica, embora se tenha cristalizado ao longo do tempo, é fruto, uma vez mais, de uma necessidade metodológica específica de uma determinada época. O que a autora observa, porém, é que essa tipologia vê o texto por

---

6 "Em relação à sua qualidade e às suas marcas formais, os discursos não se definem por um traço exclusivo. Em termos de sua constituição formal, o que determinará o tipo de discurso é o *modo* como esse traço aparece em um discurso, em relação às suas condições de produção. Por isto é preciso se observar o funcionamento discursivo e se trabalhar com a noção de processo. Assim, o que define o discurso é como o traço se estabelece no funcionamento discursivo" (p.235).

O PRÍNCIPE DE MAQUIAVEL E SEUS LEITORES 97

meio da óptica dos estudos da literatura; por essa razão, considera da mesma espécie a tipologia que diferencia os gêneros literários.

A proposta de Koch & Fávero (1987), que consiste em observar o texto por meio de três dimensões interdependentes: a pragmática, a esquemática global e a linguística de superfície, estabelece um processo de particularização da classificação entre textos narrativos, descritivos e dissertativos. Na realidade, mantêm-se como tal os textos narrativo e descritivo, havendo um desdobramento do dissertativo em dois diferentes tipos: o expositivo e o argumentativo *stricto sensu*. A essas quatro categorias textuais são acrescentadas duas novas: a do texto injuntivo e a do preditivo.

Levando em consideração que as próprias autoras julgam tal proposta tipológica provisória, portanto passível de alterações, uma vez que alguns tipos não se encontram ainda completamente caracterizados, proponho refletir sobre alguns aspectos presentes na sua constituição.

Não acredito que seja adequada a separação estabelecida entre o chamado texto expositivo (ou explicativo) e o argumentativo, pelo fato de, como reconhecem as próprias autoras, a argumentação estar presente em todo e qualquer tipo de texto.[7] Nesse sentido, portanto, não parece correto dizer que certos textos têm um grau de argumentatividade mais forte que outros, pois o que se diferencia não é o grau de argumentação, mas o recurso argumentativo empregado pelos diferentes tipos de texto.

A argumentação está na base de todo e qualquer tipo de texto, uma vez que este sempre parte de pelo menos uma premissa: fazer crer que é verdadeiro. O que se pode distinguir, opondo extremos,

---

7   "Ressalte-se ... que a argumentatividade está presente em todos os tipos, de modo mais ou menos intenso, mais ou menos explícito. Num *continuum* argumentativo, podem-se localizar textos dotados de maior ou de menor argumentatividade, a qual, porém, não é jamais inexistente: a narrativa é feita a partir de um ponto de vista; na descrição, selecionam-se os aspectos a serem apresentados de acordo com os objetivos que se têm em mente; a exposição de ideias envolve tomada de posição (nunca se tem a coisa em si, mas como ela é vista por alguém) e assim por diante ... Pensou-se em considerar um *tipo argumentativo "strictu-sensu"* para enquadrar aqueles textos tradicionalmente denominados argumentativos, ou seja, aqueles em que a *argumentação* se apresenta de maneira explícita e atinge o seu grau máximo" (Koch & Fávero, 1987, p.9).

são os textos que trabalham predominantemente com abstrações (textos temáticos, na teoria da semiótica francesa) e os que se organizam a partir da concretização dos fatos (textos figurativos). Quer se escolha uma, quer se escolha outra forma de concretização do texto, a base será sempre argumentativa.

Classificar um texto como expositivo (ou explicativo) em oposição a um argumentativo, entendendo que este, na sua dimensão esquemática global, apresenta uma superestrutura argumentativa que se concretiza pela "ordenação ideológica dos argumentos e contra-argumentos", e aquele, na dimensão pragmática, o macroato da asserção de conceitos e a atitude comunicativa do fazer saber, significa acreditar que existem textos "neutros", livres de qualquer posição ideológica,[8] o que as autoras não aceitariam. Além do mais, essa ordenação ideológica dos argumentos e contra-argumentos é uma característica da superestrutura argumentativa de qualquer texto, não apenas de um tipo específico.

Qualquer que seja a perspectiva teórica que se observe, sempre se chegará a uma tipologia que, ora destacando aspectos de ordem mais geral, como os da comunicação ou da cognição, ora de ordem mais específica, como o da organização textual, será adequada a uma finalidade específica do estudo com o texto. O que é sempre passível de discussão são os critérios utilizados, respeitando-se a posição teórica de quem os propõe, para uma determinada classificação tipológica.

Em razão dessas considerações, portanto, proponho discutir uma tipologia que possa contribuir para a reflexão da questão das interpretações do discurso maquiavélico, especificamente de *O príncipe*.

5 PARA UMA TIPOLOGIA DO DISCURSO

Uma vez que meu primeiro recorte incide sobre o texto escrito, julgo necessário partir da distinção entre texto literário e texto não literário.

---

8 Utilizo aqui o termo *ideologia* num sentido lato, isto é, que não reflete única e exclusivamente a posição da classe social a que pertence um indivíduo, mas também as demais situações sociais a que está exposto.

O PRÍNCIPE DE MAQUIAVEL E SEUS LEITORES

Segundo Wellek & Warren (1971), existem três maneiras de definir "literatura", isto é, de pensar a classificação do texto literário. A primeira, consiste em utilizar esse termo para designar tudo aquilo que está impresso em letra de forma; a segunda, em privilegiar o estudo das chamadas "grandes obras"; a terceira, em destacar seu valor artístico. Contra o primeiro critério, argumentam que, definida dessa forma a palavra "literatura", estaria destruída a fronteira entre os estudos históricos, científicos ou filosóficos, que se realizam a partir de documentos escritos, e os propriamente literários.[9]

No que se refere ao segundo critério, consideram os autores que haveria uma mistura entre os critérios de validade estética e os da distinção intelectual geral. Tal posição pode ser aceita quando se propõe para fins pedagógicos, mas acarretaria problemas de diversas ordens se se pensasse, por exemplo, no estudo da literatura imaginativa, por um lado, ou da história e da filosofia, por outro. Com relação a este último, limitaria excessivamente os estudos científicos a condicionantes estéticos. Com relação ao estudo da literatura imaginativa, interferiria em sua evolução e transformação, na medida em que os textos contemporâneos tivessem que se limitar a seguir os "literariamente consagrados", fato que, além do mais, negaria todo o caráter sócio-histórico das condições de produção de qualquer texto que viesse a ser escrito.

É, portanto, o terceiro critério que os autores privilegiam, na medida em que entendem que a arte da literatura, a da literatura imaginativa, deve destacar o trabalho com a linguagem.[10] Para não

---

9 "não há dúvida de que ninguém deve ser privado de ingressar na área que lhe apraza; e também não há dúvida de que muito se pode invocar a favor do culto da história da civilização no mais lato sentido. O estudo, porém, deixa de ser literário. E a objecção de que este reparo é meramente um subterfúgio de terminologia não é convincente. O estudo de tudo quanto se relacione com a história da civilização exclui, de fato, os estudos estritamente literários. As distinções tornam-se falíveis; introduzem-se na literatura critérios a ela estranhos; e, em consequência, a literatura será julgada valiosa apenas na medida em que proporciona resultados nesta ou naquela disciplina adjacente. A identificação da literatura com a história da civilização é uma negação do terreno específico e dos métodos específicos do estudo da literatura" (Wellek & Warren, 1971, p.26).

10 "A linguagem é o material da literatura, tal como a pedra ou o bronze o são da escultura, as tintas da pintura, os sons da música. Mas importa ter presente que a linguagem não é uma matéria meramente inerte como a pedra, mas já em si própria uma criação do homem e, como tal, pejada de herança cultural de um grupo linguístico" (Wellek & Warren, 1971, p.28).

incorrer no erro da generalidade, porém, julgam necessário estabelecer claramente as fronteiras entre o uso literário, o diário e o científico da linguagem.

Segundo os autores, ainda, é muito fácil estabelecer a diferença entre a linguagem científica e a literária, uma vez que esta é basicamente conotativa e, aquela, puramente denotativa, pois visa a uma correspondência unívoca entre o signo e a coisa significada; enquanto o discurso científico é basicamente referencial, o literário não o é.[11] Mais difícil se torna, porém, a diferenciação entre a linguagem literária e a diária, uma vez que esta última também pode fazer uso de diferentes recursos expressivos, que não se limitam, exclusivamente, ao ato de comunicação. O que as distingue, na verdade, é o caráter de organização e unidade dos materiais de que se serve a linguagem literária, em oposição à irregularidade e à fragmentação dos mesmos recursos empregados pela linguagem diária.

A distinção entre o texto literário e o não literário, para Wellek & Warren, deve levar em conta, portanto, a presença da função estética, fundamental no primeiro, embora não totalmente ausente no segundo. Além disso, outra marca decisiva para a distinção desses dois tipos de texto está no estatuto de sua referência, isto é, no fato de que aquilo que é dito no texto literário não está, necessariamente, preso à verdade do mundo real.[12]

---

11 "Acresce que a linguagem literária está longe de ser apenas referencial: tem o seu lado expressivo, comunica o tom e a atitude do orador ou do escritor. E não se limita, tampouco, a afirmar e a exprimir o que diz; quer ainda influenciar a atitude do leitor, persuadi-lo e, em última instância, modificá-lo. Existe uma outra diferença importante entre a linguagem literária e a científica: na primeira, o próprio signo, o simbolismo sonoro da palavra, é acentuado. Inventaram-se todas as espécies de técnicas para chamar a atenção sobre ele, tais como o metro, a aliteração e as tessituras sonoras ... Contudo, sejam quais forem os modos mistos que transpareçam do exame de obras de arte literária concretas, parecem claras as diferenças entre o uso literário e o uso científico: a linguagem literária está muito mais profundamente ligada à estrutura histórica da linguagem; acentua o grau de consciente realce do próprio signo; possui um lado expressivo e pragmático, que a linguagem científica, inversamente, procurará sempre minimizar tanto quanto possível" (Wellek & Warren, 1971, p.28-9).

12 "Afigura-se melhor ... considerar apenas como literatura as obras nas quais é dominante a função estética, embora reconheçamos que existem também elementos estéticos – o estilo e a composição, por exemplo – em obras com um objectivo completamente diferente, um objetivo não estético, como sejam os

A partir das afirmações de Wellek & Warren (1971) aqui expostas, pode-se refletir sobre alguns pontos. Em primeiro lugar, como os autores estão preocupados em estabelecer o conceito de literatura exclusivamente como arte da linguagem, pois partem da indagação sobre sua natureza, e em estabelecer um critério que permita distinguir quando uma obra é literária e quando não o é, naturalmente isso implica uma delimitação desse conceito. Isso não impede, porém, de observar que, em língua portuguesa, tal como fazem os autores em relação à língua inglesa, o termo literatura admite um sentido "lato" e outro "restrito"; este é o sentido de Wellek & Warren (1971), aquele é o sentido comum, uma vez que se pode falar de literatura médica, jornalística, pedagógica, filosófica, histórica, científica etc. para designar tudo o que, nessas diferentes áreas, estiver impresso.

Em segundo lugar, podem ser verificados basicamente dois critérios para a distinção entre o texto literário e o não literário. O primeiro opõe o caráter ficcional do texto literário à não ficcionalidade do texto não literário. Isso significa dizer que, enquanto este pretende fazer um relato da realidade efetivamente existente, aquele cria uma realidade própria, resultado da imaginação do sujeito que a reproduz. Não é possível dizer, entretanto, que um texto de ficção nunca possa refletir aspectos da realidade efetiva. Tal fato ocorre, porém não de maneira direta, pois, ao produzir seu discurso, o sujeito recria o real no plano imaginário.

O segundo critério leva em consideração o uso da linguagem com função estética, no caso do texto literário, e com função utilitária, no caso do texto não literário. A função utilitária no texto não literário corresponde ao emprego da linguagem com o único objetivo de informar, convencer, documentar, explicar determinado fato. A função estética no texto literário pode ser observada

---

tratados científicos, as dissertações filosóficas, os panfletos políticos, os sermões ... Mas é no aspecto da 'referência' que a natureza da literatura transparece mais claramente. O cerne da arte literária encontrar-se-á, obviamente, nos géneros tradicionais: lírico, épico, dramático. Em todos eles existe uma 'referência', um relacionar com um mundo de ficção, de imaginação. As afirmações contidas num romance, num poema ou num drama não representam a verdade literal; não são proposições lógicas" (Wellek & Warren, 1971, p.31).

quando se verifica que esse tipo de texto, além de transmitir uma mensagem, preocupa-se com a forma como ela é transmitida, isto é, não importa apenas o que o texto diz, mas como diz. Em consequência disso, podem ser observadas outras características que distinguem esses dois tipos de texto. No texto literário é possível ocorrer uma articulação entre o plano da expressão e o plano do conteúdo, de forma que essa articulação contribua para a significação global do texto. Isso é muito comum, por exemplo, na poesia, que é um dos gêneros literários.

Além disso, no texto literário há um predomínio da linguagem conotativa, enquanto no texto não literário predomina a linguagem denotativa. A consequência desse fato é o caráter plurissignificativo do texto literário e a busca por uma correspondência mais estreita entre o significado e o significante no texto não literário, uma vez que a pluralidade de sentidos, nesse caso, pode ser prejudicial, em vez de benéfica. Isso significa dizer, também, que o texto literário tende para a desautomatização, para o estabelecimento de novas relações entre os signos, enquanto o não literário se volta mais para a automatização, para as relações mais cristalizadas.

A demonstração da importância da função estética para o texto literário e da utilitária para o não literário pode ser constatada ainda na afirmação de Valéry, que diz que, ao se resumir um texto não literário, apreende-se o que ele tem de essencial, mas, ao resumir um texto literário, perde-se exatamente aquilo que é essencial para ele.

A distinção entre texto literário e não literário é bastante imprecisa, pois depende da cultura e da época histórica a partir da qual é estabelecida. Diferentes podem ser os critérios que irão determinar a literariedade ou não de um texto em determinadas culturas e épocas históricas, mas dos dois critérios aqui apresentados, o segundo me parece mais adequado para classificar esses dois tipos de texto.

Pensar a diferença entre o texto literário e o não literário, tomando por base a oposição entre ficção e realidade, significa aceitar que o referente extralinguístico do discurso literário é imaginário e que o do não literário é real. Nesse ponto, chega-se, portanto, a uma encruzilhada, pois o que determinaria a diferença entre o real e o imaginário na produção escrita? No exato momento em que um sujeito se põe a produzir um texto está apresentando uma visão particular do referente; seu discurso expressa um determinado ponto de vista sobre a realidade.

Segundo Greimas (1983b), a distinção entre o literário e o não literário pode ser pensada a partir da oposição entre o verossímil e o verídico. Uma vez que o verossímil corresponde à tentativa de reconstrução do referente do discurso, "a utilização desse termo situa-se, por consequência, num contexto social, caracterizado por uma certa atitude com relação à linguagem e de sua relação com a realidade extralinguística" (p.103). Nesse sentido, em um dado contexto cultural, a verossimilhança é característica dos discursos figurativos, enquanto a busca da verdade é um procedimento particular dos discursos abstratos, portanto temáticos.

Assim, a verossimilhança do discurso literário está relacionada com a noção de coerência, uma vez que o que o torna "aceitável"; isto é, o que faz que o leitor o entenda como um texto é o fato de obedecer a certos mecanismos que lhe são próprios. É por esse motivo, por exemplo, que se aceitam os textos da chamada literatura fantástica, porque certos fatos nele narrados, embora inverossímeis em relação ao mundo real, são coerentes dentro do contexto do próprio texto. Verossímil é, portanto, aquilo que representa uma possibilidade da realidade, não necessariamente uma verdade.

O discurso não literário, diferentemente do anterior, pretende dizer uma verdade, isto é, procura criar um efeito de sentido de verdade, uma vez que pretende que seu leitor aceite-o como verdadeiro. Como a verdade é um efeito de sentido, portanto, não significa que o discurso não literário não possa criar a mentira, o segredo ou a falsidade. O que se pode verificar é que, entre o enunciador do discurso e seu enunciatário, estabelece-se um contrato de veridicção.[13]

Em razão dessas observações, pode-se dizer que a caracterização do texto literário deve partir da organização de quatro elementos

---

13 Segundo Greimas (1983b), "o discurso é esse lugar frágil onde se inscrevem e se leem a verdade e a falsidade, a mentira e o segredo; esses modos de veridicção resultam da dupla contribuição do enunciador e do enunciatário, essas diferentes posições fixam-se sobre a forma de um equilíbrio mais ou menos estável proveniente de um acordo implícito entre os dois actantes da estrutura da comunicação. É esse acordo tácito que é designado pelo nome de *contrato de veridicção*" (p.105).

básicos de sua estrutura: a preocupação estética e a presença marcada da linguagem conotativa, que se constituem na forma dominante do discurso literário, por um lado; o predomínio da figura e a busca da verossimilhança, firmada em seu contrato de veridicção, na perspectiva da semiótica francesa, por outro.

O texto não literário, por sua vez, tem sua estruturação escorada nos mesmos quatro elementos básicos, só que tomados na direção contrária ao do caso anterior: falta de ênfase para o valor estético do texto e presença marcada da linguagem denotativa, que são as formas dominantes[14] do discurso não literário, por um lado; o predomínio do tema e a proposta de revelação de uma verdade, firmada em seu contrato de veridicção, na perspectiva da semiótica francesa, por outro.

Seria possível, ainda, chegar a uma tipologia que partisse da observação de determinadas características mais particulares dos textos escritos. Nesse momento, eu estaria diferenciando o texto filosófico, o científico, o jornalístico, o jurídico etc., subtipos do tipo não literário; o romance, o conto, o poema, a crônica etc., subtipos do tipo literário, que a tradição literária sempre classificou como diferentes gêneros.

Voltando a observar a proposta tipológica mais genérica, a distinção entre texto literário e não literário, constata-se que *O príncipe* de Maquiavel é um texto do tipo não literário. Em primeiro lugar, porque seu discurso é predominantemente temático e pretende, por meio de um processo de ordenação desses temas, revelar a seu enunciatário uma verdade, ou, melhor ainda, criar um efeito de sentido de verdade. Em consequência disso, do ponto de vista formal,

---

14 É necessário explicar aqui que uso o termo *dominância*, quando me refiro à marca da narração no discurso literário e à da dissertação no discurso não literário, porque não posso deixar de reconhecer que elas aparecem também de forma contrária. É bastante comum a narração não literária, quando, por exemplo, faço um simples relato de um acontecimento, ou então a dissertação literária, no caso de um poema. Ocorre, porém, que, se essa primeira característica de um texto estiver trocada, outras surgirão para enquadrá-lo em um ou outro tipo. Assim, para que um texto dissertativo seja literário, é necessário que ele tenha uma preocupação estética e proponha uma verossimilhança, enquanto o narrativo não literário será sempre utilitário, isto é, proporá a criação da verdade para o desenvolvimento de determinado tema. Na primeira situação está o poema e, na segunda, a narrativa jornalística.

é um texto que não tem como preocupação central a função estética, da mesma forma que privilegia a linguagem denotativa, embora não deixe de utilizar, em determinados momentos, a conotação com valor argumentativo, conforme procurarei mostrar no capítulo seguinte deste trabalho.

Tanto para Momigliano (1948) quanto para Sansone (1956), em suas histórias da literatura italiana, *O príncipe* é um texto do tipo não literário. Momigliano (1948) compara *O príncipe* à comédia *A mandrágora*, dizendo que ambos os textos partem de uma mesma convicção fundamental de onde deriva toda a teoria moral e política de Maquiavel: "No mundo não há senão o vulgo". Para o autor, o estilo realista é a marca de Maquiavel, tanto nos textos de filosofia (não literários) quanto nos de literatura.[15]

Sansone (1956) chega a dividir as obras de Maquiavel em dois grandes grupos: o primeiro, o das obras políticas e históricas, que corresponde a *Comentários sobre a primeira década de Tito Lívio*, *O príncipe*, *Diálogos sobre a arte da guerra*, *A vida de Castruccio Castracani* e *Histórias florentinas*; o segundo, o das obras literárias, que corresponde a *Belfagor, o Arquidiabo*,[16] *O asino de ouro* (poema inacabado), *A mandrágora* e *Clízia* (duas comédias).[17]

---

15 "Não é mister dizer-se que neste estilo tão pessoal, nascido de um espírito ao qual não importam senão as verdades nuas e essenciais, não tem papel nenhum a retórica de forma clássica da época. Num século em que dominavam o estilo das belas maneiras, o período largo e cerimonioso dos discursos aristocráticos e áulicos, os raciocínios meticulosos deduzidos de elo em elo sem o mínimo salto, Maquiavel possui uma forma de secura quase matemática. A originalidade do seu espírito e a novidade das coisas que queria dizer indicam-lhe um lugar à parte, tanto na história das ideias como na da literatura da época" (Momigliano, 1948, p.136-7).

16 Esse texto é uma pequena narrativa em forma de fábula, que conta a história de um diabo que veio à terra com a incumbência de se casar com uma mortal para verificar por que tantos homens que morriam atribuíam sua desgraça a suas esposas. Depois de passar por várias situações, acaba retornando para o inferno, fugido da mulher com quem se casara.

17 "A *Mandrágora*, escrita em prosa, em cinco atos, é das mais belas comédias quinhentistas. Nasceu da mesma concepção pessimista do Príncipe, mas o pessimismo não gera o drama nem o sarcasmo. Machiavelli observa e pinta o mundo sem pretender transformá-lo e a sua atitude perante os personagens foi definida de 'resignada clarividência', sendo esta a maneira por que ele consegue compreender e representar uma realidade que não sabe aceitar, sem ter a ânsia moral de a transformar. Daí a seriedade profunda da comédia, que,

Com relação à tipologia que leva em consideração características mais particulares do texto, pode-se dizer que, num primeiro momento, *O príncipe* é um texto do tipo do manual de instrução, uma vez que propõe mostrar para seu enunciatário como deve proceder para conquistar um novo principado e nele manter seu poder. Por essa razão, opõe-se ao texto científico, uma vez que seu propósito consiste em oferecer a seu enunciatário um saber para que ele realize um fazer. O texto científico, por sua vez, realiza uma *performance* que deverá ser sancionada pelo enunciatário, na medida em que seja aceita ou não como verdade. Enquanto o texto do manual de instrução procura manipular seu leitor fazendo-o acreditar que lhe está oferecendo um saber para a execução de um fazer, o texto científico quer manipular seu leitor para que ele sancione positivamente o fazer cognitivo que se constitui na *performance* desse tipo de texto.

No próximo capítulo, discutirei mais detidamente a questão da forma de manual de instrução de *O príncipe*, quando compararei a estrutura do texto maquiavélico com a receita de cozinha.

6 MODALIDADES DE LEITURA E TIPOLOGIA DE TEXTO

Para desenvolver a última parte deste capítulo, julgo necessário recuperar as modalidades de leitura apresentadas no capítulo anterior com o propósito de relacioná-las com a tipologia de texto. A partir do estabelecimento dessas relações, pretendo observar o processo de modalização do sujeito destinatário sobre quem o destinador instaura um processo de manipulação, no nível narrativo de geração de sentido do texto, bem como o tipo de contrato enunciativo estabelecido entre o enunciador e o enunciatário, no nível discursivo. Para cumprir esse propósito, porém, torna-se necessário reconstituir a narrativização do processo de leitura.

à primeira vista pode parecer licenciosa: Callimaco ama e deseja a virtuosa Lucrezia, mulher do pateta 'messer' Nicia e, com a ajuda da complacente mãe de Lucrezia, Sostrata, e dum monge, Frei Timoteo, obtém o que deseja com o consentimento do próprio Nicia e de Lucrezia ... A *Clízia*, muito inferior à primeira comédia, é uma imitação da *Casina* de Pauto" (Sansone, 1956, p.79).

O PRÍNCIPE DE MAQUIAVEL E SEUS LEITORES   107

Primeiramente, cumpre recordar que estabeleci, no capítulo anterior, três juízos que um sujeito pode fazer do texto que se põe a ler: o epistêmico, o ético e o estético. O primeiro será responsável pela oposição entre os conceitos certo *versus* errado, manifestados, logicamente, pelas categorias modais da certeza (crer-ser) e da improbabilidade (crer-não-ser). O segundo, pela oposição entre os conceitos bom *versus* mau, enquanto o último se caracteriza pela polaridade belo *versus* feio.

É preciso observar também que, enquanto os primeiros elementos de cada uma das oposições (certo, bom e belo) exprimem a aceitação do contrato enunciativo proposto pelo enunciador a seu enunciatário, os três últimos (errado, mau e feio) indicam a recusa desse mesmo contrato. O que se percebe, portanto, observando-se o esquema narrativo canônico responsável pela organização da sintaxe narrativa do texto, é que os juízos interpretativos correspondem ao processo de sanção que o enunciatário estabelece em relação ao fazer do enunciador.

Segundo Greimas & Courtés (s. d.), tomando para a modalização do ser e do fazer as quatro modalidades básicas que correspondem ao querer, ao dever, ao poder e ao saber, é possível estabelecer, inicialmente, a seguinte divisão: de um lado, as modalidades exotáxicas, em que o sujeito modalizador é diferente do sujeito modalizado; e, de outro, as modalidades endotáxicas, em que há coincidência entre o sujeito modalizador e o modalizado. Esses dois tipos, por sua vez, compreendem duas outras subcategorias, que combinam as modalidades virtualizantes, responsáveis pela instauração do sujeito, e as atualizantes, que qualificam esse mesmo sujeito para uma ação posterior. Enquanto, por um lado, o dever-fazer, o dever-ser, o querer-fazer e o querer-ser correspondem às modalidades virtualizantes, por outro, o poder-fazer, o poder--ser, o saber-fazer e o saber-ser correspondem às modalidades atualizantes.

É preciso lembrar ainda, conforme observação de Barros (1988), que as modalidades exotáxicas são responsáveis pelo estabelecimento do efeito de sentido de objetividade, de sociabilidade, enquanto as endotáxicas o são pelo estabelecimento do efeito de sentido de subjetividade, de individualidade.[18] Além disso, o que se pode constatar por meio da observação desse elenco de modalidades é que elas compreendem sempre duas etapas do esquema narrativo, a manipulação proposta pelo destinador e a *performance*, com sua competência pressuposta, realizada pelo destinatário.

Não é possível deixar de levar em consideração, ainda, outra modalidade que desempenha um papel importante nesse esquema que pretendo desenvolver sobre o papel modalizador da leitura e sua relação com os diferentes tipos de textos. Refiro-me aqui à modalidade do crer. Diferentemente das anteriores, ela compreende outras duas etapas do esquema narrativo canônico, a manipulação, proposta por um destinador-manipulador, e a sanção, por um destinador-julgador, pois o crer se contrapõe ao fazer-crer.[19]

Em que medida, porém, transportando para o nível discursivo, eu poderia dizer que a leitura pode corresponder a dois tipos de relações do esquema narrativo? Segundo meu ponto de vista, porque é preciso entender a leitura como um processo de dupla relação entre dois sujeitos discursivos. Em primeiro lugar, ela compreende um fazer do enunciatário em resposta à manipulação do enunciador; esse é um movimento natural de todo e qualquer texto, pois seu objetivo primeiro é que alguém preencha a casa vazia do enunciatário, e essa leitura esperada é o fazer da sua proposição inaugural.

---

18 "Uma modalidade é chamada exotáxica ou extrínseca quando, na estrutura modal de que faz parte, o sujeito modalizador for diferente do sujeito modalizado, e endotáxica ou intrínseca quando os dois sujeitos estiverem sincretizados no mesmo ator. Decorrem daí os efeitos de sentido de 'subjetividade' ou de 'individualidade', das modalidades endotáxicas, e de 'objetividade' ou 'sociabilidade', das exotáxicas. O dever-fazer é, assim, um querer do destinador, e o querer-fazer, um dever autodestinado" (Barros, 1988, p.53).

19 "Enquanto adesão do sujeito ao enunciado de um estado, o crer apresenta-se como um ato cognitivo, sobredeterminado pela categoria modal da *certeza*. Essa categoria é suscetível de receber, na literatura lógica e semiótica atual, uma dupla interpretação: é considerada ora como uma categoria alética (caso em que o crer, enquanto sinônimo de 'possibilidade', identifica-se com seu termo *não-crer-ser*), ora como uma categoria epistêmica autônoma com seu termo *certeza*. Partindo da distinção entre o esquema *possível/impossível*, constitutivo de uma oposição categórica que exclui um terceiro, e o esquema *provável/improvável*, que admite uma gradação, propomos se considere o crer como a denominação, em língua natural, da categoria epistêmica" (Greimas & Courtés, s. d., p.91).

No momento, porém, em que se dá o ato de leitura, estabelece-se uma outra relação lógica, pois o enunciado manifesto no texto corresponde, por sua vez, a um fazer de um sujeito, o enunciador, fazer este que deverá ser julgado por um outro sujeito, o enunciatário.

A discussão teórica sobre a leitura da leitura pode se resumir, em muitos casos, a uma interpretação do texto de leitura, quando o observa como um fazer. O que pretendo, porém, é pensar a leitura como um programa narrativo de uso que ocupa a fase da sanção do programa narrativo de base, que é o da produção. É nesse sentido, portanto, que afirmo ser a modalidade veridictória a primeira etapa do processo de leitura, só que assumindo características distintas dependendo do tipo de texto. Enquanto a leitura do texto literário busca nele a verossimilhança, a do texto não literário busca a veracidade, que são dois efeitos de sentido produzidos pelo texto.

Sobre as bases do processo de veridicção estabelece-se a modalidade ética da leitura, pois, quando determina que o fazer enunciado pelo texto é bom ou mau, está realizando um julgamento sobre o *ser*. Com referência à oposição entre texto literário e não literário, seria possível dizer que essa modalidade está presente no processo de leitura de ambos os tipos em iguais proporções.

O julgamento da leitura estabelecido pela modalidade estética incide sobre o *fazer* do sujeito da enunciação, isto é, sobre a maneira como ele organiza seu enunciado, de modo que modaliza um querer ler *fazer-ser*. Nesse sentido, a modalização estética é dominante no processo de leitura dos textos literários.

Em último lugar, a modalidade epistêmica da leitura julga o fazer realizado pelo sujeito da enunciação do ponto de vista da modalização do *crer* sobre o ser, de modo que o enunciatário modaliza um querer ler *crer-ser* verdadeiro do discurso enunciado. Esse tipo de modalização é dominante no processo de leitura dos textos não literários.

A descrição dos mecanismos de modalização epistêmica e estética, aqui apresentados, portanto, confirma como um dos princípios básicos do procedimento de formalização do discurso literário, a busca da verossimilhança, e do discurso não literário, a busca da veracidade. Cumpre ressaltar, ainda, que optei pela atribuição das três modalidades ao texto literário e ao não literário em termos de dominância, porque entendo que cada uma delas faz parte do processo de leitura desses dois tipos de texto.

Considerando, entretanto, que *O príncipe* pode ser classificado também numa subcategoria tipológica como um manual de instrução, pode-se verificar que a modalização da leitura, nesse caso, se deu por meio da modalização do *dever* sobre o fazer, de modo que o enunciatário estabelece um querer ler *dever-fazer*.

O que se pode constatar por meio dessas relações modais, tanto no processo de produção quanto de recepção do texto, é que, durante a leitura, o enunciatário pode incorporar as modalizações estabelecidas pelo sujeito enunciador, o que corresponde ao estabelecimento de um contrato de aceitação, ou então negá-las, instaurando suas próprias modalizações, o que corresponderá a uma recusa de contrato.

Para concluir este capítulo, torna-se necessário retomar o que ficou dito na sua introdução, isto é, em que medida cheguei a uma resposta para minhas indagações iniciais.

Em primeiro lugar, o que me parece fundamental com relação à questão da tipologia textual é partir da oposição básica entre o texto literário e o não literário. Para tanto, cumpre distinguir os textos em que há o predomínio da função estética, da figura e a preocupação com a verossimilhança, de um lado, e aqueles em que há o predomínio da função utilitária, do tema e a preocupação com a veracidade, de outro. A partir dessa diferença, uma classificação mais específica seria determinada por certos dados institucionais, como, por exemplo, o fato de o texto jornalístico ser produzido para os jornais, o jurídico, para as questões judiciais, e assim por diante, ou por certas características da organização discursiva e textual.

Ao discutir a questão da modalização da leitura, pensei no fato de que, quando um sujeito lê um texto literário, desencadeia certos mecanismos modalizadores distintos daqueles utilizados na leitura do texto não literário. As modalidades epistêmica, estética e ética, portanto, estão presentes no processo de leitura de qualquer texto, só que, dependendo do tipo específico de texto que vai ler, atribui-se um valor distinto para cada uma delas.

Quanto à classificação tipológica de O *príncipe*, o que procurei deixar claro é que ele é um texto do tipo não literário, tanto nos dias atuais quanto o foi durante o Renascimento. As histórias da literatura italiana consultadas confirmam essa classificação, pois, embora ressaltem a importância de O *príncipe* para a história do pensamento ocidental, colocam essa obra do lado oposto ao das obras verdadeiramente literárias de Maquiavel: *A mandrágora*; *Clízia*; *Belfagor, o Arquidiabo* e O *asino de ouro*.

O que faz com que O *príncipe*, do ponto de vista da tipologia, mereça destaque é o fato de que ele se valeu da forma do manual de instruções para propor uma nova teoria do Estado, que instaura uma ruptura com a concepção de Estado medieval. O que tem uma explicação histórica é o fato de Maquiavel ter optado pela forma do manual, pois, conforme citarei no capítulo seguinte, durante os séculos XIV, XV e XVI, eram muito comuns os manuais de instrução dirigidos aos príncipes. Só que esses manuais discutiam, na maioria das vezes, assuntos relacionados mais à maneira como um príncipe deveria portar-se, às atitudes que deveria tomar em situações específicas, como, por exemplo, a recepção de uma comitiva estrangeira, do que à reflexão sobre um tema que questionasse o caráter universal do poder. Mesmo que, naquela época, tenham surgido manuais que propusessem alguma ação política para os príncipes, eles não atingiram a dimensão polêmica do texto maquiavélico, ou porque estabelecessem uma argumentação frágil, ou porque se limitassem a repetir verdades cristalizadas.

Mesmo reconhecendo que essa questão possa dar margem a uma discussão muito mais ampla, julgo que o que aqui ficou dito poderá contribuir para o desenvolvimento dessa questão da leitura e classificação de texto, que ainda é passível de tantas indagações. O próximo passo será estabelecer, no capítulo seguinte, uma visão do texto, que será a fonte das leituras do Capítulo 4, tanto do ponto de vista histórico quanto do estrutural.

3 AS CONDIÇÕES HISTÓRICAS DO APARECIMENTO DE O PRÍNCIPE E SUA ORGANIZAÇÃO DISCURSIVA

É tudo, perguntou Jesus a Deus, Não, ainda faltam
as guerras, Também haverá guerras, E matanças,
De matanças estou informado, podia mesmo ter morrido
numa delas, vendo bem, foi pena agora não teria à minha
espera um crucifixo, Levei o outro teu pai aonde era
preciso que estivesse para poder ouvir o que eu quis
que os soldados dissessem, enfim, poupei-te a vida,
Poupaste-me a vida para me fazeres morrer quando te
aprouvesse e aproveitasse, é como se me matasses duas
vezes, Os fins justificam os meios, meu filho, Pelo que
tenho ouvido da tua boca desde que aqui estamos,
acredito que sim, renúncia, clausura, sofrimentos, morte,
e agora as guerras e matanças,
(José Saramago, *O Evangelho segundo Jesus Cristo*, p.387-8)

Antes de observar especificamente as leituras de *O príncipe*, pretendo, neste capítulo, explicitar uma visão sobre o texto maquiavélico e seu sujeito produtor. Além do mais, como minha investigação deseja valorizar a dimensão histórica da leitura, nada mais justo que apresente, inicialmente, o contexto histórico da produção do texto de Maquiavel.[1]

---

1 Para Escorel (1979) "não se pode, sob risco de grave deformação, dissociar as ideias de Maquiavel das condições em que se achavam, no século XVI, os Estados italianos, e dos costumes políticos que neles prevaleciam, pois foi em

Em razão desses propósitos, faço, de início, uma reconstituição do contexto histórico em que está encaixada a produção de *O príncipe*, isto é, minha intenção consiste em pintar o pano de fundo dos acontecimentos sociopolíticos em que estiveram envolvidos tanto o sujeito produtor do discurso, Maquiavel, quanto seu sujeito destinador explicitado, Lorenzo.

Num segundo momento, entendo que seria importante observar alguns aspectos históricos do Renascimento para poder expressar uma visão sobre esse período que tem uma significação decisiva no curso da história da humanidade. Em razão disso, abordo a questão da organização socioeconômica das cidades italianas durante o Renascimento, principalmente o caso de Florença, para, em seguida, traçar um perfil do homem renascentista.

Na terceira parte deste capítulo, tratarei especificamente do texto de *O príncipe* de Maquiavel, destacando três aspectos. Primeiramente entendo ser necessário mostrar como se organiza o texto maquiavélico, como ele foi composto. Em segundo lugar, por meio da observação de sua estruturação narrativa, discuto o valor de "manual" a ele atribuído pela maioria de seus leitores. Por último, faço um levantamento dos procedimentos argumentativos de que o enunciador se utiliza para construir seu discurso.

1 RECUO NO TEMPO. RECONSTITUIÇÃO DO CONTEXTO HISTÓRICO EM QUE MAQUIAVEL VIVEU E ESCREVEU O PRÍNCIPE

Maquiavel começou a escrever *O príncipe* no ano de 1513, durante seu exílio em San Casciano, exatamente um ano após a família Medici reconquistar seu poder político em Florença.

---

função de umas e de outros que o autor d'*O príncipe*, buscando inspiração na Roma antiga, é verdade, mas apoiado sempre na observação pessoal dos fatos políticos e sociais de seu tempo, meditou sobre as leis próprias da política, legando à cultura ocidental uma obra que, por ter rompido decisivamente com o medievalismo, com os conceitos básicos do feudalismo e da escolástica, é justamente considerada a pedra fundamental da ciência política moderna" (p.11).

Na época em que Maquiavel viveu, a Península Itálica não constituía um país, como acontece atualmente, ou como a França, por exemplo, que já naquele tempo se estabelecera como uma nação independente. Ela era fragmentada em regiões que correspondiam a diferentes ducados, compreendendo as várias cidades-estado – Florença, Milão, Veneza, Pizza, Arezzo etc. –, governados por diferentes príncipes, que, dependendo de sua força política e militar, muitas vezes, lutavam entre si, para anexar ao seu território as outras regiões. Na luta entre essas várias regiões da Península, não era raro acontecer que uma nação independente, como a França ou a Espanha, invadisse e dominasse alguma cidade-estado e concedesse ajuda militar àquelas com que mantivesse algum tipo de relacionamento político.

A volta dos Medici para Florença, no ano de 1512, é consequência da diplomacia do cardeal João de Medici, tio de Lorenzo e futuro papa Leão X, que estimula o crescimento do grupo pró--Medici de oposição ao governo republicano de Soderini, e da ajuda dos exércitos espanhóis que, sob o pretexto de expulsar os franceses da região de Milão, ajudam Juliano, tio de Lorenzo II, a destruir a república florentina dirigida por Soderini.

Para que se tenha uma ideia da diferença que existia entre a república governada por Soderini e o poder da família Medici na Florença do Renascimento, seria interessante voltar um pouco mais na história e observar como se foi formando esse poder.

Segundo Larivaille (1988), a estrutura política da Florença do século XIV era a de uma república que tinha, no alto de sua hierarquia político-administrativa, três organismos detentores das funções essenciais do poder executivo. A mais importante era a Senhoria, composta por nove priores, dois de cada uma das quatro divisões da cidade mais um nono, fornecido alternadamente por cada uma das divisões. Este último recebia o título de Gonfaloneiro de Justiça, presidia o conselho dos priores e era também o chefe supremo das milícias. Logo após serem eleitos, todos os priores deveriam ir morar no *Palazzo della Signoria*, onde deveriam permanecer durante os dois meses de mandato. Por essa razão, passavam a receber um modesto salário e a dispor dos serviços de uma vasta equipe de criados.

A Senhoria, por sua vez, era assessorada por dois conselhos restritos, que constituíam os dois outros organismos responsáveis pelo poder executivo da república. O primeiro conselho era o colégio dos dezesseis gonfaloneiros, que reunia os porta-estandartes das dezesseis companhias armadas ou gonfalões (quatro por divisão) das quais se compunha a milícia citadina. O segundo era o colégio dos doze anciãos (ou dos doze sábios, segundo a perspectiva etimológica), para o qual cada divisão enviava três representantes. Qualquer decisão tomada pela Senhoria deveria contar com a aprovação de uma maioria de dois terços dos membros desses dois conselhos.[2]

O poder legislativo, por sua vez, era composto pelo Conselho do Povo e pelo Conselho da Comuna que, em tempos normais, reuniam-se em duas assembleias a cada quatro meses. Esses dois conselhos deveriam aprovar os projetos de lei por maioria de dois terços.

O sistema eleitoral que assegurava o governo republicano de Florença fora elaborado em 1328 e retificado em 1415. Esse sistema compreendia duas fases: a primeira, que consistia na observação da qualificação dos candidatos, e a segunda, em que ocorria um sorteio dos candidatos aos vários cargos. Os nomes dos candidatos aos cargos do governo republicano provinham das diferentes guildas distribuídas em cada uma das quatro divisões de Florença, os *quartieri*. Além de serem caracterizados pelas diferentes atividades exercidas por suas guildas, os *quartieri* eram conhecidos também pelos palácios das famílias ricas que pertenciam a seus domínios. Teoricamente, todo membro das várias guildas tinha voz ativa no governo, porém não era isso o que acontecia na prática.

De acordo com Hibbert (1993), havia em Florença 21 guildas cujos membros podiam ser eleitos para os cargos governamentais,

---

2 Segundo Larivaille (1988), esse fato "põe a cidade ao abrigo das decisões apressadas, mas por vezes conduz a um certo imobilismo, a uma indecisão que pode ser perigosa em caso de tensão. Por outro lado, os perigos de um cidadão deter o poder durante um tempo excessivamente longo se encontram conjurados por um rotativismo rápido: os nove membros da senhoria permanecem no posto durante dois meses, os dezesseis gonfaloneiros, quatro meses, e os doze anciães, três meses, o que implica que pelo menos cento e cinquenta pessoas são convocadas anualmente para fazer funcionar a máquina do executivo" (p.16).

só que entre elas havia uma divisão de acordo com o prestígio que alcançavam graças à importância das atividades que exerciam. Sete eram as guildas maiores, mais respeitadas, e quatorze as menores.[3] Fora dessas 21 guildas existia ainda uma série de trabalhadores em atividades consideradas menores, como tecelões, tintureiros, cardadores, carroceiros, barqueiros etc., que não podiam organizar-se em associações e que, por essa razão, não tinham nunca seus nomes incluídos entre os possíveis candidatos aos cargos do governo republicano. Hibbert (1993) afirma que esses trabalhadores alijados do sistema correspondiam a três quartos da população da cidade.

Conforme Hibbert (1993), os procedimentos para as eleições que envolviam as duas fases anteriomente citadas se davam da seguinte maneira: colocavam-se os nomes de todos os membros das guildas com trinta anos ou mais de existência em oito sacos de couro. A cada dois meses, retiravam-se as *borse* – como eram chamados os sacos de couro para o sorteio – da sacristia da igreja de Santa Croce onde ficavam guardados e, na presença de todo cidadão interessado em participar da cerimônia, eram sorteados os nomes dos membros que iriam compor a estrutura de governo republicano de Florença. "Devedores notórios eram declarados inelegíveis para um cargo, bem como os homens que haviam tido um mandato recente ou estavam ligados a outros cujos nomes tinham sido sorteados" (Hibbert, 1993, p.23).

---

3 "Das sete maiores a dos advogados – a *Arte dei Giudici e Notai* – desfrutava do maior prestígio; seguindo-se por ordem de importância as guildas dos mercadores de lã, seda e tecidos em geral, a *Arte della Lana*, a *Arte di Por Santa Maria* e a *Arte di Calimala*, assim chamada em função das ruas onde se situavam as lojas de tecidos. Despontando como rua rival em riqueza e importância estava a *Arte del Cambio*, a guilda dos banqueiros, embora estes ainda sofressem com a condenação de usurários por parte da Igreja e se sentissem obrigados a adotar determinados costumes e eufemismos a fim de disfarçar a verdadeira natureza de suas transações. A *Arte dei Medici*, *Speziali* e *Merciai* era a guilda dos médicos, boticários e lojistas, dos comerciantes de especiarias, tinturas e medicamentos, e de alguns artistas e artesãos, como pintores que, comprando tintas dos membros da guilda, nela eram aceitos. A sétima grande guilda, a *Arte dei Vaccai e Pellicciai*, cuidava dos interesses de negociantes e artesãos que lidavam com couro e pele de animais.
As guildas menores eram aquelas de comerciantes profissionais relativamente humildes, como açougueiros, curtidores, paleteiros, ferreiros, cozinheiros, pedreiros, carpinteiros, vinhateiros e taberneiros, alfaiates, armeiros e padeiros" (Hibbert, 1993, p.21-2).

A alta burguesia e as grandes famílias aliadas a ela, segundo Larivaille (1988), exerciam um grande controle sobre a formação dos vários conselhos que constituíam a república florentina. O povo (que correspondia aos artesãos, à média e à pequena burguesias) e a plebe ficavam completamente excluídos do processo de formação dos dois poderes republicanos. Por essa razão, conclui o autor citado, as ameaças ao sistema jamais poderiam proceder dessas duas classes de pessoas, mas sim do interior do próprio sistema em que alguns clãs vão estabelecendo seu poder hegemônico. Foi isso o que ocorreu, então, com a família Medici, a mais poderosa de Florença.

O primeiro representante dessa família a exercer grande influência nos destinos da república florentina foi Cosme de Medici, que, tendo sido exilado em 1433 por uma trama organizada por um clã adversário (os Albizzi), retornou a Florença no ano seguinte e se consolidou como o dirigente da família mais rica de toda Florença. Ele ocupou o cargo de gonfaloneiro por apenas três vezes em sua vida, mas, por meio de sua influência como comerciante de lã e seda e de suas atividades de banqueiro, passou a exercer um controle extremamente forte da política florentina. Em volta dele criou-se uma espécie de partido político que boicotava sistematicamente a eleição de qualquer adversário da família Medici aos cargos mais importantes da cidade.

Para restabelecer, ainda, o controle de seus adversários, Cosme foi responsável pela criação de um novo conselho, conhecido como *Consiglio Maggiore* (Conselho Maior), também chamado de Conselho dos Cem, porque era constituído por cem membros, com o objetivo de deter o controle absoluto sobre a segurança nacional e a tributação. Além de submeter seus rivais a incômodos por meio de um controle fiscal minucioso, Cosme costumava propiciar a elevação aos mais altos cargos de pessoas de baixo estrato social, que lhe deviam tudo e que se tornavam inteiramente devotadas a suas causas.

De formação humanística, acostumado a nunca enfrentar diretamente seus adversários, Cosme conseguiu um grande prestígio entre os habitantes de Florença, ao mesmo tempo que, de modo inverso ao destaque alcançado, era continuamente ameaçado por uma oposição que não lhe dava tréguas. Somente em 1469, ano em que nasceu Maquiavel, Cosme iria passar o poder para seu neto Lorenzo I, o Magnífico, que contava, nessa época, apenas vinte anos de idade.

Durante o período em que Lorenzo I esteve à frente da política florentina, realizou uma série de modificações nos sistemas de eleições e constituição dos conselhos da república, assegurando com isso uma maior estabilidade para a família Medici. Com o objetivo de conter seus opositores, Lorenzo conseguiu ver aprovado um projeto que visava diminuir as forças do Conselho Maior instituído por seu avô. Esse projeto consistia em retirar da competência desse conselho a condução da eleição dos *accompiatori*, funcionários especiais encarregados de preencher e selar as *borse* com que se faziam as eleições para os órgãos da república florentina, e fazer que a Senhoria se incumbisse dessa tarefa.

Em 1478, Lorenzo sofreu um atentado durante uma missa na Catedral de Florença, no qual morreu seu irmão Juliano. Em represália a esse atentado, Lorenzo, juntamente com seu grupo partidário, desencadeou uma repressão bastante violenta. Embora ameaçado de excomunhão pelo papa Sisto IV, que estava do lado de seus opositores, Lorenzo não perdeu prestígio entre o povo florentino. Valendo-se desse fato, conseguiu convocar uma *balía*, espécie de assembleia extraordinária que podia ser convocada em épocas de guerra ou de ameaça à segurança do governo, extinguiu o Conselho dos Cem e criou o Conselho dos Setenta, formado pelos trinta primeiros membros da *balía* e quarenta outros cooptados por eles. Esse novo conselho substituiu os *accompiatori*, assumindo para si, portanto, a tarefa de eleger a Senhoria e seus membros tornaram-se inamovíveis. Dessa forma Lorenzo conseguiu criar uma espécie de "senado vitalício", que assegurou definitivamente o poder nas mãos da família Medici, mantendo-se no poder até 1492, quando veio a falecer. Seu sucessor, Piero de Medici, não teve a mesma sorte do irmão e, em 1494, foi expulso da cidade por uma conspiração de cunho popular[4] liderada por Savonarola, um monge dominicano,

---

4   "Falar de revolução seria sem dúvida um exagero, pois são, antes de tudo, os poderosos que organizam o movimento com o propósito exclusivo de restabelecer o antigo regime oligárquico. Mas, bem depressa, a união contra o 'tirano' dá lugar às divergências e aos conflitos de interesse e, novamente, como tinham

prior do Convento de São Marcos, que se tornaria responsável por uma constituição em que pensamentos teocráticos se entrelaçavam com ideias democráticas, implantando, assim, uma ditadura espiritual sufocante.

O governo de Savonarola, além do caráter de fanatismo religioso, foi desgastado pela guerra em que Florença se envolvera com o propósito de recuperar o condado de Pisa, o qual, aproveitando-se dos acontecimentos de 1494, libertara-se da dominação florentina. A insatisfação dos grupos dominantes quanto à condução da política de Savonarola intensificava-se cada vez mais, até que, em 1497, depois das sucessivas investidas do duque de Milão para tentar um golpe de Estado em favor dos seguidores da família Medici, o papa Alexandre VI excomungou o monge beneditino e ameaçou Florença com um interdito.

A participação de Alexandre VI foi decisiva para a queda de Savonarola, pois a ameaça de interdito, que tinha como consequência o confisco dos bens dos banqueiros e dos comerciantes florentinos no exterior, disseminou um descontentamento muito grande entre o povo e, em 1498, o monge foi preso, condenado por heresia e impostura, enforcado e queimado em praça pública. Na ocasião também foram eliminados seus seguidores mais próximos.

Logo em seguida à morte de Savonarola, o governo republicano retomou sua antiga dinâmica com suas eleições em grande rotatividade, mas uma luta contínua entre os poderosos e o povo agravava a tensão geral que reinava na cidade. Essa luta entre as duas camadas da população tinha uma razão. Durante o período em que Savonarola esteve à frente da política florentina, o Conselho Maior passou a ser dominado por pessoas do povo, quando artesãos e

---

feito os próprios Medici, antes da sua chegada ao poder, um segmento da oligarquia é obrigado a buscar nas camadas populares o apoio necessário para triunfar. Com a diferença, todavia, em relação aos tempos longínquos em que Cosme se apoiava no povo para ir contra seus pares, de que o povo florentino tem agora um porta-voz apaixonado na pessoa de Girolamo Savonarola ... que já há alguns anos, brada contra a tirania dos Medici, contra a corrupção e o paganismo renascente ... Com esse apoio, os artesãos e a pequena burguesia obtêm o direito de voto no Grande Conselho (*Consiglio Maggiore*), fruto de uma transformação do antigo Conselho do Povo, jamais suprimido, mas progressivamente relegado no tempo dos Medici" (Larivaille, 1988, p.29).

comerciantes conquistaram seus lugares nesse conselho. Savonarola conseguia, com seus sermões inflamados, controlar essa abertura em favor dos estratos sociais mais baixos. Após sua morte, porém, essa convivência tornou-se impossível, porque ocorriam confrontos de interesse. O próprio Maquiavel, que já nessa época fora eleito para o cargo de secretário da Segunda Chancelaria de Florença, atestava em suas cartas e relatórios a impossibilidade de manter a condução dos interesses da cidade diante de tão acirradas lutas no interior do poder republicano.

Com o propósito, então, de conseguir uma maior estabilidade para o poder executivo, os dois grupos antagônicos resolveram instituir o posto de gonfaloneiro vitalício, para o qual elegeram, em 1502, Piero Soderini, um aristocrata que gozava de popularidade entre o povo, por ter-se recusado, durante um de seus mandatos como gonfaloneiro, a passar por cima dos direitos do Conselho Maior em favor dos altos magistrados.

Durante o governo de Soderini, Maquiavel passou a ter um papel importante, sendo promovido a segundo Chanceler da República; ou seja, encarregado dos assuntos referentes à guerra. Nessa época Maquiavel pôs em prática sua firme convicção de que a república deveria abandonar a utilização de tropas mercenárias, dando início à formação de um exército próprio, constituído apenas por florentinos. Por um período de dez anos parecia que a situação se acalmara, mas, como Soderini não submetia seu governo aos interesses da oligarquia, crescia um movimento pró-Medici que ameaçava cada vez mais sua estabilidade.

Em 1510 teve início uma luta entre o papa Júlio II e Luís XII, então rei da França, que tinha como objetivo a conquista de regiões na Península Itálica. Essa luta trouxe complicações para Florença que, embora mantivesse um bom relacionamento com a França, não pretendia entrar em conflito com o papa que já havia demonstrado sua força contra a França em algumas batalhas. Pressionada pelos dois lados, enquanto tentava armar-se para uma inevitável batalha, Florença foi invadida, durante o ano de 1512, pelo exército espanhol, com cujo país Júlio II havia estabelecido uma aliança. Junto com o exército de Espanha vinha o cardeal Juliano de Medici. Em consequência dessa invasão, Soderini foi destituído do posto de gonfaloneiro vitalício.

Como Juliano não se propôs assumir o poder político da cidade, seu irmão, o cardeal Giovani, entrou em Florença com 1.500 soldados para mostrar que seria ele o futuro governador. Dois dias após sua chegada, organizou uma manifestação em frente ao Palácio da Senhoria exigindo um Parlamento. O Parlamento foi convocado e o poder executivo foi entregue a uma *balía* constituída por quarenta membros, quase todos pertencentes ao partido dos Medici. Seis meses após esses fatos, o papa Júlio II veio a falecer e o cardeal Giovani partiu de Florença em direção a Roma com o objetivo de concorrer à sucessão do trono papal, para o qual foi eleito em 11 de março de 1513, assumindo o nome de Leão X. Para assegurar o poder dos Medici em Florença, enviou para lá seu sobrinho Lorenzo.

Com a ajuda de seu tio, o papa Leão X, Lorenzo II conquistou novas regiões para os domínios de Florença e realizou uma série de mudanças no sistema político da cidade, que se assemelhava cada vez mais com o regime dos Estados principescos fortemente centralizados. Com a morte prematura de Lorenzo, em 1519, o cardeal Júlio de Medici, futuro papa Clemente VII, passou a manter, primeiro direta, depois indiretamente, um controle autoritário sobre o governo florentino. O poder de Clemente VII fez-se sentir até 1532, quando conferiu a Alexandre de Medici o título de duque da República florentina.

Tendo os Medici reassumido o poder em Florença, Maquiavel, em razão de sua intensa participação no governo de Soderini, entre 1498 e 1512, com inúmeras missões diplomáticas, foi mandado para o exílio em San Casciano, uma propriedade rural de sua família, situada a sete milhas de Florença, e impedido de entrar na cidade durante um ano. No exílio, escreveu *O príncipe*, terminado no mesmo ano de 1513 e oferecido a Lorenzo II "com o intuito de lhe cair nas graças e conseguir um posto em seu governo"; e *Comentário sobre a primeira década de Tito Lívio*, terminado em 1515. No ano de 1518, Maquiavel escreveu *A mandrágora*, uma comédia que satiriza a sociedade da época.

Durante o tempo em que Lorenzo II governou Florença, Maquiavel não ocupou nenhum cargo público, tendo apenas prestado serviços esparsos a certos comerciantes da cidade que o procuravam. Quando Júlio de Medici passou a manter o controle sobre

Florença, chamou Maquiavel e propôs-lhe o cargo de historiador da República florentina. Nessa época, Maquiavel estava escrevendo seu livro *Arte della guerra*, elaborado em forma de diálogos, com o objetivo de mostrar a maneira como o povo devia armar-se para defender sua liberdade e independência. Terminado este, desobrigou--se de algumas comissões secundárias em nome dos Medici e, no ano de 1521, começou a trabalhar em sua *Istorie florentine*, obra em oito volumes que começa com a ascensão dos Medici e termina com a morte de Lorenzo I, o Magnífico.

Em 1527, porém, ocorreu o saque de Roma pelas tropas do imperador Carlos V, do Império Germânico, e o papa Clemente VII tornou-se prisioneiro do exército que realizara a ocupação. Como os florentinos não estavam satisfeitos com o representante que o papa incumbira de dirigir a república da cidade, chamado Passerini, aproveitaram-se da ocasião para organizar um movimento de revolta e se declarar favoráveis a uma nova Constituição republicana que restabelecesse o Conselho Maior, elegendo um gonfaloneiro anti--Medici cujo nome era Niccolò Capponi.

Sob a acusação de traição aos princípios republicanos, por ter prestado serviços aos Medici, Maquiavel foi expulso pelo novo governo, vindo a falecer naquele mesmo ano. Novamente no banco dos réus, segundo afirmação de Faria (1931), Maquiavel teria respondido a seus acusadores: "Se ensinei aos Príncipes de que modo se estabelece a tirania, ao mesmo tempo mostrei ao povo os meios para dela se defender" (p.70).

Depois de recuperar sua força política, desgastada pelo período do saque de Roma, Clemente VII passou novamente a exercer influência sobre o governo de Florença e, nessa época, patrocinou as publicações de duas obras de Maquiavel, *Istorie florentine*, em 1531, e *O príncipe*, em 1532.

2 REVISITANDO O RENASCIMENTO

Neste item, pretendo observar, de uma forma um pouco mais detalhada, dois aspectos do Renascimento europeu e, mais especificamente, do Renascimento florentino, com o objetivo de ampliar o panorama histórico, a partir do qual tentarei delimitar a formação ideológica e discursiva do texto maquiavélico, para que se possa compreender em que medida esses aspectos interferem no momento da produção e se eles são levados em conta no instante da recepção. O primeiro aspecto que tenciono examinar, baseando-me no trabalho de Larivaille (1988), é o da organização socioeconômica das cidades italianas durante o Renascimento. Partindo da concepção marxista de que as relações sociais são determinadas pela infraestrutura econômica e que isso é refletido e refratado pelas formações ideológicas, é que julgo importante discutir essa primeira questão.

O segundo aspecto que proponho abordar ainda neste item consiste em, tomando por base as considerações de Heller (1982), discutir a concepção de homem presente no Renascimento, numa tentativa de procurar compreender o sujeito histórico inscrito em *O príncipe* de Nicolau Maquiavel.

2.1 Organização socioeconômica das cidades italianas durante o Renascimento. O caso de Florença

Segundo Larivaille (1988), durante o século XVI ocorre uma grande concentração urbana na Europa. No caso da Península Itálica, embora o campo compreenda entre 75% e 90% da população, crescem as concentrações urbanas, como Veneza, Milão, Roma, Palermo, Messina e Nápoles, esta última, no fim do século XVI, ultrapassa duzentos mil habitantes.

Os antigos feudos vão se tornando, nessa época, grandes castelos da aristocracia[5] e a atividade comercial que se vai desenvolvendo nos burgos é responsável pelo êxodo do campo. São as atividades

---

5 "De acordo com a história e as situações políticas e econômicas locais, a nobreza fundiária reagiu de forma bastante variável à atração das cidades e das cortes, de maneira que dificilmente se poderia falar de uma homogeneidade da condição nobiliária na Itália ... Muitos barões da Sicília e de todo o sul da península vivem, com efeito, ainda em seus feudos; e o mesmo ocorre nas regiões montanhosas da Itália central e no Piemonte, com os seus seiscentos castelos ... Em Veneza, por outro lado ... os nobres não passam de grandes comerciantes, sem castelos e sem feudos, que, apesar de tudo, progressivamente, voltam-se para as possessões fundiárias" (Larivaille, 1988, p.191-2).

O PRÍNCIPE DE MAQUIAVEL E SEUS LEITORES

de comércio que atraem os habitantes do campo, pois elas significam a possibilidade de fuga das péssimas condições de vida a que se viam submetidos.[6] Quer nas regiões onde a aristocracia passa também a viver nas cidades, como em Florença, quer nas outras onde continua isolada em seus castelos no campo, o modo de vida dos trabalhadores depende do desenvolvimento da burguesia mercantil que, quanto mais enriquece, mais "aspira substituir a nobreza ou assimilar-se a ela sem revolucionar as estruturas sociais anteriores" (Larivaille, 1988, p.193).

Em consequência disso, no caso florentino e em várias outras regiões da Itália, a nobreza e a alta burguesia mercantil passam a constituir, de fato, uma única classe dominante, separada do resto da população, segundo Larivaille (1988), "por um abismo econômico, político e cultural, que não para de crescer" (p.193). Por essa razão, também, o autor citado procura mostrar que, diferentemente do que alguns historiadores pretenderam afirmar sobre o período do Renascimento, não acontece nenhum "nivelamento das classes"; pelo contrário, as diferenças continuam grandes, e o que vai se alterando é o modo de relação de trabalho.

Conforme foi visto no item 1 deste capítulo, os poderes políticos que constituíam a República florentina durante o Renascimento estavam nas mãos de uma pequena parcela da população. A sociedade de Florença, na verdade, compreendia uma divisão tripartite: uma restrita classe alta, uma também pequena classe média (o povo) e uma imensa classe pauperizada (a plebe). De acordo com Larivaille

---

6   "Na prática, uma servidão de fato substituiu em quase toda parte a servidão medieval de direito, lá onde havia sido abolida. Daí, tanto na Itália como alhures, e às vezes até mais na península, ladainhas de manifestações, variáveis segundo os lugares e as ocasiões, de um mesmo desespero endêmico dos camponeses: insurreições populares esporádicas, afogadas em sangue, ou emigração maciça para o luxo da cidade, onde os camponeses, ainda durante todo o século XVI, virão engrossar as fileiras da plebe, reservatório de mão de obra barata para a economia citadina. Em suma, se o humanismo e a admirável civilização italiana do Renascimento não tocaram muito nas camadas subalternas das cidades, fica claro que a classe componesa foi decididamente excluída dela: tão excluída e, aliás, explorada e pauperizada, que nós podemos nos perguntar se não foi ela, mais do que qualquer outra, que arcou com as despesas" (Larivaille, 1988, p.213).

(1988), segundo os registros de impostos de Florença em 1457, o número de pessoas que nada pagava ou pagava menos de um florim correspondia a 82% da população da cidade. Por sua vez, aqueles que pagavam entre um e dez florins correspondiam a 16% da população; e os que pagavam acima de dez florins, 2,13%. Na constituição dos conselhos da República, porém, somente havia participação da restrita classe alta e de parte do que se chamava "povo"; o resto dos habitantes da cidade era completamente alijado de qualquer forma de participação política.

No fim do século XV, segundo Larivaille (1988), Florença possui 270 oficinas especializadas em lã, 83 em seda e 33 bancos que realizam operações comerciais de câmbio. O comércio da lã e da seda são, portanto, as principais atividades econômicas da cidade e os bancos, uma consequência delas.

Desde a época de Giovanni di Bicci, pai de Cosme de Medici, a famíla Medici em Florença é dona de uma companhia bastante sólida, que realiza várias operações bancárias e comerciais entre as várias regiões da Europa. Com a morte de seu pai, Cosme, no início do século XV, amplia os negócios da empresa, criando duas companhias especializadas na produção de tecidos de lã e uma outra especializada na produção de seda. Com uma direção extremamente forte de seus negócios, a família Medici consegue assegurar uma inegável posição financeira em sua cidade.

Um golpe nesse patrimônio será dado quando, em consequência de desentendimentos entre Lorenzo de Medici e o papa Sisto IV, este último retira daquele "não somente o cargo bastante lucrativo de depositário da Câmara Apostólica, mas, o que é muito mais grave, o monopólio do comércio de alume[7] pontifical, transferindo-o para os Pazzi, os principais rivais políticos e econômicos dos Medici em Florença, em Roma e em outras praças financeiras europeias" (Larivaille, 1988, p.127).

---

7 "O alume é, desde a Idade Média, um dos elementos fundamentais do sucesso econômico italiano: menos pelas qualidades adstringentes reconhecidas de longa data pelos médicos, ou pela virtude de impedir o apodrecimento de certas matérias animais (de onde o largo uso que se faz dele nos curtumes) do que pela propriedade de fixar os corantes. Utilizado como mordente, ele é considerado na Idade Média e no Renascimento como uma matéria-prima insubstituível para a tintura da lã e da seda" (Larivaille, 1988, p.125).

Na verdade, as contínuas lutas entre as várias regiões da Península Itálica tinham como propósito assegurar os monopólios das diferentes famílias, donas de empresas comerciais e financeiras. A própria Igreja é responsável pela formação do capitalismo bancário já desde o século XIV, quando atribui aos banqueiros a incumbência de coleta e administração de suas rendas, que eram provenientes das diversas regiões onde tinha seguidores. Esses fatos de natureza econômica, tão importantes quando se pensa na constituição política das cidades-estado da Península Itálica, não foram, como querem muitos de seus leitores, levados em conta por Maquiavel quando propôs a unificação da Itália.

2.2 Um perfil do homem do Renascimento

Para estabelecer um perfil do homem renascentista, sem deixar de lado uma posição histórico-marxista, é imprescindível observar o trabalho de Heller (1982) sobre essa questão.

A primeira característica do homem no Renascimento é a alteração da perspectiva pela qual o mundo é observado. Contrariamente àquele homem voltado para o interior, para o isolamento, como ocorre na Idade Média, surge um homem aberto para o mundo, para a realidade, enfim, um homem como ser dinâmico. O que determina essa oposição entre um e outro tipo de homem nas duas diferentes épocas é decorrente da posição religiosa, da fé cristã, que se altera de um para outro momento.

Durante o período da Idade Média, o homem vê em Deus a razão da existência, sua vida na Terra está atada ao pecado que faz parte do seu próprio nascimento. Cristo é o espírito celeste que desce dos céus e se submete ao sacrifício da dor para salvar os homens. Estes, portanto, não devem comprometer-se com as coisas terrenas para poder receber o prêmio da ressurreição e da vida eterna no Juízo Final. A tradição judaico-cristã domina de tal modo a vida que o homem só consegue enxergar sua pequenez. Para justificar o poder de uns sobre outros, recorre-se às prescrições divinas. O papa e o rei existem em razão dos desígnios de um Deus supremo que tudo vê e tudo determina.

128   ARNALDO CORTINA

Durante o período do Renascimento ocorre uma transformação desse quadro e o homem começa a perceber sua dualidade: sua pequenez e, também, sua grandeza. Para tanto, vale-se da cultura clássica que retoma e transforma, de forma a adaptá-la à sua tradição cristã.[8] A figura de Cristo é humanizada, deixa de ser uma divindade sofredora e libertadora, para encarnar, segundo as representações de Michelangelo e Tintoretto, o ideal do Rei, do Senhor, do pensador, do homem de bom coração. Com relação ao mito de Maria, passa a existir uma duplicidade: ao mesmo tempo que ela é vista como a Rainha do céu inatingível, transforma-se na mãe que teme por seu filho, ou, mais simplesmente, no ideal de beleza feminina da época.[9]

Toda essa transformação da perspectiva de si próprio e do mundo irá levar o homem renascentista a assumir uma atitude de indiferença com relação à Igreja. A missa e as procissões perdem seu sentido de culto eminentemente religioso e tornam-se uma convenção. Ocorre, assim, o surgimento de um ateísmo prático.

---

8   "A relação entre a filosofia cristã medieval e a Antiguidade (e a tradição cristã) era dogmática; a sua atitude básica era a fé, uma fé que o conhecimento devia justificar ... Em última análise, portanto, o pensamento renascentista procurou e encontrou, tanto na Antiguidade como na tradição cristã, *uma herança cultural e as matérias-primas do pensamento.*
Toda a tradição intelectual europeia, até ao momento presente, tem duas fontes principais: decorre por um lado da Antiguidade grega (e romana) e, por outro lado, da tradição judeo-cristã ... *A cultura renascentista foi a primeira a juntar conscientemente estas duas fontes*" (Heller, 1982, p.54-5).

9   "Os santos, 'sem véu' no sentido literal da expressão, apresentam as proporções reais da vida terrena. O Jesus morto de Mantegna está palpavelmente morto – uma morte à qual não se seguirá qualquer ressurreição. Não é feita qualquer distinção no tratamento do 'divino' e do 'humano', como acontecia na arte gótica, onde o mundo divino e sagrado era representado numa beleza espiritual etérea, enquanto o mundo dos vulgares mortais era muitas vezes apresentado de uma maneira distorcida e grotesca: o primeiro tratado de forma abstracta, idealizada, e o último de modo naturalista. Com o Renascimento, o mundo representado torna-se *homogéneo*. Ainda existe o belo e o mais belo, juntamente com o virtuoso e o mais virtuoso, o mau e o pior; mas as figuras 'terrenas' chegam a igualar as divinas em beleza, demonstrando que não existem dois mundos mas apenas um, e a *hierarquia ética* é realizada e tornada válida *no âmbito deste mundo unitário.* Nem à perversidade é negada uma certa beleza e grandeza – bastará pensar nas representações contemporâneas de Judas" (Heller, 1982, p.67).

O PRÍNCIPE DE MAQUIAVEL E SEUS LEITORES 129

A consequência inevitável desse comportamento do homem da Renascença implica, também, um questionamento das noções de bem e de mal, associado este último ao pecado. Se essas noções são estabelecidas pela relação entre o homem, ser inferior, e Deus, superior e absoluto, no momento em que os dois se igualam, não pode existir o mesmo conceito do que seja benéfico ou maléfico para o homem. Em decorrência disso, também, como seria possível dizer que o homem nasce em pecado? Por essa razão é que o sentido da vergonha durante o Renascimento é diferente do da Idade Média.[10]

As causas de toda essa transformação, ou seja, as causas do próprio Renascimento podem ser encontradas nas novas condições socioeconômicas criadas na Europa. Conforme já ficou demonstrado no item anterior, a concentração de pessoas nos burgos, a alteração das relações comerciais e, consequentemente, o estabelecimento de novas relações econômicas, decorrentes da formação de uma nova classe social, a burguesia, serão responsáveis pelo surgimento desse novo homem, dessa noção de individualidade até então desconhecida. É nesse sentido que se pode reconhecer a influência das relações econômicas na linguagem. Principalmente quando se observam os termos com que se designam abstrações, os substantivos abstratos, os adjetivos e certos verbos, ficam mais evidentes essas determinações. As noções de bondade, maldade, vergonha, medo, beleza, feiura, certo, errado para o homem da Idade Média, por exemplo, não são as mesmas para o do Renascimento. De um período para outro houve uma mudança ideológica e, portanto, uma alteração discursiva.

Comparando ainda esses dois períodos da história é possível perceber transformações de discurso na ordem do sujeito, do tempo

---

10 "A maneira de viver e pensar do homem do Renascimento vai às raízes do pecado original e destrói-as radicalmente. Se o bem e o mal não dependem da relação de cada um com Deus, então 'ser abandonado por Deus' também deixa de ter qualquer significado. Se o homem é grande e 'semelhante a Deus', então a depravação é estranha à ideia de homem. Finalmente, se o homem é um ser social, então fora da sociedade (no momento do seu nascimento) não pode possuir ideias cujo conteúdo seja social, como 'bem' e 'mal'. Não pode herdar o pecado, nem pode, enquanto indivíduo, nascer em pecado" (Heller, 1982, p.63).

e do espaço. Contrariamente ao "ele", representado pela figura do Deus todo-poderoso, ao "lá", ao "então", presentes no discurso da Idade Média, surge um "eu", um "aqui" e um "agora", no discurso do Renascimento. Naquele, a humanidade era sufocada em razão da divindade e o mundo e o tempo presentes eram negados pela colocação de um outro mundo, num outro tempo, em que os homens poderiam viver em liberdade e igualdade (no paraíso celeste); neste, surgia um novo homem, consciente de sua individualidade e voltado para o tempo e o espaço em que estava inserido.[11] A construção do tempo no Renascimento, é bom lembrar, consiste na recuperação da cultura clássica, sem, no entanto, negar o momento presente. É nesse sentido que se pode dizer que a cultura clássica se transforma no momento em que se funde com a cultura cristã.

Isso só se tornou possível quando e porque o homem se aventurou em novas descobertas.[12] Com o desenvolvimento da navegação marítima e a descoberta de novos caminhos para as transações comerciais e de câmbio; com o descobrimento de novas culturas até então desconhecidas, como as dos índios americanos e as dos povos africanos; com as novas teorias da física e, principalmente, com as novas teorias da astronomia, que questionavam o fato de a Terra ser o centro do universo (com Copérnico, Galileu Galilei),

---

11   "a noção renascentista de 'divindade do homem' vai bastante mais longe. Em primeiro lugar, implica um processo de deificação: o homem não nasceu um deus mas *transforma-se* num, pelo que também neste aspecto o conceito de homem se torna um conceito *dinâmico*. No mundo do pensamento antigo, além disso, a grandeza do homem nunca esteve 'em competição com a ordem divina; se o homem competia de fato com os deuses, então a ética da época considerava esse fato como uma *hubris*, como um exceder das limitações do homem, como uma transgressão e, portanto, como um mal. Os primórdios do Renascimento não reconheceram a noção de *hubris*, dado que não reconheceram quaisquer limitações ao desenvolvimento humano" (Heller, 1982, p.68).

12   Em seu artigo, onde discute a questão de Weber sobre a influência do protestantismo na formação do capitalismo, Lefort (1979) diz o seguinte: "Se agora consideramos a expansão econômica do século XVI, será preciso admitir que não pode ter sido diretamente influenciada pela revolução religiosa. Antes disso, são as Grandes Descobertas que nos fornecem sua causa. Era preciso, como o indica com justeza Tawney, uma massa enorme de capital para financiar o movimento novo das mercadorias; a baixa do metal precioso e a elevação de preços que a ela se seguiu provocaram um crescimento considerável dos benefícios e um desenvolvimento dos investimentos comerciais e industriais" (p.128-9).

O PRÍNCIPE DE MAQUIAVEL E SEUS LEITORES   131

ocorre uma abertura, um despertar do homem intimidado pela visão teocêntrica da cultura judaico-cristã. É bom ressaltar, porém, que esse salto não acontece indistintamente para todos, novamente deve ser lembrado que esse novo homem é o burguês que se está formando.

Essas questões do sujeito, do tempo e do espaço estão presentes na obra de Maquiavel, uma vez que ele repete o discurso de sua época, a ideologia de seu tempo. E mesmo porque ele também é um homem do Renascimento. Com relação ao tempo e ao espaço, especificamente, pode-se perceber que Maquiavel irá defender que todo sujeito que pretende manter-se no poder deve ter uma visão mais clara das condições históricas que condicionam suas atitudes, suas decisões. Segundo ele, nem sempre as mesmas ações surtem os mesmos efeitos em diferentes situações. É preciso que o príncipe tenha capacidade de perceber as condições do lugar e do momento em que desempenhará determinada ação.[13]

Na verdade, a questão temporal é fundamental no pensamento de Maquiavel, na medida em que irá determinar o modo de ação política a ser adotado pelo governante; no caso, o príncipe. Segundo Heller (1982), Maquiavel foi um grande observador das questões de seu tempo, pois conseguiu perceber o confronto que se estabelecia entre o comportamento ético cristão e a nova ética burguesa que se formava. Em vez, porém, de bradar contra essa nova ética (a procura do dinheiro a qualquer custo), o autor florentino propôs

---

13 A propósito disso pode-se ressaltar a seguinte passagem de *O príncipe*: "Também julgo feliz aquele que combina o seu modo de proceder com as particularidades dos tempos, e infeliz o que faz discordar dos tempos a sua maneira de proceder ... Assim, como disse, dois agindo diferentemente alcançam o mesmo efeito, e dois agindo igualmente, um vai direto ao fim e o outro não. Disso dependem também as diferenças da prosperidade, pois se um se conduz com cautela e paciência e os tempos e as coisas lhe são favoráveis, o seu governo prospera e disso lhe advém felicidade. Mas se os tempos e as coisas mudam, ele se arruína, porque não alterou o modo de proceder. Não se encontra homem tão prudente que saiba acomodar-se a isso, quer por não se poder desviar daquilo a que a natureza o impele, quer porque, tendo alguém prosperado num caminho, não pode resignar-se a abandoná-lo. Ora, o homem circunspecto, quando chega a ocasião de ser impetuoso, não o sabe ser, e por isso se arruína, porque, se mudasse de natureza, conforme o tempo e as coisas, não mudaria de sorte" (Maquiavel, 1987, p.104).

um programa em forma de alternativas: ou se voltava à velha noção de pólis da Antiguidade e à sua ética comunitária ou se rejeitava tudo isso, aceitando a ideia da monarquia absoluta unificada na Itália e a situação ética que o capitalismo contemporâneo trouxera. Segundo Heller, essa é a chave da polêmica que se estabelece em torno das várias interpretações do pensamento de Maquiavel.[14] Não me antecipo, porém, e deixo para discutir isso logo adiante. Para tanto, primeiro é importante saber como é composto O *príncipe* de Nicolau Maquiavel.

3 UM OLHAR SOBRE O *PRÍNCIPE*

Antes de tratar da questão das várias leituras que se tem feito sobre O *príncipe*, julgo ser necessário apresentá-lo para o leitor não com o intuito de fazer uma análise desse texto, porque não é esse o propósito deste trabalho, mas para discutir certas características de sua organização como texto produzido em língua escrita.

Com o objetivo, portanto, de realizar essa tarefa, traçarei, primeiramente, um perfil do texto em si, isto é, a forma como ele foi elaborado. Em seguida, discuto a questão da narratividade, partindo do ponto de vista de que o texto de Maquiavel assume as características de um manual de instruções. Nesse sentido, estarei retomando certos aspectos abordados no capítulo anterior sobre a tipologia de textos. Em um terceiro momento, tratarei da sintaxe do nível discursivo, destacando os mecanismos argumentativos utilizados para, em seguida, abordar os recursos da figuratividade presentes no texto.

---

14 "A controvérsia, velha de séculos, e os muitos mal-entendidos que rodearam a figura de Maquiavel decorrem desta maneira de colocar o problema em termos de dois rumos alternativos. É por isso que alguns viram nele *exclusivamente* um advogado da monarquia absoluta e, além disso, o apóstolo de uma ética burguesa cínica, do 'maquiavelismo' político, enquanto outros *apenas* viram o republicano e plebeu que (como Rousseau, por exemplo, pensou) tratou o tema do *Príncipe* de maneira puramente satírica" (Heller, 1982, p.256).

3.1 A organização de O príncipe de Nicolau Maquiavel

Essa obra de Maquiavel constitui um manual sobre o poder, sobre o modo de proceder dos príncipes, muito comum na literatura da Idade Média e do Renascimento, conforme declara O'Day (1979, p.25). Maquiavel elaborou-a durante o ano de 1513 e dedicou-a ao príncipe Lorenzo II, em 1515. Por esse motivo, toda edição moderna de O príncipe apresenta a carta do autor a Lorenzo como uma introdução.[15] No original italiano, o nome da obra foi escrito em latim, De Principatibus, bem como o de cada um dos 26 capítulos em que ela é composta.

Seus 26 capítulos podem ser divididos em cinco partes, conforme proposta de O'Day (1979). A primeira é a mais extensa e compreende os capítulos I a XI. Nela o autor trata das diversas formas de principados e o meio pelo qual eles podem ser adquiridos e mantidos. Segundo Maquiavel, os principados podem ser de três tipos: os hereditários; os novos, que compreendem os totalmente novos e os mistos (incorporados a um principado por meio de herança); e os eclesiásticos.

Dentre os três tipos de principados, Maquiavel ressalta a importância da conquista e manutenção dos principados novos, dividindo-os em dois diferentes grupos: aqueles já acostumados à sujeição a um príncipe e aqueles habituados a regerem-se por leis próprias e em liberdade. No caso dos primeiros, explica que o processo de sujeição será mais fácil quando o principado conquistado é de uma mesma província e fala a mesma língua que a do conquistador. Quando for de província e língua diferentes, porém, destaca a necessidade de o príncipe possuir grande habilidade e boa sorte. Indica ainda três atitudes que podem ser tomadas para conservar um novo principado conquistado nessa última condição: ir o príncipe habitar a região conquistada, organizar colônias em um ou dois lugares ou

---

15 Todas as traduções em língua portuguesa de O príncipe a que tive acesso apresentam a carta de Maquiavel a Lorenzo II no início do livro. Na edição italiana da Le Monnier e nas edições francesas da Garnier Frères e da Gallimard & Librairie Générale Française, que constam da bibliografia, o mesmo fato acontece. Por esse motivo é que se pode afirmar que a carta de Maquiavel a Lorenzo II transformou-se numa espécie de introdução universal de O príncipe.

conservar suas tropas no local. O autor considera melhor atitude a primeira. A segunda também pode ser eficaz. A última, porém, é ruim, porque o príncipe irá gastar muito com a manutenção de sua força armada no local e ofenderá muito diretamente o povo conquistado.

No caso dos principados acostumados a viver em liberdade e com leis próprias, Maquiavel também sugere três procedimentos para que o príncipe possa conservá-los sob seu jugo: o primeiro consiste em arruiná-los completamente, de tal modo que não tenham forças para se opor a ele; o segundo, em ir habitá-los pessoalmente; o terceiro, em deixá-los viver com suas leis, arrecadando um tributo e criando um governo de poucos, que se conservem amigos.

Todo o processo de conquista de principados novos depende da *fortuna* e da *virtù*[16] do príncipe. Sem depender dessas duas qualidades, existem, ainda, segundo Maquiavel, duas outras maneiras de uma pessoa se tornar um príncipe: a primeira é chegar ao principado pela maldade, por vias celeradas, contrárias a todas as leis humanas; a segunda é tornar-se príncipe com a ajuda de seus conterrâneos, o que constitui um principado civil.

No caso do principado civil, o autor considera duas formas de uma pessoa tornar-se príncipe: uma é pelo favor dos poderosos, que se torna possível quando eles, não podendo resistir ao povo, precisam eleger um príncipe para melhor satisfazer suas necessidades; a outra é pelo favor do povo que, ao verificar que não pode resistir aos poderosos, dá reputação a um cidadão e o elege príncipe para estar defendido com a autoridade deste. Para Maquiavel, um

---

16 Muitos dos estudiosos de Maquiavel afirmam que não há um uso sitemático e preciso dos termos *fortuna* e *virtù* em O *príncipe*. No capítulo VII, que trata *dos principados novos que se conquistam com armas e virtudes de outrem*, segundo Bignotto (1991), a *fortuna* incorpora tanto o conceito de bondade quanto de maldade, pois César Bórgia conquistou seu principado graças ao fato de ser filho do papa, mas perdeu-o por não ter sabido apoiar um sucessor ao trono papal que lhe assegurasse o poder adquirido. Portanto, a *fortuna* foi a causadora de sua ascensão e de sua ruína. A *virtù*, por sua vez, "também não pode mais ser compreendida como fruto de uma boa educação. O exemplo de César Bórgia serve justamente para destruir a ideia de que a boa ação deve ser sempre acompanhada pelos mais nobres sentimentos" (p.144).

O PRÍNCIPE DE MAQUIAVEL E SEUS LEITORES

príncipe indicado pelo povo tem mais condições de se manter no poder que o indicado pelos poderosos.[17] Com relação aos principados hereditários e eclesiásticos, Maquiavel considera que, no caso do primeiro, é muito mais fácil manter-se no poder porque o povo já está afeiçoado à família de seu príncipe. Quanto ao segundo, ainda que para conquistá-lo seja necessário grande mérito e fortuna, para mantê-lo não se despende muito esforço porque é sustentado pela rotina da religião.[18]

A segunda parte em que pode ser dividido *O príncipe* corresponde aos capítulos XII a XIV, a qual irá tratar da organização militar do Estado.

Considerando que, para manter um Estado, são necessárias boas leis e boas armas e que as primeiras só existem em razão das segundas, o autor enumera quatro tipos de tropas por meio das quais os príncipes têm procurado conquistar as mais diversas regiões: as mercenárias, inúteis e perigosas, porque só visam ao pagamento que recebem; as auxiliares, quando um príncipe solicita os soldados de um outro poderoso, que também podem ser extremamente perigosas, pois, se vencerem a batalha, podem fazer prisioneiro o príncipe que as requereu; as próprias, as mais eficazes, pois são constituídas por cidadãos e servos do próprio príncipe; as mistas, organizadas pela mistura de diferentes tipos de tropas.

---

17 "O que ascende ao principado com a ajuda dos poderosos se mantém com mais dificuldade do que aquele que é eleito pelo próprio povo; encontra-se aquele com muita gente ao redor, que lhe parece sua igual, e por isso não a pode comandar nem manejar como entender. Mas o que alcança o principado pelo favor popular encontra-se sozinho e, ao redor, ou não tem ninguém, ou muito poucos que não estejam preparados para obedecê-lo. Além disso, não se pode honestamente satisfazer aos grandes sem injúria para os outros, mas o povo pode ser satisfeito. Porque o objetivo do povo é mais honesto do que o dos poderosos; estes querem oprimir e aquele não ser oprimido. Contra a hostilidade do povo o príncipe não se pode assegurar nunca, porque são muitos; com relação aos grandes, é possível porque são poucos. O pior que um príncipe pode esperar do povo hostil é ser abandonado por ele" (Maquiavel, 1987, p.39-40).

18 "As suas instituições tornam-se tão fortes e de tal natureza que sustentam os seus príncipes no poder, vivam e procedam eles como bem entenderem. Só estes possuem Estados e não os defendem; só estes possuem súditos que não governam" (Maquiavel, 1987, p.45).

Nessa parte de sua obra, Maquiavel destaca a importância de um príncipe ter seu próprio exército, enfatizando que esse é o meio mais seguro de manter e defender um principado. Além disso, acrescenta que o príncipe deve preocupar-se com a guerra, quer pela ação (dedicando-se com afinco ao esporte da caça) quer pelo pensamento, mesmo quando estiver em paz.

A terceira divisão de O príncipe corresponde aos capítulos XV a XIX, em que são dados vários conselhos sobre como o príncipe deve proceder para se manter no poder. Essa parte do livro tem sido considerada pelos leitores que veem no texto de Maquiavel uma receita para a criação de um tirano, geralmente, a mais ignominiosa.

O primeiro conselho dado por Maquiavel é que o príncipe deve deixar de ser bom quando a ocasião assim o exigir. Na verdade, o que ele está propondo é uma divisão da moral: por um lado, a moral dos homens; por outro, a moral do Estado. Esta deve se sobrepor àquela sempre que estiver em jogo a posse e a unidade do principado.

O segundo é que o príncipe não se deixe dominar pelo comportamento liberal porque isso pode torná-lo pobre e necessitado, o que o levará a ser rapace e, consequentemente, odiado pelo povo. A liberalidade, portanto, é maléfica, porque torna o príncipe necessitado e odioso e essas são duas qualidades extremamente ruins para a manutenção do poder: "Assim, pois é mais prudente ter fama de miserável, o que acarreta má fama sem ódio, do que, para conseguir a fama de liberal, ser obrigado a incorrer também na de rapace, o que constitui uma infâmia odiosa" (1987, p.67).

Um príncipe não deve se preocupar com o fato de ser considerado cruel, e esse é o terceiro conselho, pois é muito mais respeitado e governa com mais estabilidade o príncipe que é temido do que aquele que é amado. Em verdade, segundo o autor, o príncipe temido costuma ser muito mais piedoso com seu povo do que aquele que, para cultivar sua bondade, permite uma série de desordens, "das quais podem nascer assassínios e rapinagem".

O quarto conselho que Maquiavel dá àquele que pretende ser um verdadeiro príncipe é que, para combater seus inimigos, faça uso da lei, característica humana, e da força, característica do animal. Para saber fazer uso correto da força, o príncipe deve ser astuto como a raposa, que desfaz todas as armadilhas, e feroz como o leão, que aterroriza os lobos. Nesse sentido, o príncipe não pode se preocupar com o fato de estar sendo bom ou mau; deve, antes, procurar vencer e conservar o Estado.

Se um príncipe não é odiado nem desprezado, quando se mostra volúvel, leviano, irresoluto, terá condições de manter seu domínio sem grandes problemas. Duas devem ser as razões de receio para um príncipe, e esse é o último conselho de Maquiavel: fatos de ordem interna ou de ordem externa a seu principado. Os primeiros consistem em o povo se rebelar ou alguns poderosos conspirarem contra o poder do príncipe; os segundos referem-se a ameaças que partem de poderosos de outros principados.

A quarta divisão de O *príncipe* corresponde aos capítulos XX a XXIII. Nessa penúltima parte, o autor propõe tratar de assuntos de especial interesse para o príncipe. Os capítulos agrupados nessa parte também pretendem aconselhar o príncipe, só que agora não irão tratar especificamente da forma como ele deve se comportar e modular suas atitudes, mas sim de quatro questões específicas: sobre a necessidade de construir fortalezas, sobre como conservar a estima dos outros, sobre a escolha de seus ministros e, por fim, sobre como evitar os aduladores.

Com relação à construção de fortalezas, Maquiavel irá dizer que elas são mais necessárias quando o príncipe tiver mais medo da conspiração de seu povo do que dos ataques de estrangeiros, e desnecessárias quando ele temer mais os ataques estrangeiros que as conspirações de seu povo. Ressalta ainda que a fortificação que o príncipe pode construir é não ser nunca odiado pelo povo. É em consequência disso que irá discutir como se fazer estimado. Para tanto, deverá o príncipe realizar grandes feitos que possam ser vistos pelo povo, tornando-se, dessa forma, ele mesmo, um grande exemplo de boa conduta e justiça. O que mais importa, nesse caso, é o príncipe parecer verdadeiro para os outros, mesmo que isso não seja totalmente verdade.

Escolher bons ministros é muito importante, porque estes poderão ajudar o príncipe a governar. É interessante também não aceitar sempre as opiniões de um só ministro, pois isso poderá ser interpretado como sinal de fraqueza e o ministro sentir-se-á superior ao príncipe. O autor ressalta ainda que, para saber quando um ministro é bom, basta observar se ele está sempre preocupado com o príncipe e com o melhor desempenho de suas ações, respondendo sempre unicamente ao que lhe é perguntado, ou se se preocupa consigo próprio, procurando tirar proveito de sua condição de ministro. Para conservar seus ministros, o príncipe deverá sempre honrá-los e mantê-los ricos, para que não pensem em usurpar aquilo que pertence somente ao príncipe.

Os aduladores, por sua vez, devem ser evitados, porque nunca estão preocupados com o príncipe, mas sim consigo próprios. Eles serão os primeiros a trair o príncipe quando surgir uma oportunidade em que se sintam mais bem recompensados.

A última parte do livro de Maquiavel compreende os capítulos XXIV a XXVI. Nela, o autor irá comentar a situação da Itália em sua época; por esse motivo, costuma ser a parte mais comentada por aqueles que veem em Maquiavel um defensor da República, que procura um príncipe entre seus contemporâneos capaz de unir a Península Itálica e torná-la um Estado único e forte.

No antepenúltimo capítulo, o primeiro da quinta parte, Maquiavel pretende mostrar as razões pelas quais os príncipes italianos perderam seus Estados. No penúltimo, irá ressaltar a necessidade de o príncipe não contar apenas com a fortuna para conseguir a unidade do poder. Segundo ele, o que governa a outra metade de nossas ações é a razão e esta só conseguirá conviver em equilíbrio com a fortuna se o príncipe se mostrar impetuoso, e puder, dessa forma, dominá-la.[19]

No último capítulo o autor pede para que o príncipe, a quem ele se dirigiu o tempo todo em seu texto, tomando por base tudo o que ficou dito e explicado, tome para si a tarefa de unificar a Itália, retirando-a definitivamente das mãos dos estrangeiros que a estão matando.

Em todos os capítulos de seu livro, a cada novo tópico abordado, Maquiavel irá apresentar exemplos que comprovam sua maneira

---

19 "Estou convencido de que é melhor ser impetuoso do que circunspecto, porque a sorte é mulher e, para dominá-la, é preciso bater-lhe e contrariá-la. E é geralmente reconhecido que ela se deixa dominar mais por estes do que por aqueles que procedem friamente" (Maquiavel, 1987, p.105).

de interpretar os fatos, retirando-os tanto do período da República Romana quanto de sua época. Durante esse processo de ilustração contínua, o que atribui a seu texto um caráter didático, pois a cada afirmação segue-se uma ilustração, Maquiavel exalta a figura de César Bórgia, que, segundo dizem alguns de seus leitores, era considerado por ele o modelo de príncipe a ser seguido.

3.2 A narratividade de O príncipe. O manual de instrução e a construção do objeto-valor

Pretendo discutir agora a denominação "manual do poder", que costuma ser atribuída ao texto O príncipe. Essa expressão, "manual do poder", remete a outra, "manual de instrução", que está implícita na primeira. Nesse sentido, portanto, a obra de Maquiavel corresponde a um "manual de intruções para a conquista e manutenção do poder de um príncipe", e, como tal, constrói-se por meio de uma estrutura característica desse tipo de discurso que tem por objetivo levar o enunciatário a executar uma *performance* em consequência do /saber-fazer/ adquirido por intermédio da revelação do enunciador.

Para abordar essa questão, tomarei como interlocutor de meu discurso o texto de Greimas (1983a) intitulado "La soupe au pistou ou la contruction d'un objet de valeur" ["A sopa ao pesto ou a construção de um objeto-valor"]. O objetivo de Greimas, em seu texto, consiste em analisar e observar a organização narrativa de uma receita de cozinha (A sopa ao pesto[20]), tomando-a como um discurso programador que visa à construção de um objeto, a sopa, que, na terminologia de sua semiótica, figurativiza um objeto-valor, fim último de um programa narrativo (PN). Nesse PN, um sujeito, no caso o destinatário do discurso culinário, está em disjunção com um objeto (a sopa ao pesto) e quer, por meio das instruções

---

20 Optei pela forma italiana desse vocábulo porque essa palavra não tem um termo correspondente na língua portuguesa. A palavra italiana é normalmente usada no Brasil. *Pesto* é um condimento típico da cozinha genovesa, composto por salsa de basilicão e alho socados, acrescido de queijo feito com leite de ovelha e azeite (cf. Zingarelli, 1988, p.1385).

de uma receita, entrar em conjunção com ela. É, portanto, por meio da sucessão de dois enunciados de estado (o que constitui um enunciado do fazer) que se dará a construção do objeto gustativo "sopa ao pesto", objetivo final do sujeito destinatário.

Segundo Greimas (1983a), o enunciatário da receita culinária é modalizado por um /saber-fazer/ na medida em que este é o fim único desse tipo de discurso. Quando, portanto, um sujeito, de posse de uma receita, começa a executá-la, ou então um outro sujeito, de posse de um cadeninho de instruções, prepara-se para montar seu radiotransmissor, ambos já foram modalizados por um /querer/ e um /dever-fazer/ anterior (como é o caso do percurso de automanipulação, por exemplo).[21]

Nesse aspecto, porém, o texto de Maquiavel difere do denominado discurso programador estudado por Greimas, pois, contrariamente àquele, desenvolve nitidamente um contrato de manipulação em que um sujeito enunciador pretende levar seu enunciatário a /querer/ e a /dever-fazer/ aquilo que ele propõe como verdade.

Esse processo de manipulação pode ser observado em dois momentos da organização do discurso de *O príncipe*. Em primeiro lugar, no decorrer de todo o texto em razão do processo argumentativo por meio do qual se constrói seu discurso, uma vez que o enunciador precisa primeiramente provar ao enunciatário que as ideias que ele está apresentando sobre as formas de conquista e manutenção do poder são eficientes. Para tanto, apresentará como ilustração fatos ocorridos tanto na Antiguidade Clássica quanto os que ocorreram em sua época. No item seguinte deste mesmo capítulo pretendo discutir mais detidamente esses procedimentos argumentativos em *O príncipe*. Só ressalto como esse aspecto diferencia o

---

21 "Ainda que o texto de receita comporte numerosos elementos de fazer persuasivo, este não constitui a razão decisiva da aceitação do contrato. A aceitação, como assunção do /saber-fazer/, integra-se num PN (programa narrativo) já elaborado, suscitado quer por um /querer-fazer/ – convite endereçado aos amigos, por exemplo –, quer por um /dever-fazer/ – necessidade de alimentar sua família. O destinatário da receita de cozinha é, consequentemente, um sujeito já modalizado (S_1) de posse de um programa a realizar. O fazer persuasivo desempenha um papel secundário, no momento de escolher essa ou aquela receita; além disso ele se situa em um outro nível, o do programa do autor preocupado em fazer vender seu livro de culinária" (Greimas, 1983a, p.160). (Tradução minha).

O PRÍNCIPE DE MAQUIAVEL E SEUS LEITORES

texto de Maquiavel do texto programador, pois uma receita, por exemplo, não precisa argumentar sua competência, tampouco um livreto que explica como montar um rádio precisa fazê-lo. Conforme mostrou Greimas (1983a), o texto da receita culinária não precisa argumentar sua veracidade, uma vez que o sujeito que executará o fazer já está previamente modalizado pelo /querer/ ou pelo /dever/.

Em segundo lugar, embora não deixe também de fazer parte do processo argumentativo de *O príncipe*, há duas situações pontuais que deixam clara a ação do enunciador sobre o enunciatário do discurso. A primeira aparece na carta que Maquiavel escreve a Lorenzo II para lhe dedicar sua obra, a segunda ocorre no último capítulo, o XXVI.

No segundo parágrafo de sua carta ao príncipe Lorenzo, Maquiavel diz o seguinte:

> E conquanto julgue indigna esta obra da presença de Vossa Magnificência, não confio menos em que, por sua humanidade, deva ser aceita, considerado que não lhe posso fazer maior presente que *lhe dar a faculdade de poder em tempo muito breve aprender tudo aquilo que*, em tantos anos e à custa de tantos incômodos e perigos, *hei conhecido.* (1987, p.3 – grifos meus)[22]

Nesse trecho fica explicitado o processo de persuasão, pelo /querer/ e pelo /dever/, que inicia um programa narrativo que oferece ao destinatário um /saber/, por meio do qual ele poderá executar a ação proposta pelo destinador-manipulador. Embora essa manipulação se dê por sedução, pois o destinador destaca a magnanimidade, a superioridade do destinatário em detrimento da "pequenez" da obra com que pretende transmitir-lhe um /saber/, é interessante notar como, por meio de um circunstanciador temporal e outro modal, há, ao mesmo tempo, uma valorização do fazer do destinador: "em tantos anos e a custa de tantos incômodos e perigos".

---

22 "*E benché io iudichi questa opera indegna della presenzia di quela, tamen confido assai che per sua umanità li debba essere accetta, considerato come da me non li possa esser fatto maggiore dono che* darle facultà a potere in brevissimo tempo intendere tutto quello che io, *in tanti anni e con tanti mia disagi e periculi,* ho conosciuti e inteso" (Machiavelli, s. d., p.47 – grifos meus).

142   ARNALDO CORTINA

Do capítulo XXVI, destaco os seguintes trechos:

assim, presentemente, querendo-se conhecer o valor de um príncipe italiano, seria necessário que a Itália chegasse ao ponto em que se encontra agora ... Assim, tendo ficado como sem vida, espera a Itália aquele que possa curar as feridas e ponha fim ao saque da Lombardia, aos tributos do reino de Nápoles e da Toscana, e que cure as suas chagas já há muito tempo apodrecidas. Vê-se que ela roga a Deus envie alguém que a redima dessas crueldades e insolências dos estrangeiros ... E não se vê, atualmente, em quem ela possa esperar mais do que na vossa ilustre casa, a qual, com a fortuna e valor, favorecida por Deus e pela Igreja – a cuja frente está agora –, poderá constituir-se cabeça desta redenção. Isso não será muito difícil se vos voltardes ao exame das ações e vida daqueles de quem acima se fez menção. (Maquiavel, 1987, p.107-8)[23]

Novamente, nesse segundo momento, o destinador manipula o destinatário por sedução, retomando as modalidades do /querer/ e do /dever/. A diferença agora é que o sujeito responsável pela manipulação reporta-se para o que foi anteriormente apresentado: o discurso que propõe mostrar a maneira mais eficaz de conquistar um novo principado e de manter esse poder. No caso anterior, o destinador fazia a promessa de investir o destinatário de um /saber/, agora ele se vale do /saber/ apresentado para, indiretamente, convidar o destinatário a um /fazer/. Assim estará realizada a transformação e cumprido o programa narrativo.

Ao juntar esses dois momentos, o que precede os capítulos da obra (a carta introdução) e o que a encerra (seu capítulo final), percebe-se uma sequência narrativa que está centralizada na primeira etapa do percurso narrativo canônico: a manipulação. O sujeito

---

23   *"così, al presente, volendo conoscere la virtù d'uno spirito italiano, era necessario che la Italia si riducessi nel termine che ella è di presente ... In modo che, rimasa come sanza vita, espetta qual possa esser quello che sani le sua ferite, e ponga fine a' sacchi di Lombardia, alle taglie del Reame e di Toscana, e la guarisca di quelle sue piaghe già per lungo tempo infistolite. Vedesi come la prega Dio che le mandi qualcuno che la redima da queste crudeltà ed insolenzie barbare ... Né ci si vede al presente, in quale lei possa più sperare che nella illustre Casa Vostra, quale, con la sua fortuna e virtù, favorita da Dio e dalla Chiesa, dela qualle è ora principe, possa farsi capo di questa redenzione. Il che non fia molto difficile, se vi recherete innanzi le azioni e vita dei soprannominati"* (Machiavelli, s. d., p.176-7).

não realiza a *performance*, porque ela só poderá ocorrer na medida em que o destinatário adquirir a competência, por julgar que o programa de construção do objeto-valor /saber/ presente nos 25 primeiros capítulos foi cumprido. Há aqui, portanto, duas narrativas distintas a partir das quais *O príncipe* é construído: uma no nível da enunciação, outra no nível do enunciado.

O que justifica o fato de o discurso de *O príncipe* precisar enfatizar o programa de manipulação, diferenciando-se, assim, das várias formas de discursos de instrução, reside no estatuto específico de seu objeto-valor. Diferentemente da receita culinária que pretende fazer que um sujeito-realizador "construa" um determinado prato com o qual alimentará a si próprio e a seus convidados, ou do livreto que ensina um outro sujeito a construir um aparelho de transmissão de ondas sonoras, como o rádio, o texto maquiavélico pretende convencer seu destinatário de que lhe está apresentando a melhor maneira de conquistar e manter o poder político de um Estado. Ao contrário dos outros tipos de discurso que, partindo do objeto já construído, procuram descrever as etapas para sua reprodução, o texto de Maquiavel atribui a si próprio a tarefa de idealizar um modelo de Estado principesco. Partindo do que existe (os governos de sua época) ou existiu (os governos da Roma antiga) propõe criar o "novo".

Retome-se, porém, o texto de Maquiavel, no nível, agora, do enunciado, para observar como se dá o processo narrativo de sua constituição. Tomando-se as divisões de *O príncipe* apresentadas no item anterior,[24] é possível verificar que elas constituem diferentes modalidades da configuração do objeto-valor /saber/. O programa narrativo básico do discurso enunciado nos 25 capítulos de *O príncipe*, tomado na sua relação com o programa narrativo da manipulação, instaurado pela carta a Lorenzo II e concluído no capítulo

---

24 1. as diversas formas de principados e o modo através do qual podem ser adquiridos e mantidos – cap. I a XI; 2. organização militar do Estado – cap. XII a XIV; 3. conduta do príncipe – cap. XV a XIX; 4. assuntos de especial interesse para o príncipe – cap. XX a XXIII; 5. situação italiana na época de Maquiavel – cap. XXIV a XXV. Excluí propositalmente o capítulo XXVI dessa quinta parte porque o incluí no programa narrativo de manipulação do sujeito destinatário que se inicia com a carta e se conclui nesse último capítulo.

XXVI, deve, portanto, oferecer a seu destinatário um saber com o qual ele poderá executar o fazer requerido pelo primeiro programa.

Esse saber é, no nível do enunciado, apresentado como fazeres com vistas a dominar ou a manter o poder.

Em primeiro lugar, pode-se pensar em duas divisões possíveis para os 25 capítulos que correspondem ao programa de construção do saber. A primeira consiste na apresentação de questões de ordem geral (partes 1, 2, 3 e 4), que corresponderia à discussão sobre técnicas de conquista e de organização do exército, bem como considerações sobre a melhor forma de o príncipe relacionar-se com o povo, com seus auxiliares, com seus amigos e com seus inimigos, em oposição a uma questão específica (parte 5), concernente às dificuldades que se apresentariam para um príncipe que tencionasse conquistar a Península Itálica para unificá-la numa só nação.

A segunda divisão é responsável pela configuração de dois tipos de saber: de um lado, um saber que preside à escolha, o querer (partes 1 e 2), e, de outro, um saber que preside à ação (partes 3, 4 e 5). No primeiro caso, o destinador, por meio da utilização de diferentes ilustrações que reforçam seus pontos de vista, mostra a seu destinatário as vantagens de escolher conquistar um principado novo e de poder contar com um exército próprio; no segundo, pretende apresentar as ações que o príncipe deve realizar para manter-se no poder.

Além disso, é importante ressaltar o procedimento de organização esquemática empregada pelo enunciador do texto durante a realização dessas cinco partes que constituem o percurso de construção do saber. Esse processo se dá por meio da seleção de tópicos a serem desenvolvidos ora em um só capítulo ora numa sequência deles. Para explicar mais claramente como é montada essa organização mais particular da estrutura discursiva que reveste o esquema narrativo da construção do objeto-valor de O príncipe, observarei a primeira divisão do texto.

Ao tratar das diversas formas de principados e o modo por meio do qual podem ser adquiridos e mantidos, o enunciador do texto apresenta, em primeiro lugar, uma oposição entre dois regimes de governo: os principados propriamente ditos e as repúblicas. Esses são os dois ramos de um esquema em que se sustenta toda a proposta da primeira parte de sua obra. Como o autor, porém, propõe falar apenas dos principados, abandona a proposta de governo republicano, usando como justificativa o fato de já ter abordado esse assunto em outra ocasião.[25] Estão apresentados aí dois tópicos em razão dos quais seriam organizados outros que a eles se subordinariam. Ao eleger tratar dos principados, o narrador determina seu tema central e interrompe o outro, que não será mais abordado.

No momento em que o narrador determinou seu tema principal, começa a descrever os temas secundários que a ele estão ligados. Por esse motivo, irá dizer que existem três tipos de principados: os hereditários, os novos e os eclesiásticos. Desses três, o enunciador destacará o segundo tipo, os principados novos, chegando a dividi-los em dois subtipos: os totalmente novos e os mistos. Quando procura descrever os diversos tipos de principados, apresenta sempre ilustrações colhidas da história da Roma antiga ou de sua época. Essas ilustrações, como procurarei mostrar no item a seguir, fazem parte do processo argumentativo de seu texto.

Tomando-se a primeira divisão proposta para a obra de Maquiavel como modelo de estrutura discursiva que se repete em todas as demais partes, será possível verificar que elas se organizam na forma do manual de instruções. Quando trata, portanto, dos principados novos, o enunciador faz uma subcategorização: os principados já acostumados à sujeição de um príncipe, que podem ser da mesma província e falantes da mesma língua do príncipe conquistador ou de províncias e línguas diferentes das do conquistador; os principados habituados a reger-se por leis próprias e em liberdade.

---

25 No início do capítulo I de *O príncipe*, Maquiavel diz: "Todos os Estados, todos os domínios que têm havido e que há sobre os homens foram e são repúblicas ou principados" (1987, p.5). No incío do Capítulo II, afirma: "Não tratarei das repúblicas, pois em outros lugares falei a respeito delas" (1987, p.7). Esse segundo período tem sido motivo de muitas e diferentes interpretações. Uns querem ver nele uma referência à sua outra obra, *Comentários sobre a primeira década de Tito Lívio*; outros insistem em dizer que essa interpretação é errada, pois Maquiavel não havia ainda escrito esse texto, ele o escreveu depois de *O príncipe*. Esses outros textos então seriam relatórios e trabalhos escritos durante o período em que Maquiavel ocupou o cargo de secretário da República florentina.

Para cada um desses subtipos, serão apresentados os meios mais eficazes para que um príncipe possa melhor dominá-los e para que tenha maior estabilidade em sua possessão. A demonstração de cada um desses meios de conquista, novamente, é sempre acompanhada por ilustrações quer da história contemporânea do enunciador quer do período da Roma antiga.

Toda essa descrição da organização discursiva que reveste o programa narrativo de construção do saber de O *príncipe* é importante, porque revela que esse texto está montado a partir de operações tanto paradigmáticas quanto sintagmáticas. O aspecto paradigmático pode ser observado pela seleção dos diferentes assuntos apresentados em cada tópico abordado pelas cinco subdivisões individualmente. O aspecto sintagmático, por sua vez, corresponde às combinações que o enunciador realiza dos vários tópicos para montar seu discurso.

Mas, afinal, O *príncipe* pode ou não ser considerado um texto típico do manual de instrução? Com relação a esse aspecto, eu diria que ele corresponde a uma subversão do gênero do manual de instruções, pois, conforme procurei mostrar antes, foge dos padrões desse tipo de texto. Na verdade, pode-se dizer que ele é um manual no nível do enunciado, mas não no da enunciação.

Essa distinção pode ser observada quando se verifica, conforme procurei mostrar, que, no nível da enunciação, o texto destaca a instância da manipulação do esquema narrativo canônico, enquanto, no nível do enunciado, propõe realizar um fazer: a construção de um saber. Essas duas instâncias estão, por sua vez, bastante articuladas entre si e constituem o suporte argumentativo do discurso maquiavélico. A intenção primeira do destinador é levar seu destinatário a um fazer (tornar-se o príncipe unificador do território italiano). Para conseguir isso, porém, é preciso doar uma competência a esse destinatário porque sem ela não poderá se realizar a *performance*.

Para consegui-los, o destinador propõe realizar um outro percurso narrativo, o da construção do saber que investirá o destinatário da competência necessária para a realização da *performance*; esse é o percurso do manual de instruções. A consequência disso é que, no segundo programa, o destinador manipulador e o destinatário correspondem a um mesmo actante (figurativizados pelo enunciador do primeiro programa, Maquiavel), enquanto o destinador julgador do fazer executado pelo sujeito da transformação corresponderá ao destinatário do primeiro programa (Lorenzo II). Isso significa dizer que, para o sujeito destinador conseguir manipular seu destinatário no primeiro programa narrativo, deverá ser sancionado positivamente por ele no segundo.

Em razão do que acabei de mostrar, poderia ainda fazer uma suposição em relação a *O príncipe*. Talvez, a peculiaridade de sua construção, que consistiu na subversão do gênero do manual de instrução, tenha sido responsável pela importância que o texto maquiavélico adquiriu ainda durante o Renascimento, destacando-se entre os vários "manuais sobre o poder" dos príncipes, tão comuns naquela época, conforme afirmação de O'Day (1979).

Para tratar, mais completamente, a manifestação discursiva do texto maquiavélico, é preciso recuperar certos aspectos determinantes desse nível da superfície linguística do texto. É por essa razão que, no item seguinte, examinarei os procedimentos de argumentação em *O príncipe*, incluindo aí o emprego dos mecanismos retóricos.

3.3 Recursos linguísticos utilizados na construção do discurso de *O príncipe*. A argumentação e os recursos retóricos

Antes de tratar das diferentes leituras do texto de Maquiavel, pretendo investigar seu processo de organização discursiva, isto é, a maneira como se dá a construção do texto, visto do âmbito de suas marcas de superfície. De início, direi que *O príncipe*, conquanto seja visto como um texto filosófico, político, literário, um manual, ou qualquer outra denominação que se pretenda dar a ele, assenta-se sobre uma base temática, valendo-se da estrutura da dissertação para argumentar seus pontos de vista. Partindo das afirmações de Perelman & Olbrechts-Tyteca (1976), observa-se que essa argumentação, que tem por objetivo estabelecer uma relação de "verdade" entre o discurso e a realidade, organiza-se, no decorrer do texto maquiavélico, por meio de dois procedimentos, o da fundamentação pelo caso particular e o da analogia. O processo de fundamentação pelo caso particular pode ser percebido ao longo do texto quando se constata que o enunciador, para justificar suas afirmações, recorre ao testemunho de fatos históricos da Antiguidade Clássica ou então de sua época. Já a fundamentação analógica é um processo de raciocínio pelo qual o enunciador procura fazer o enunciatário compreender o que ele está pretendendo informar, utilizando-se de procedimentos que caminham desde uma simples comparação até a utilização de um recurso retórico mais elaborado.

Com o propósito de melhor definir minha proposta de investigação do processo argumentativo do texto maquiavélico, entendo ser necessário explicitar, de forma mais clara e completa, como Perelman & Olbrechts-Tyteca (1976) desenvolvem as noções que a eles atribuí aqui. De início, é preciso dizer que os autores propõem tratar a questão da argumentação do ponto de vista do discurso filosófico.

Segundo os autores, a fundamentação do real pelo caso particular compreende três diferentes procedimentos argumentativos: o exemplo, a ilustração e o modelo. A argumentação pelo exemplo parte de um caso específico para chegar a uma proposição, é um processo de generalização; a argumentação pela ilustração, ao contrário, parte de uma afirmação (ou uma regra), inicialmente dada, para reforçá-la, é um processo de particularização; a argumentação pelo modelo incita à imitação, isto é, procura levar o sujeito a tomar algo como modelo a ser seguido ou rejeitado, quando dele quiser se valer para convencer seu receptor (enunciatário, destinatário, leitor etc.) a respeito da verdade ou da falsidade de um dado fato ou raciocínio.

Perelman & Olbrechts-Tyteca (1976, p.481) destacam que a diferença entre os dois primeiros tipos de procedimentos argumentativos é importante e significativa, pois a utilização do exemplo e da ilustração revela que o enunciador se vale de diferentes critérios para exprimir seu ponto de vista. Enquanto o exemplo deve ser incontestável, do ponto de vista de sua eficácia como efeito argumentativo, a ilustração, da qual não depende a adesão à regra, pode ser mais incerta, embora deva chocar vivamente a imaginação para chamar a atenção. Na verdade, a ilustração é um tipo argumentativo utilizado em razão da ressonância afetiva com a qual procura envolver o sujeito a que se destina.

A partir dessa distinção, os autores destacam determinadas possibilidades de uso da ilustração. Primeiro, é muito comum o emprego da ilustração para facilitar a compreensão de uma regra que apresenta alternativas por meio de um caso de aplicação indiscutível. É possível, ainda, utilizar esse tipo argumentativo quando se pretende mostrar a importância, o valor de uma regra, recorrendo, para tanto, à ilustração surpreendente, inesperada, fascinante. Se, entretanto, a ilustração não for utilizada para um desses fins, será considerada inadequada.

Com relação ainda à inadequação da ilustração, segundo Perelman & Olbrechts-Tyteca, devem-se observar duas diferentes situações. A primeira, em que ela é fruto da incompreensão, do desconhecimento que o enunciador tem da regra que pretende ilustrar; a segunda, a ilustração voluntariamente inadequada que pode constituir uma forma de ironia. Nesse último caso, o enunciador está consciente de que emprega uma estrutura argumentativa que consiste num jogo entre dois discursos: o enunciado e o manifesto; ela é pertinente toda vez que se pretende contestar o valor da regra.

Além do uso dos procedimentos de argumentação aqui apresentados, julgo que é possível aproximar outra característica do discurso de Maquiavel à noção de ilustração forjada, mostrada por Perelman & Olbrechts-Tyteca (1976). Vários são os leitores que acusam o escritor florentino de "falsificar os exemplos" que apresenta em *O príncipe*. De acordo com Perelman & Olbrechts-Tyteca, esse é um recurso utilizado toda vez que se pretende estabelecer uma ligação mais direta e incontestável em relação à regra, embora julguem que esse tipo de argumentação aproxima-se mais do modelo que propriamente da ilustração.[26]

---

26 "O autor da *Rhetorica ad Herennium* explica por que julga preferível compor ele mesmo os textos que devem ilustrar suas regras de retórica ao invés de tomá-los emprestados, como faziam os gregos, dos grandes escritores. O caso forjado está ligado mais estreitamente à regra que o caso observado; ele indica melhor que o resultado está conforme a regra e em que ela consiste. Entretanto essa garantia é, em parte, ilusória. O caso forjado é semelhante a uma experiência montada num laboratório escolar. Mas é possível que ele seja forjado bem mais à maneira de um modelo prestigioso que como aplicação da regra que supôs ilustrar" (Perelman & Olbrechts-Tyteca, 1976, p.487-8). (Tradução minha.)

Com relação ao terceiro tipo de argumentação, os autores afirmam que, "quando se trata de conduta, um comportamento particular pode não somente servir para fundar ou para ilustrar uma regra geral, mas também para incitar uma ação que se inspira nele" (1976, p.488). O modelo, então, é criado para valorizar um indivíduo (ou um grupo de indivíduos), um meio ou uma época; esse tipo de argumentação tem por objetivo indicar uma conduta a seguir. Quando um indivíduo é tomado como modelo, colocam-se em evidência determinadas características ou atos, adaptando sua própria imagem ou situação com o propósito de melhor influenciar o enunciatário do discurso. Muito comumente, os seres considerados superiores, como deuses, mitos, têm suas imagens construídas a partir de suas qualidades positivas para que possam servir de modelo a ser seguido, copiado.

Em oposição ao modelo, Perelman & Olbrechts-Tyteca estabelecem a existência do antimodelo criado a partir de um efeito de repulsão. À primeira vista, tudo que foi dito a respeito do modelo pode equivaler ao antimodelo, se se tomar pelo aspecto negativo. Segundo os autores, porém, há um traço importante que distingue um tipo do outro. Enquanto, para o modelo, o sujeito enunciatário é induzido a copiar uma conduta determinada, no caso do argumento pelo antimodelo ele é incitado a se distinguir do indivíduo que funciona como antimodelo sem que se possa inferir dele uma conduta determinada. Somente por referência implícita a um modelo é que uma certa determinação da conduta a ser negada será possível (Perelman & Olbrechts-Tyteca, 1976, p.493-4). Em outras palavras, um antimodelo só pode ser construído quando existe um modelo que a ele se oponha.

Em *O príncipe* de Maquiavel há uma utilização constante da argumentação pela ilustração. Observando o texto todo é possível encontrar mais de duas dezenas de casos em que determinados enunciados assumidos como regras são ilustrados por fatos particulares. Algumas dessas ilustrações são mais simples e ligeiras; outras, mais minuciosas e longas. Um exemplo do primeiro tipo pode ser encontrado já no capítulo II, quando o enunciador, para justificar sua afirmação sobre os principados hereditários – que são mais fáceis de manter pois são afeiçoados à família de seu príncipe –, cita, logo em seguida, o caso do duque de Ferrara que resistiu aos ataques dos venezianos em 1484 e aos do papa Júlio II em 1510, exatamente pelo fato de ser antigo o domínio de sua família naquele Estado.

Um exemplo do caso da argumentação pela ilustração que se estende na narração de detalhes pode ser encontrado no capítulo III, em que o enunciador trata dos principados mistos. Para mostrar como um príncipe atento aos males que podem afligir seu território conquistado procura sempre se antecipar aos acontecimentos para assegurar, por mais tempo sua possessão, cita o caso de Luís XII da França, que invadiu e manteve o domínio de várias regiões italianas por bastante tempo. Enquanto o enunciador vai narrando os acontecimentos, analisa as ações corretas e incorretas desenvolvidas por aquele monarca, confirmando e até expandindo a regra inicialmente proposta.

No capítulo VIII, o enunciador estabelece duas formas de conquistar um principado sem o atributo da fortuna ou do mérito. A primeira consiste em chegar ao principado pela maldade, por meio de atos de violência e rapacidade; a segunda, em valer-se dos favores de seus conterrâneos, isto é, ser eleito pelo povo. Para ilustrar a primeira forma de conquista, propõe mostrar um exemplo da Antiguidade Clássica e outro moderno. A primeira ilustração é a de Agátocles Siciliano, que matou todos os senadores e homens mais ricos de Siracusa para tornar-se rei daquela cidade; a segunda é a de Oliverotto, que, para se tornar senhor de Fermo, assassinou seu próprio padrasto e todos os homens influentes da cidade durante uma grande festa oferecida em sua homenagem. Para ilustrar a segunda forma de conquista de um principado, pelo favor dos concidadãos, Maquiavel cita o caso de Nábis, príncipe espartano, que só conseguiu suportar o longo assédio do exército romano porque era amigo do povo.

Da mesma forma, quando, no capítulo XI, trata da força que os principados eclesiásticos haviam adquirido na Itália, o autor ilustra essa afirmação por meio da narração dos domínios papais na Itália, antes e depois do papa Alexandre VI. Segundo Maquiavel, a partir das conquistas realizadas por esse papa, a Igreja consolidou um poder capaz de amedrontar até o rei da França.

No capítulo seguinte, o XII, o enunciador propõe tratar das desvantagens de um príncipe ao utilizar-se das tropas mercenárias para realizar suas conquistas. Para justificar a validade de sua afirmação, recorre, como sempre costuma fazer, a dois tipos de ilustração: uma do mundo antigo, outra de sua época. Com relação ao primeiro tipo, cita o caso dos cartagineses que quase foram abatidos pelos mercenários que lutaram do lado deles durante a guerra com os romanos; com relação ao segundo, cita o caso dos florentinos que, para assegurar sua vitória contra os venezianos, tiveram que matar o capitão das tropas mercenárias, Paulo Vitelli, pois, se não o fizessem, seriam dominados por ele logo que terminasse de derrotar o inimigo. Por meio dessas duas ilustrações, Maquiavel procura mostrar como os exércitos mercenários são uma faca de dois gumes: se estão perdendo a batalha, passam para o lado inimigo; se, entretanto, vencem os opositores, tomam de assalto o Estado que os havia contratado para o combate.

Ao longo de todo o texto, outros casos de ilustração se repetem, utilizando sempre o mesmo esquema. Inicialmente uma afirmação é feita e, em seguida, o enunciador apresenta um fato ocorrido durante o período da Antiguidade Clássica e outro durante sua época, que servem para confirmar o conteúdo de verdade da regra por ele enunciada. O efeito de sentido que as ilustrações de uma mesma regra por meio de fatos do mundo antigo e do moderno criam é o de que a verdade do homem renascentista está na sua relação com o humanismo da Antiguidade Clássica e não no teocentrismo da Idade Média.

Com relação ainda às ilustrações utilizadas em *O príncipe*, alguns dos leitores de Maquiavel, conforme procurarei observar ao comentar a leitura que Frederico II faz dessa obra em seu *Anti--Maquiavel*, acusam o autor de alterar suas ilustrações para melhor adequá-las às regras que pretende ver confirmadas.

Para antecipar apenas uma das contestações de Frederico II, bastaria apontar as críticas que ele faz a Maquiavel quando este último cita o caso de Agátocles, que, como já ficou dito antes, mata todos os senadores e homens ricos de Siracusa, para mostrar como um indivíduo pode conquistar um principado pelo crime. Frederico afirma que o autor florentino se serviu desse fato para

O PRÍNCIPE DE MAQUIAVEL E SEUS LEITORES   153

mostrar apenas a conquista, mas omitiu que Agátocles, além de viver
em constante luta com os cartagineses, após haver tomado o poder
da cidade, morreu envenenado por seus próprios filhos. Sua crítica
reside no fato de que, segundo seu ponto de vista, essa ilustração
seria inadequa para mostrar como é possível a um príncipe conquistar um principado pelo crime e manter-se no poder, pois uma
ação má desencadeia um final também mau. Para ele, o importante
seria mostrar o resultado da ação, e não apenas seu processo, como
fez Maquiavel.

O capítulo IV, porém, apresenta um procedimento diferente
do predominante na argumentação do discurso de Maquiavel; ele
corresponde a um argumento pelo exemplo e não pela ilustração.
No capítulo III, o enunciador vinha mostrando as várias formas de
conquista e manutenção de um Estado. Um dos aspectos abordados
é a dificuldade que um príncipe pode encontrar para manter um
reino recém-conquistado quando este fala uma língua e tem costumes diferentes dos seus. Partindo do caso específico de Alexandre,
que conquistou o reino de Dario, mostra como esse problema foi
contornado e como ainda, morto este, o povo não se rebelou contra
seu sucessor. Na verdade, nesse caso, o enunciador não apresenta
uma regra para, em seguida, ilustrá-la; parte de um caso específico
para chegar a uma regra.

Ao elaborar sua regra, entretanto, utiliza-se novamente do
recurso da ilustração, pois, para justificar o êxito de Alexandre,
explica que um Estado em que os ministros do príncipe sejam como
que seus servos é mais facilmente mantido do que aquele em que
o príncipe deve dividir seu poder com barões. O primeiro tipo é
ilustrado por meio do grão-turco e, o segundo, pelo reinado da
França. O que se pode perceber é uma hierarquização de esquemas
argumentativos em que duas ilustrações auxiliam o uso de uma
exemplificação.

O terceiro tipo de fundamentação pelo caso particular, a argumentação pelo modelo, também pode ser encontrado no discurso
maquiavélico. Essa última modalidade argumentativa aparece no
capítulo VII, em que o autor trata "dos principados novos que se
conquistam com armas e virtudes de outrem". Nesse capítulo, o
enunciador vale-se da figura de César Bórgia – chamado pelo povo

duque Valentino, em razão do título de duque de Valentinois concedido pelo rei da França – para construir o modelo de príncipe ideal, capaz de cumprir com maior eficácia seu propósito de conquista e manutenção do poder em um Estado. A descrição de suas qualidades realiza-se no decorrer da narrativa de suas ações como conquistador, que demonstra, segundo o autor, extrema habilidade na condução dos negócios de interesse de seu Estado. César Bórgia é amado e temido, duas qualidades que, no entender de Maquiavel, são imprescindíveis a um príncipe.[27]

Embora entenda que César Bórgia tenha cometido um grande erro ao apoiar a eleição do papa Júlio II, que, no passado, tinha sido seu inimigo, não deixa de reconhecer seu grande valor e talento como governador. Segundo Maquiavel, não é possível acreditar completamente que um ex-inimigo não possa, em algum momento, tentar vingar a ofensa sofrida.[28] Muitos leitores de Maquiavel costumam dizer que, ao imaginar um príncipe capaz de unificar a Itália, o escritor florentino não tinha em mente outra pessoa que não César Bórgia. Com sua morte, ele passou a ser a referência modelar que deveria ser observada pelo príncipe que estivesse disposto a empreender a formação do Estado italiano, imaginada por Maquiavel.

A argumentação pela fundamentação analógica obedece a um processo de raciocínio lógico em que se relacionam elementos colocados em quatro posições: A está para B assim como C está para D. Os dois primeiros estão colocados no plano horizontal superior e, os dois últimos, no inferior. Perelman & Olbrechts-Tyteca (1976,

---

27 "Nas ações do duque, das quais escolhi as que expus acima, não encontro motivo de censura; parece-me, pelo contrário, que se deve propô-lo como exemplo a todos os que por fortuna e com as armas de outrem ascenderem ao poder ... Portanto, se julgas necessário, num principado novo, assegurar-te contra os inimigos, conquistar amigos, vencer ou pela força ou pela astúcia, fazer-te amado e temido do povo, ser seguido e respeitado pelos soldados, extinguir os que podem ou devem ofender, renovar as antigas instituições por novas leis, ser severo e grato, magnânimo e liberal, dissolver a milícia infiel, criar uma nova, manter amizades dos reis e dos príncipes, de modo que te sejam solícitos no benefício e tementes de ofender-te, repito que não encontrarás melhores exemplos que as ações do duque" (Maquiavel, 1987, p.32).

28 "Engana-se quem acreditar que nas grandes personagens os novos benefícios fazem esquecer as antigas injúrias. O duque errou, pois, nessa eleição, e foi ele mesmo o causador de sua ruína definitiva" (Maquiavel, 1987, p.33).

O PRÍNCIPE DE MAQUIAVEL E SEUS LEITORES   155

p.501) propõem chamar tema (*thème*) as unidades A e B, que
correspondem à conclusão, isto é, ao verdadeiro sentido a que se
pretende chegar quando se utiliza uma analogia, e suporte[29] (*phore*)
as unidades C e D, encarregadas de "apoiar o raciocínio", isto é,
de funcionar como elemento catalisador que, por um processo de
semelhanças, leva o interlocutor a perceber o tema.

Ainda segundo os autores, o tema e o suporte devem estar
dispostos numa relação assimétrica, ao mesmo tempo que devem
pertencer a domínios distintos. "Quando os dois elementos que se
confrontam pertencem ao mesmo domínio, e podem ser submetidos
a uma estrutura comum, a analogia dá lugar a um raciocínio pelo
exemplo ou pela ilustração, tema e suporte fornecem dois casos
particulares de uma mesma regra" (Perelman & Olbrechts-Tyteca,
1976, p.502). Pelo fato de existir uma diferença tão específica entre o
processo analógico, de um lado, e o exemplo e a ilustração, de outro,
os autores consideram que muitas vezes as pessoas se confundem ou
deixam flutuar essa distinção.

Para ilustrar, porém, como entendo o processo analógico exposto pelos autores, citarei um trecho do discurso maquiavélico que
emprega a analogia em sua construção para determinar o tema e o
suporte. Observe-se a seguinte passagem que aparece na carta por
meio da qual Maquiavel oferece *O príncipe* a Lorenzo de Medici:

> Nem quero que se repute presunção o fato de um homem de
> baixo e ínfimo estado discorrer e regular sobre o governo dos prín-
> cipes; pois os que desenham os contornos dos países se colocam na
> planície para considerar a natureza dos montes, e para considerar a
> das planícies ascendem aos montes, assim também para conhecer bem
> a natureza dos povos é necessário ser príncipe, e para conhecer a dos
> príncipes é necessário ser do povo. (1987, p.3-4)[30]

---

29   Embora os tradutores da obra de Perelman & Olbrechts-Tyteca para o português
     tenham optado por traduzir a palavra *phore*, do francês, para *foro*, prefiro aqui
     manter a palavra *suporte*. Ver a indicação bibliográfica desse livro em português.

30   "*Né voglio sia reputata presunzione se uno uomo di basso ed infimo stato ardisce
     discorrere e regolare e governi de' principi; perché, così come coloro che disegnano
     e paesi si pongono bassi nel piano a considerare la natura de' monti e de' luoghi alti
     e, per considerare quella de' bassi, si pongono alto sopra e monti; similmente, a
     conoscere bene la natura de' populi, bisogna esser principe, e a conoscere bene
     quella de' principi, bisogna esser populare*" (Machiavelli, s. d., p.48).

Como se pode observar, o processo analógico em Maquiavel é bastante complexo, pois no trecho aqui reproduzido pode-se perceber uma analogia matriz completada por duas analogias secundárias. Começo a examiná-las, porém, de baixo para cima, isto é, das secundárias para a principal.

Primeiramente, diria que os dois termos correspondentes ao suporte da primeira analogia seriam "príncipe" e "povo" (termos C e D), que se relacionam simetricamente com seu tema, que pode ser expresso pela oposição entre "superioridade" e "inferioridade" (termos A e B). Obtenho, assim, o seguinte esquema: o Príncipe está para o Povo, assim como a Superioridade está para a Inferioridade. Obviamente, essa analogia, como todas elas, expressa uma posição ideológica do sujeito que a constrói.

Ao lado dessa analogia, contudo, pode-se perceber uma outra que se estrutura por meio do suporte "Cartógrafo" e "Mapa" (termos C e D) que reveste o tema "Maquiavel" e "O príncipe" (termos A e B). Nesse sentido, obtenho o seguinte esquema: o Cartógrafo está para o Mapa assim como Maquiavel está para O príncipe.

A relação de dependência que se estabelece entre esses dois esquemas leva-me a tomar o primeiro como suporte e o segundo como tema de uma relação analógica entre ambos, que designaria como analogia matriz. Assim, o que estaria por baixo de todo esse jogo analógico seria um argumento por meio do qual o enunciador estaria se mostrando para seu enunciatário como uma pessoa que conhece tanto o povo, por ser de origem simples (não nobre) quanto as questões do poder, em decorrência de suas experiências à frente do governo de Soderini. Esses precedentes, portanto, torna-lo-iam apto a produzir um "mapa" (O príncipe) que poderia orientar o príncipe nas direções que deveria tomar para alcançar seus propósitos. Essa argumentação é planejada como forma de levar seu destinatário a aceitar um contrato. Nesse sentido, conforme procurei mostrar no subitem anterior, a carta de Maquiavel a Lorenzo II funciona como o instante em que se instaura o processo de manipulação do destinatário para levá-lo a um fazer. Essa é também a resposta, portanto, ao fato que levantei no item anterior deste capítulo, quando verifiquei que em toda edição de O príncipe, tanto em português quanto em francês e italiano, essa carta aparece sempre como uma espécie de introdução do texto maquiavélico. Ela e o capítulo XXVI indicam a narrativização da enunciação a que está interligado, conforme já demonstrei, o discurso enunciado nos 25 capítulos do texto maquiavélico.

A analogia é, como pretendi mostrar aqui, um excelente expediente argumentativo, na medida em que, além de permitir a veiculação de um pensamento, chama a atenção para a expressão linguística por meio da qual ele é manifestado. *O príncipe* de Maquiavel é um texto conceitual que, além de discutir um tema determinado, ocupa-se também das estratégias discursivas, que são linguísticas por excelência, para estabelecer sua base proposicional: a força do argumento pela palavra.

Conforme afirmam Perelman & Olbrechts-Tyteca (1976, p.535), a analogia é a base sobre a qual se cria a metáfora. Para os autores, ela consiste numa analogia condensada, resultante da fusão de um elemento do suporte com um elemento do tema. É nesse sentido que entendo que o resultado do esquema argumentativo no trecho da carta que precede *O príncipe*, aqui reproduzido, seria a construção de uma metáfora: a fusão se daria entre os termos B e D, *O príncipe* é igual a Mapa.

É possível destacar ainda muitos outros trechos do discurso de *O príncipe* que fazem uso do recurso argumentativo da analogia. Alguns são simples analogias; outros têm a metáfora como finalidade.

(1) [um homem prudente] procede como os seteiros prudentes que, querendo atingir um ponto muito distante, e conhecendo a capacidade do arco, fazem a mira em altura superior à do ponto visado. Não o fazem, evidentemente, para que a flecha atinja tal altura: valem-se da mira elevada apenas para ferir com segurança o lugar designado muito mais abaixo. (Maquiavel, 1987, p.23)[31]

(2) Deveis saber, portanto, que existem duas formas de se combater: uma pelas leis, outra, pela força. A primeira é própria do homem; a segunda, dos animais. Como, porém, muitas vezes a primeira não seja suficiente, é preciso recorrer à segunda ... Sendo, portanto,

---

31 *"[uno uomo prudente] fare come li arcieri prudenti, a' quali, parendo el loco dove disegnano ferire troppo lontano, e conoscendo fino a quanto va la virtù del loro arco, pongono la mira assai più alta che il loco destinato, non per aggiugnere con la loro freccia a tanta altezza, ma per potere, con lo aiuto di sì alta mira, pervenire al disegno loro"* (Machiavelli, s. d., p.76).

um príncipe obrigado a bem servir-se da natureza da besta, deve dela tirar as qualidades da raposa e do leão, pois este não tem defesa alguma contra os laços, e a raposa, contra os lobos. Precisa, pois, ser raposa para conhecer os laços e leão para aterrorizar os lobos. (p.73)[32]

(3) Comparo-a [a fortuna] a um desses rios impetuosos que, quando se encolerizam, alagam as planícies, destroem as árvores, os edifícios, arrastam montes de terra de um lugar para outro: tudo foge diante dele, tudo cede ao seu ímpeto, sem poder obstar-lhe e, se bem que as coisas se passem assim, não é menos verdade que os homens, quando volta a calma, podem fazer reparos e barragens, de modo que, em outra cheia, aqueles rios correrão por um canal e o seu ímpeto não será tão livre nem tão danoso. Do mesmo modo acontece com a fortuna; o seu poder é manifesto onde não existe resistência organizada, dirigindo ela a sua violência só para onde não se fizeram diques e reparos para contê-la. (p.103)[33]

Em (1) o enunciador estabelece uma analogia entre o fazer do arqueiro e o do príncipe. Este último deve ser prudente como aquele para alcançar seus objetivos. Da mesma maneira que o arqueiro faz sua mira um pouco acima do alvo a ser atingido, Maquiavel aconselha o príncipe a que procure fazer além do que havia planejado para conseguir, mais seguramente, atingir seu objetivo.

Em (2) ocorrem duas analogias que, interligadas, dão origem a uma terceira. A primeira relaciona o homem e os animais; o homem deve combater seguindo leis por ele mesmo estabelecidas,

---

32 *"Dovete, adunque, sapere como sono dua generazione di combattere: l'uno con le leggi; l'altro con la forza; quel primo è proprio dello uomo, quel secondo è delle bestie: ma perché il primo molte volte non basta, conviene ricorrere al secondo ... Sendo, dunque, uno principe necessittato sapere bene usare la bestia, debbe di quelle pigliare la golpe e il lione; perché il lione non si defende da' lacci, la golpe non si defende da' lupi. Bisogna, adunque, essere golpe a conoscere e lacci, e lione a sbigottire e lupi"* (Machiavelli, s. d., p.136-7).

33 *"E assomiglio quella [la fortuna] a uno di questi fiumi rovinosi, che, quando s'adirano, allagano e piani, ruinano li alberi e li edifizii, lievano da questa parte terreno, pongono da quell'altra; ciascuno fugge loro dinanzi, ognuno cede allo impeto loro, sanza potervi in alcuna parte obstare. E benché sieno così fatti, no resta però che li uomini, quando sono tempi quieti, non vi potessino fare provvedimenti e con ripari e argini, in modo che, crescendo poi, o egli andrebbano per uno canale, o l'impeto loro non sarebbe né sì licenzioso né sì dannoso. Similmente interviene della fortuna; la quale dimostra la sua potenzia dove non è ordinata virtù a resisterle; e quivi volta e sua impeti dove la sa che non sono fatti li argini e li ripari a tenerla"* (Machiavelli, s. d., p.171-2).

enquanto os animais só sabem combater usando da força. Poderia reduzir a primeira relação analógica à seguinte expressão: o Homem está para a Lei como o Animal está para a Força.

A segunda analogia relaciona o leão e a raposa; o leão simboliza a força, a raposa, a esperteza. Essa analogia pode ser então reduzida à seguinte expressão: o Leão está para a Força como a Raposa está para a Esperteza.

O resultado desses dois processos analógicos conduz à conclusão de que o homem, para melhor combater, precisa tanto das características próprias da natureza humana quanto da animal. Ao se assemelhar com os animais, adquire tanto a esperteza quanto a força, qualidades essas metaforizadas na figura da raposa e do leão, respectivamente. Nesse sentido, o conselho de Maquiavel consiste em fazer o príncipe perceber que, para poder derrotar o inimigo, necessita ser esperto no uso das leis e destemido no uso da força.[34] Nesse processo argumentativo a metáfora é o suporte do processo analógico fundamental.

Em (3) o processo argumentativo é o contrário do que ocorre em (2). Agora desenvolve-se uma condensação da analogia dando origem, segundo Perelman & Olbrechts-Tyteca (1976), à metáfora; um item do suporte é idêntico a outro do tema. Assim, essa analogia pode ser descrita da seguinte maneira: a Fortuna é tão Violenta quanto um Rio que extravasa em razão de uma cheia (A está para B, como C está para B).

A metáfora expressa em (3) é ampliada, mais adiante, por uma outra que consiste em relacionar a Itália à fortuna. Nesse sentido, o enunciador estaria construindo seus argumentos, que se formam por meio da utilização retórica da linguagem, para dizer que a Itália está como um rio que extravasou na cheia, correndo sem rumo, sem direção. É preciso que um príncipe proponha construir diques para canalizar suas águas, reorganizando, assim, o Estado italiano.[35]

---

34 É possível observar que essas analogias utilizadas por Maquiavel não são originais. Esopo e Fedro, em suas fábulas, já haviam relacionado o leão à força e a raposa à astúcia. Os fabulistas mostram, aliás, como, em determinadas situações, vale mais a esperteza que a força.

35 *"E se voi considerrete l'Italia, che è la sedia di queste variazioni e quella che ha dato loro il moto, vedrete essere una campagna sanza argini e sanza alcuno riparo: ché, s'ella fussi reparata da conveniente virtù, come la Magna, la Spagna*

160   ARNALDO CORTINA

Outro recurso retórico que vem ampliar a eficácia argumentativa do discurso de O príncipe é o quiasmo. Em determinadas
passagens, certas analogias ou metáforas são reforçadas por mais
esse expediente. Isso pode ser claramente observado nos seguintes
trechos de seu texto:

> (4) Da tísica dizem os médicos que, a princípio, é fácil de curar
> e difícil de conhecer, mas com o correr dos tempos, se não foi re-
> conhecida e medicada, torna-se fácil de conhecer e difícil de curar.
> (Maquiavel, 1987, p.12)[36]

> (5) E as principais bases que os Estados têm, sejam novos, velhos
> ou mistos, são boas leis e boas armas. E como não podem existir boas
> leis onde não há armas boas, e onde há boas armas convém que existam
> boas leis, referir-me-ei apenas às armas. (p.49)[37]

Os recursos retóricos, tais como a metáfora e o quiasmo, fazem parte do esquema argumentativo do texto de Maquiavel, na
medida em que são responsáveis pelo estabelecimento de determinados efeitos de sentido. A metáfora, que consiste num processo
de condensação analógica, é responsável pelo reforço, expresso no
enunciado, de uma determinada característica que está na intersecção do termo substituidor com o substituído. Assim, dizer que a
fortuna é um rio que extravasou na cheia e desce destruindo tudo
que encontra pela frente é uma maneira de destacar, de enfatizar
a ideia de que a fortuna é algo que não pode ser controlado e que
pode causar sérios danos. Por meio da utilização desse recurso retórico o enunciado ganha força argumentativa porque traveste de uma
imagem o conceito que pretende transmitir para o enunciatário.

---

     *e la Francia, o questa piena non arebbe fatto le variazioni grande che ha, o la
non ci sarebbe venuta. E questo voglio basti avere detto quanto allo opporsi
alla fortuna, in universali"* (Machiavelli, s. d., p.172).

36 *"E interviene di questa come dicono e fisici dello etico, che, nel principio del
suo male, è facile a curare e difficile a conoscere, ma, nel progresso del tempo,
non l'avendo in principio conosciuta né medicata, diventa facile a conoscere e
difficile a curare"* (Machiavelli, s. d., p.65).

37 *"E principali fondamenti che abbino tutti li stati, così nuovi come vecchi o
misti, sono le buone legge e le buone arme. E perché e' non può essere buone
legge dove non sono buone arme, e dove sono buone arme conviene sieno
buone legge, io lascerò indrieto el ragionare delle legge e parlerò delle arme"*
(Machiavelli, s. d. p.110).

Isso é uma prova também de que os recursos retóricos nunca têm a função ingênua de "adornar" um texto.

O quiasmo, como pretendi demonstrar, é um procedimento argumentativo que, por sua característica de cruzamento de termos no enunciado, tem como efeito de sentido reforçar um contraste expresso no plano do conteúdo.

Em (4), por exemplo, o enunciador parte de uma espécie de ditado, isto é, de um pensamento que tem a forma de verdade consensual: "um mal deve ser eliminado logo no seu início, porque, depois de propagado, tal empresa pode tornar-se impossível". Em vez de dizer com essas palavras, porém, seu discurso vai se valer de uma construção linguística específica (o quiasmo) para enfatizar como é importante que um príncipe seja prudente nas suas ações. Primeiramente, por meio de um processo analógico, elege como modelo de mal a "tísica", para, em seguida, jogar com os valores "facilidade" e "dificuldade" de curar e perceber, em diferentes momentos no tempo: "no início é fácil curar, mas difícil perceber; com o tempo, fácil perceber, mas difícil curar".

Da mesma forma, em (5), para destacar a importância das armas em um Estado, o enunciador a contrapõe às leis para construir o quiasmo: "só existem boas leis onde há boas armas e onde há boas armas é necessário que existam boas leis".

Retomando o conceito de figura apresentado no capítulo anterior, pode-se perceber ainda que as construções analógicas e retóricas presentes no enunciado de O *príncipe* correspondem ao procedimento de figurativização. Isso pode ser constatado quando se verifica que, por meio da analogia e da metáfora, o enunciador procura recobrir percursos temáticos abstratos com conteúdos mais concretos. Assim é que se constrói, por exemplo, a analogia do conceito abstrato "força" com a figura "leão", ou o conceito "esperteza" com a figura "raposa".

Para perseguir meu objetivo principal, que é discutir o processo de leitura de um texto escrito, propus a organização deste Capítulo 3 com dois propósitos.

Em primeiro lugar, pretendi apresentar uma contextualização histórica do tempo em que se deu a construção do discurso de O *príncipe*, porque acredito que todo texto reflete, de uma forma mais ou menos intensa, as formações discursivas que correspondem às formações ideológicas dominantes no ambiente cultural de que ele é fruto. Essa posição, portanto, leva em consideração a dimensão sócio-histórica das condições de produção do texto.

Em segundo, este capítulo propôs verificar os mecanismos textuais, a maneira como é elaborada a organização narrativa do texto maquiavélico para a produção do "manual" e os recursos argumentativos utilizados para a construção de seu discurso. A descrição dos mecanismos discursivos apresentada nessa segunda parte do presente capítulo retoma o que ficou dito no Capítulo 2, quando abri a discussão sobre a questão tipológica, qual seja, que *O príncipe* é um texto não literário de caráter dissertativo.

Do ponto de vista da evolução do pensamento ocidental, *O príncipe* representa um dos ideais básicos do Renascimento, isto é, a recuperação do pensamento pagão da Antiguidade Clássica que está centrado no homem, capaz até de humanizar suas divindades. Isso pode ser constatado por meio da proposta que Maquiavel faz em seu texto da fundação de um Estado cujo dirigente tenha um poder que não deve submeter-se ao da Igreja. Isso não significa, porém, que ele negue os dogmas da Igreja Católica. Apenas defende que o príncipe, para conduzir com autonomia seus objetivos, não pode submeter-se a nenhum outro poder maior. A religião deveria cumprir o papel de disciplinadora do indivíduo.

Do ponto de vista da sua organização textual, *O príncipe* apresenta-se na forma de um manual de instrução que tem por objetivo fornecer a seu enunciatário um saber para que ele realize um fazer. Diferentemente, porém, dos manuais comuns, como uma receita de cozinha ou um texto que ensine como construir determinado aparelho, por exemplo, o discurso maquiavélico precisa construir seu objeto cognitivo (o saber) para convencer seu enunciatário de que ele diz uma verdade. Para tanto, desenvolve um processo argumentativo bastante simples que consiste na apresentação de uma série de ilustrações para confirmar suas proposições. Sua estrutura, portanto, é a de um texto do tipo não literário de caráter dissertativo.

Neste Capítulo 3 fecho um ciclo na exposição deste trabalho. Inicialmente, procurei mostrar o que entendo por leitura; num segundo momento, discuti como a classificação tipológica de um texto direciona ou, pelo menos, influencia a leitura que um sujeito faz durante o momento interpretativo/compreensivo; em último lugar, abri espaço para uma visualização, tanto histórica quanto linguística, da leitura de um texto específico que será responsável pelo desenvolvimento do tema do próximo capítulo, o levantamento de diversas leituras, desde o Renascimento até nossos dias, do texto *O príncipe* de Nicolau Maquiavel, com o propósito de entender como elas se processaram.

4 AS VÁRIAS LEITURAS DE O PRÍNCIPE: DA RENASCENÇA ATÉ NOSSOS DIAS

Why, I can smile and murder whiles I smile,
And cry 'Content!' to that which grieves my heart,
And wet my cheeks with artificial tears,
And frame my face to all occasions.
I'll drown more sailors than the mermaid shall;
I'll slay more gazers than the basilisk;
I'll play the orator as well as Nestor,
Deceive more slily than Ulysses could,
And, like a Sinon, take another Troy.
I can add colours to the chameleon,
Change shapes with Protheus for advantages,
And set the murderous Machiavel to school.

(William Shakespeare. *King Henry the Sixth*,
Part three, act III, scene 2)

Neste capítulo pretendo discutir mais detidamente algumas das diferentes leituras que têm sido feitas, ao longo dos tempos, sobre o texto *O príncipe*, de Maquiavel. A proposta consiste em estabelecer as dimensões históricas do processo interpretativo do texto, bem como as razões desse mesmo processo que são inerentes à sua própria construção.

Desde que foi escrito, *O príncipe* tem despertado as mais diversas opiniões e provocado as mais diferentes atitudes. Antes mesmo de sua primeira publicação em 1532, os florentinos já conheciam esse texto e as opiniões contrárias ou favoráveis já se manifestavam. Por causa dele e de sua participação no governo Medici, Maquiavel é novamente condenado ao exílio em 1527 quando, por um breve espaço de tempo, os Medici perdem o domínio de Florença em consequência de um movimento popular republicano.

A partir da data de sua publicação, *O príncipe* irá percorrer um caminho, aparentemente calmo, até o ano de 1559, quando o papa Paulo IV, no decorrer dos trabalhos do Concílio de Trento, o inclui no *Index Librorum Prohibitorum*. Esse fato irá desencadear um período de repetidas condenações que darão origem aos termos "maquiavelismo" e "maquiavélico".

O uso dessas palavras continua até nossos dias, muitas vezes sem que as pessoas tenham conhecimento sequer de sua origem. Elas só repetem uma sequência fonológica que está acoplada de tal forma à noção de "ardil", de "maledicência", que, como diz Faria (1931), chega a ser mais forte que a obra inteira do escritor florentino.

> É mais fácil, junto à opinião pública, provar que Maquiavel não existiu em tempo algum, do que convencê-la de que a palavra "maquiavelismo" não corresponde a nada de real, e não é senão a desnaturação de um ensino perigoso que um homem de pensamento teve a imprudência de entregar à livre interpretação e à opinião pública. (p.XIII)

Uma primeira observação que pode ser feita em relação às interpretações de *O príncipe* é que elas se constroem a partir de duas perspectivas principais: a condenação ou o reconhecimento. Em que medida, porém, é possível dizer que essas duas perspectivas constituem duas diferentes leituras? Não seriam, na verdade, diferentes formas de abordagem de uma mesma e única leitura? Enfim, será que realmente existem tantas interpretações para o texto de Maquiavel como se costuma dizer?

Para responder a essas questões proponho abordar as diferentes opiniões de diversos outros textos que fizeram referência à obra do escritor florentino.

1 NICOLAU MAQUIAVEL COMENTA O PRÍNCIPE

Em uma carta datada de 10 de dezembro de 1513, dirigida a seu amigo Francesco Vettore, embaixador da República de Florença em Roma, junto a Leão X, Maquiavel conta como vivia em sua propriedade de San'Andrea in Percussina, perto de San Casciano, e sobre o "opúsculo" que acabara de escrever, intitulado *De principatibus*. Embora seja o único texto em que Maquiavel faz referência a sua obra, não chega propriamente a realizar nenhum comentário interpretativo de grande representatividade. O valor dessa carta é muito maior do ponto de vista biográfico, ou histórico, se se quiser, do que do interesse da recepção de textos.

Resolvi citá-la aqui somente para chamar a atenção para duas questões. Primeiramente, para o fato de que a tradução correta do título de sua obra seria "Dos principados" ou "Sobre os principados" e não "O príncipe", como se tornou clássica. O próprio Maquiavel, em sua carta, diz que pretende abordar o tema da soberania dos principados, mostrando quantas espécies de principados havia, de que forma eram adquiridos e mantidos e como acontecia de serem perdidos.

Em decorrência da primeira questão enunciada, pode-se levantar uma segunda: o fato de o enunciatário do discurso maquiavélico, isto é, o sujeito responsável pela conquista e pela manutenção da soberania de um principado, adquirir maior importância que o próprio tema em si. Isso, porém, não é obra exclusiva do processo de leitura do tradutor, pois é o próprio texto que destaca a pessoa do príncipe e a ele subordina a questão da soberania. Em outras palavras, o texto subordina-se à existência de um sujeito príncipe. Maquiavel reconhece isso em sua carta a Vettori quando afirma que sua obra deveria interessar a um Príncipe, sobretudo a um Príncipe novo, motivo pelo qual dedicou-a a Sua Alteza, o príncipe Juliano (cf. Maquiavel, 1989, p.93).

O leitor poderia, em razão do que foi exposto, indagar por que Maquiavel acabou escrevendo então uma carta por meio da qual dedica *O príncipe* a Lorenzo II e não a Juliano? Para entender isso, basta saber que, na época em que Maquiavel se dirigiu a Francisco Vettori, Florença estava nas mãos de Juliano de Medici, pois foi por suas tropas, auxiliadas pelos espanhóis, que Soderini, o gonfaloneiro vitalício daquela cidade, havia sido destituído do poder. Sua permanência na direção de Florença, porém, foi breve, entremeada pela presença de seu irmão Giovani, que colocou Lorenzo II no poder, logo que foi eleito papa sob o nome de Leão X. Na época em que Maquiavel resolveu enviar sua obra ao soberano de Florença, portanto, teve que tornar Lorenzo II seu novo destinatário.

Esse fato deixa claro uma vez mais que Maquiavel não escrevera seu texto para um príncipe determinado; este poderia ser qualquer um, pois seu propósito consistia em discutir a questão dos principados. O que ocorreu, porém, foi, conforme expus, que a forma de sua organização textual e o fator histórico de suas leituras levaram a um predomínio do enunciatário do discurso sobre seu tema.

2 A LEITURA DA IGREJA CATÓLICA, DURANTE O CONCÍLIO DE TRENTO

O Concílio de Trento foi o antepenúltimo concílio ecumênico da Igreja Católica e o mais longo; sua primeira sessão ocorreu no dia 13 de dezembro de 1545 e ele só veio a terminar em 4 de dezembro de 1563. Esse foi um dos concílios mais importantes da Igreja Católica, porque tinha a finalidade de rediscutir certos dogmas do catolicismo e tomar uma posição em relação aos movimentos reformistas, principalmente o protestantismo de Martinho Lutero. Foi a partir desse concílio que se iniciou a Contrarreforma religiosa, que tinha o objetivo de devolver à Igreja seu poder, tanto espiritual quanto político, abalado pelos movimentos reformistas.

O primeiro período desse concílio foi de 13 de dezembro de 1545 a 17 de setembro de 1549, que correspondeu ao pontificado de Paulo III. O segundo período desenvolveu-se entre 1º de maio de 1551 e 28 de abril de 1552, durante o pontificado de Júlio III, e foi marcado por uma série de problemas políticos. Em abril de 1552, foi suspenso inicialmente por dois anos, mas essa interrupção acabou estendendo-se por dez anos. Em 23 de março de 1555 o papa Júlio III veio a falecer tendo seu sucessor, Marcelo II, respondido pelo papado por apenas 22 dias, pois morreu em 1º de maio de 1555, vítima de súbita enfermidade. Paulo IV foi eleito papa logo a seguir, mas veio a falecer em 18 de agosto de 1559, sem ter conseguido reiniciar as reuniões do Concílio de Trento para terminar os trabalhos programados.

Embora Paulo IV tivesse ocupado o posto mais importante da hierarquia da Igreja Católica por apenas quatro anos, foi considerado um dos papas mais severos que já existiram. Durante seu pontificado, preocupou-se basicamente com duas coisas: primeiramente, com a renovação interior da Igreja, suprimindo abusos e ativando o cumprimento das leis com extremado rigor; em segundo lugar, com a perseguição impiedosa da heresia, pelo menos nos Estados católicos, e com a extinção dos chamados "livros maus". Foi Paulo IV quem organizou o primeiro *Index Librorum Prohibitorum* da Igreja Católica, no qual estava incluído Maquiavel. Seu *Index* foi confirmado durante o terceiro período do Concílio de Trento, que durou de 18 de janeiro de 1562 a 4 de dezembro de 1563, durante o pontificado de seu sucessor, o papa Pio IV.

O *Index* decretado durante o Concílio de Trento dividiu os livros proibidos em três grupos. No primeiro, condenam-se todos os autores que *ex professo errasse depraehensi sunt* (que foram entendidos ter errado deliberadamente); no segundo, incluem-se os autores cujos livros *quod vel ad haeresim, vel ad aliquod praestigiose impietatis genus, vel omnino ad inttollerabiles errores subinde alicere satis expertum est* (que foram escritos ou para uma seita ou para algum tipo prestigioso de impiedade ou, frequentemente, para aliciar completamente a erros intoleráveis); no terceiro, agrupam-se os livros que *ad incerti nominis haeretices confecti, pestilentissimis doctrinis respersi sunt* (escritos por heréticos de nomes incertos que foram inundados por doutrinas muito perniciosas). Segundo o *Index*, seriam ainda punidos com excomunhão *latae sententiae* (abrangente) todos aqueles que, possuindo livros proibidos, não os entregassem aos inquisidores.

Logo após os decretos que marcavam a punição dos livros heréticos, aparecia uma extensa lista de nomes em ordem alfabética. Na letra N, em 14º lugar, aparecia o nome *Nicolaus Macchiauellus*, incluído na primeira lista, a dos *auctores quorum libri & scripta omnia prohibentur* (autores cujos livros e todos os escritos são proibidos).

A inclusão de Maquiavel no *Index* foi sua mais drástica leitura negativa. A partir desse período os termos *maquiavelismo* e *maquiavélico* passam a ser utilizados em diversas línguas, sempre associados à ideia do mal.

Como não existe nenhum registro escrito por meio do qual a Igreja Católica tenha explicado por que as obras de Maquiavel foram incluídas no *Index*, só é possível constatar o fato da inclusão, mas não seu motivo. Na verdade, as razões históricas que levaram a Igreja a incluir *O príncipe* no *Index* são duas: uma ética e outra política; exatamente dois temas centrais do texto maquiavélico. A condenação ética baseia-se no fato de o enunciador afirmar que um príncipe pode executar qualquer tipo de ação para atingir seu fim último, que é conquistar o poder e mantê-lo, mesmo que, para isso, tenha que se colocar contra os dogmas da Igreja. Essa ideia, do ponto de vista da moral judaico-cristã, é inaceitável, pois assim o príncipe se aproxima do demônio, da encarnação do mal. A condenação política é consequência da defesa de Maquiavel em favor do poder supremo do príncipe, que não deve se submeter nem mesmo ao papa. Para o autor florentino, se o papa não fosse o príncipe, teria apenas o poder espiritual, como chefe maior da Igreja. Tal ponto de vista não era, logicamente, o da Igreja, que, naquela época, exercia o domínio político de uma vasta região da Europa.

Embora a própria Igreja reconhecesse e até utilizasse as mesmas estratégias propostas por Maquiavel em sua obra, não era possível permitir que um texto explicitasse de maneira tão direta o jogo político pelo poder. A situação torna-se mais grave ainda pelo fato de ela estar sofrendo uma série de pressões pelos movimentos de Reforma, que a acusam de desvirtuar seus verdadeiros ideais religiosos, de ser uma instituição completamente corrompida. Diante desse quadro, surge um movimento, no próprio interior da Igreja, que irá lutar pela reconquista de seu prestígio político e religioso. Esse movimento é o da Contrarreforma, cuja pedra fundamental é o Concílio de Trento.

3 A LEITURA DE FREDERICO II DA PRÚSSIA EM SEU ANTI-MAQUIAVEL

Antes de analisar propriamente a leitura que Frederico II fez de *O príncipe* de Nicolau Maquiavel, é importante, como já tive oportunidade de defender em outra parte deste trabalho, apresentar o contexto em que tal leitura se dá.

Frederico II viveu entre os anos de 1712 e 1786, dois séculos depois de *O príncipe* ter sido escrito. Foi um déspota esclarecido, que valorizou as letras e aceitou muitas das ideias dos enciclopedistas franceses, sem, no entanto, renunciar às prerrogativas do absolutismo. A ele costuma ser atribuída a frase: "Tudo para o povo, mas sem o povo".

O período em que governou a Prússia foi marcado por um grande desenvolvimento da indústria agrícola e do comércio marítimo. No interior, mandou que se construíssem canais de navegação para interligar os rios da Prússia e que se abrissem canais de irrigação para propiciar o fomento da lavoura. Com relação às finanças de seu Estado, foi responsável pela criação do Banco de Berlim, cuja estrutura técnico-administrativa se espelhava na do Banco da Inglaterra.

Do ponto de vista religioso, identificava-se com a perspectiva dos protestantes e era bastante crítico em relação às ambições da Igreja Católica, ou, mais especificamente, de seus papas. Foi discípulo de Voltaire, que, por sinal, esteve ativamente envolvido na elaboração e publicação de seu *L'anti-Machiavel*, e deixou uma vasta obra.

Apesar de dizer que condenava os conselhos daquele que considerou o maior celerado da história (Maquiavel), não se esqueceu de segui-lo durante as várias invasões que empreendeu na Silésia e na Polônia. Essas ações belicosas fizeram que Frederico II se preocupasse muito com uma perfeita organização de seu exército e procurasse mantê-lo satisfatoriamente abastecido. Quando começou a escrever seu *L'anti-Machiavel*, no final do ano de 1739, ainda não havia sido coroado rei, fato que veio a ocorrer pouco tempo depois, em 31 de maio de 1740.

A publicação de *L'anti-Machiavel* tem uma trajetória bastante atribulada. Logo que Frederico, no início de 1740, havia terminado de redigir sua obra, enviou-a a Voltaire, solicitando que ele a corrigisse. Como, porém, tem início nesse período seu processo de coroação, Frederico julga melhor adiar a publicação. Em agosto do mesmo ano muda de ideia e em dois meses recebe seu livro impresso por Van Duren. Praticamente não reconhece seu texto, tais foram as modificações empreendidas por Voltaire, e, por esse motivo, resolve reeditá-lo ele mesmo. Enquanto isso, Voltaire manda publicar pela La Haye uma versão "melhorada" do texto de Frederico. Somente em 1847 é que surgirá uma edição, pela Preuss, que reproduz fielmente os manuscritos do autor, no tomo VIII de suas obras completas. A edição da Garnier Frères, de 1949, que utilizei neste trabalho, reproduz o texto editado em 1847 e apresenta também todas as modificações e supressões sugeridas por Voltaire para as duas primeiras edições dessa obra.

L'anti-Machiavel é um texto produzido a partir da negação do texto de Nicolau Maquiavel, pois, nele, Frederico II faz um comentário crítico extenso e minucioso de cada um dos 26 capítulos de *O príncipe*. A numeração é a mesma, a única diferença é que o rei da Prússia não intitula cada capítulo como o faz o autor florentino. Muitas vezes um capítulo relativamente curto em *O príncipe* dá origem a um outro bastante longo em *L'anti-Machiavel*. Por esse motivo, Voltaire, durante a primeira edição, propôs um novo título para essa obra: *Essai de critique sur le prince de Machiavel*. Segundo o filósofo do Iluminismo, em seu prefácio à primeira edição do livro de Frederico II, esse texto era o antídoto necessário para o veneno de Maquiavel.[1]

Já na introdução de sua obra, Frederico justifica por que considera Maquiavel um monstro. Sua crítica é de ordem moral, pois, segundo ele, Maquiavel estabelece que o príncipe deve ser um celerado para poder exercer seu domínio.[2] O que fica claro já no

---

1 Essa declaração de Voltaire reforça as palavras com que Frederico II inicia a introdução de seu *L'anti-Machiavel*: "Ouso tomar a defesa da humanidade contra um monstro que a pretende destruir; e lanço minhas reflexões sobre essa obra em cada um de seus capítulos, a fim de que o antídoto se encontre ao lado do veneno" (Frederic II, 1949, p.98). (Tradução minha desse trecho e dos demais referente à obra de Frederico II).

2 "As inundações dos rios que devastam regiões, o fogo do raio que reduz as vilas a cinzas, o veneno mortal e contagioso da peste que desola as províncias não são tão funestos para o mundo quanto a maléfica moral e as paixões desenfreadas dos reis; pois, da mesma forma que, quando tiverem vontade de fazer o bem, para isso têm poder, assim também, quando quiserem o mal, este depende apenas que eles o executem ... É esse o quadro de um império em que reinará o monstro político que Maquiavel pretende formar" (Frederic II, 1949, p.98-9).

início do texto, é que o rei da Prússia pretende mostrar que nem todo príncipe é tão perverso quanto Maquiavel pretendeu mostrar. Alegando que se devem conservar na história os nomes dos bons príncipes e deixar morrer os maus, Frederico se inclui entre aqueles, deixando claro que está defendendo uma causa própria. Como recurso de persuasão, que visa reforçar seu ponto de vista, coloca no grupo dos bons todos os soberanos da Europa.[3]

O recurso utilizado pelo autor para se contrapor ao discurso de Maquiavel consiste em "desmontar" o esquema argumentativo construído pelo texto. Para conseguir isso, Frederico II procura mostrar como os recursos argumentativos pela ilustração e pelo modelo (conforme abordei no capítulo anterior), empregados por Maquiavel, não suportam as afirmações gerais, que Frederico chama máximas, das quais eles se originam.

Para observar como isso é feito, portanto, é interessante verificar os contra-argumentos de *L'anti-Machiavel* em cada um de seus capítulos. Já no título da obra de Frederico pode-se identificar seu propósito contra-argumentativo, pois o prefixo *anti*, que indica oposição, ação contrária, está ligado ao próprio nome do autor florentino. Esse título deixa claro, portanto, que o texto a que ele se refere tem como propósito contrapor-se a um outro discurso, desde o início, claramente marcado.

No capítulo I de *L'anti-Machiavel* pode ser identificada a primeira oposição do autor às afirmações de *O príncipe*. Segundo ele, além do mais, essa oposição será a base de todos os pontos de vista

---

3 Com essas palavras Frederico termina seu *L'anti-Machiavel*: "Eu rogo aos soberanos, ao terminar esta obra, que não se ofendam de forma alguma com a liberdade com que lhes falo; meu propósito consiste em *prestar uma homenagem sincera à verdade* e não agradar a quem quer que seja. O bom conceito que eu tenho dos príncipes que reinam presentemente no mundo é que me faz julgar que são dignos de entender a verdade. É dos Tibérios, dos Bórgias, dos monstros, dos tiranos que se deve escondê-la, pois ela se chocará frontalmente com seus crimes. Graças a Deus nós não contamos com nenhum monstro entre os soberanos da Europa; mas nós sabemos, como eles, que esses monstros estão abaixo das fraquezas humanas. E fazemos o mais belo elogio ao dizer que ousamos audaciosamente reprovar, *na frente deles, todos os crimes dos reis e tudo aquilo que é contrário à justiça e aos sentimentos da humanidade*" (Frederic II, 1949, p.231-2).

defendidos ao longo de seu texto.[4] Contrariando a afirmação de Maquiavel de que existem duas formas básicas de chegar a um principado, por meio da hereditariedade e do assalto, Frederico estabelece que, na verdade, há três maneiras "legítimas" de alguém se tornar senhor de um país: pela sucessão (poder hereditário), pela eleição de um povo livre e soberano ou por uma guerra "justamente empreendida", em razão da qual são conquistadas certas províncias dos inimigos. Embora concorde com o autor florentino na questão do poder hereditário, discorda da segunda forma apresentada, pois, para ele, ou alguém se torna príncipe porque o povo delega esse poder ao indivíduo, ou então quando se apossa de algum território que pertenceu a um inimigo e que foi "justamente vencido numa batalha".

Essa primeira oposição ao texto de Maquiavel é importante porque, por meio dela, pode-se perceber como Frederico constrói sua crítica moral, estabelecendo modelos do bem e do mal: Maquiavel é inescrupuloso e desumano, pois pensa na conquista como um assalto; ele procura mostrar-se justo e humano, quando defende que o príncipe deve governar segundo a vontade do povo. Nesse sentido, também seria possível dizer que a moral humanista defendida por Frederico é influenciada pela moral cristã do novo evangelho.

No capítulo II, o autor concorda com a opinião de Maquiavel quando diz que os principados hereditários são mais fáceis de serem governados e que o povo é mais feliz quando se sente protegido por um benfeitor. Defendendo esse ponto de vista, Frederico está exaltando o próprio governo prussiano, que é um principado de tipo hereditário.

Em seu terceiro capítulo, Frederico II comenta o que ele chama as quatro máximas do capítulo III de O *príncipe*, que trata das formas de conquista e manutenção dos principados novos. A primeira diz que o novo príncipe deve fazer desaparecer a linhagem do príncipe que o antecedeu para manter-se seguro na província

---

4 "Eu rogo ao leitor que não esqueça essas observações sobre o primeiro capítulo de Maquiavel, porque elas são como que o eixo sobre o qual se desenvolverão todas as minhas reflexões subsequentes" (Frederic II, 1949, p.103).

O PRÍNCIPE DE MAQUIAVEL E SEUS LEITORES

conquistada; a segunda, que o príncipe deve residir na região de sua nova conquista; a terceira, que, para evitar mandar muita força armada para as terras recém-conquistadas, é melhor organizar colônias, em um ou dois lugares, como forma de marcar sua possessão; a quarta e última máxima determina que o príncipe conquistador deve tornar-se um "defensor dos mais fracos, e tratar de enfraquecer os poderosos da própria província, além de guardar-se de que entre por acaso um estrangeiro tão poderoso quanto ele" (Maquiavel, 1987, p.11).

Com relação à primeira máxima, Frederico II procura mostrar a monstruosidade da proposta de Maquiavel. Para ele, essa forma de crime vai contra todo e qualquer princípio digno de vida.[5] Quanto à segunda, embora concorde que parece ser bastante lógica e, portanto, muito eficaz, tem o inconveniente de fazer que o príncipe abandone o centro de poder de seu Estado.

Para condenar a terceira máxima, Frederico II refuta o exemplo dos romanos, que é o argumento pela ilustração utilizado por Maquiavel para afirmar sua veracidade. Segundo o prussiano, essa era uma prática injusta e desumana porque, para poder estabelecer colônias no território conquistado, os romanos matavam os proprietários dos sítios que lhes interessavam. Para Maquiavel, o que justificava essa atitude era o fato de, assim procedendo, o príncipe não ter de se confrontar constantemente com o povo que habitava aquelas regiões. Conforme sua lógica de pensamento, um assassinato é justificável quando serve para evitar uma série infindável de outros. A isso Frederico chama "falso raciocínio" e condena Maquiavel por buscar, na história, fatos ignominiosos na tentativa de instruir as ações dos príncipes.[6]

---

5 "Pode-se ler tais preceitos sem fremir de horror e indignação? Tal proposta significa pisar em tudo aquilo que há de santo e sagrado no mundo; é perverter todas as leis às quais os homens devem o maior respeito; é abrir ao interesse caminho para todas as violências e para todos os crimes; é aprovar a morte, a traição, o assassinato e o que há de mais detestável no universo. Como os magistrados puderam permitir que Maquiavel publicasse sua abominável política?" (Frederic II, 1949, p.107).

6 "Mas qual é então esse direito segundo o qual um homem pode arrogar-se um poder tão absoluto sobre seus semelhantes, que possa dispor de suas vidas, de seus bens e de seus miseráveis rendimentos quando bem lhe aprouver?" (Frederic II, 1949, p.109).

Com relação à quarta máxima do capítulo III de *O príncipe*, embora tente refutá-la por achar que todo príncipe deve ser honesto e procurar ser o mediador das questões entre os poderosos das províncias, acaba, no final, concordando que aquele que se deixa dominar por outro príncipe tão poderoso quanto ele, joga-se num abismo sem retorno. Por essa razão, afirma que a guerra só é "ética" quando for para um soberano defender-se de uma força que o esteja ameaçando.

No quarto capítulo de seu livro, Frederico II procura desautorizar outro argumento pela ilustração utilizado por Maquiavel no capítulo IV de *O príncipe*. Para demonstrar que os principados que existiram até sua época foram governados ou por um príncipe que tinha em seus ministros grandes súditos ou por um príncipe auxiliado por barões que tinham poderes soberanos em seus próprios territórios, Maquiavel cita o governo dos turcos (do primeiro tipo) e o da França (do segundo tipo). Para o rei da Prússia é inadequada a referência aos turcos, utilizada pelo autor florentino para mostrar as vantagens de um Estado em que apenas o soberano tem plena autoridade sobre todo o território, como termo de comparação com os estados europeus, porque não se pode esquecer que são dois povos de origens e costumes completamente diferentes.[7]

Quando, no capítulo V de *O príncipe*, Maquiavel vai tratar da maneira como se devem conservar cidades ou principados que, antes da ocupação, se regiam por leis próprias, propõe três formas para alcançar esse fim: arruinar a região conquistada, ir o novo príncipe habitá-la pessoalmente ou deixar o povo viver segundo suas próprias leis e costumes.

Com o intuito de demonstrar a ineficiência de cada um desses conselhos dados por Maquiavel, Frederico II apresenta seus contra-argumentos. Com relação à terceira forma, deixar o povo viver segundo suas leis e costumes próprios, o rei da Prússia assegura que é totalmente ineficaz, uma vez que um povo que tem a possibilidade de viver em absoluta liberdade jamais quererá submeter-se ao domínio de um príncipe e, na primeira oportunidade, insurgir-se-á contra ele. Pode parecer contraditória essa observação de Frederico II,

---

7 "A diferença dos climas, dos alimentos e da educação dos homens estabelece uma diferença total entre seus modos de viver e pensar; é por essa razão que um selvagem da América age de uma maneira totalmente oposta àquela de um chinês letrado" (Frederic II, 1949, p.112).

uma vez que, em outras passagens de seu texto, procura mostrar que o povo é sempre soberano e que o príncipe existe em razão dele, mas não se pode deixar de notar que, para ele, existe um direito natural, quando o príncipe recebe a coroa que pertenceu a seu pai. O que ocorre, porém, é que, mesmo nesse caso, segundo seu ponto de vista, o príncipe deve governar sempre para o povo e não para si próprio.[8]

Com relação à segunda maneira proposta por Maquiavel para conservar o domínio de uma região livre recém-conquistada, Frederico reforça o que já havia dito a respeito disso em seu terceiro capítulo.

A crítica do autor ao primeiro conselho dado por Maquiavel, arruinar a região recém-conquistada, é um dos contra-argumentos mais importantes por ele apresentado, pois revela um dos traços contextuais a partir do qual se dá a leitura que Frederico II faz de *O príncipe*. Segundo ele, ao propor tal ação, Maquiavel não leva em consideração que o poder de um Estado é dado por sua força econômica. Nesse sentido, conquistar uma região para, em seguida, arruiná-la seria um desperdício, pois ela em nada contribuiria para um maior enriquecimento dos domínios do príncipe.[9] Essa característica do texto maquiavélico já foi citada por mim no capítulo anterior. Para Maquiavel, importava a conquista, a possessão de um Estado como extensão territorial, mas a forma de administrá-lo, de torná-lo *economicamente* poderoso não é, em nenhum momento, apresentada. O que se pode observar, porém, é que, exigir de Maquiavel essa visão das relações econômicas de um capitalismo mais avançado é querer outra obra que *O príncipe* não foi.

---

8   "Repito o que já disse no primeiro capítulo: os príncipes nascem sob o jugo dos povos, é da justiça que eles tiram sua grandeza; portanto eles não devem jamais renegar a base de seu poder e a origem de sua instituição" (Frederic II, 1949, p.111). Com esse período Frederico II termina o terceiro capítulo de seu *L'anti-Maquiavel*.

9   "A força de um Estado não consiste na extensão de um país, nem na possessão de uma vasta solidão ou de um imenso deserto, mas na riqueza dos habitantes e em seu número. O interesse de um príncipe consiste portanto em povoar um país, em torná-lo próspero e não devastá-lo e destruí-lo. Se a maldade de Maquiavel causa horror, suas razões merecem piedade, e ele faria melhor se aprendesse a raciocinar bem ao invés de ensinar essa política monstruosa" (Frederic II, 1949, p.118).

Com relação ao capítulo VI de *O príncipe*, que trata dos principados novos que se conquistam pelas armas e nobremente, não há nenhuma crítica frontal às afirmações de Maquiavel. O rei da Prússia apenas ressalta, uma vez mais, o valor dos principados hereditários ou então o que ele chama "reinos eletivos", quando um povo escolhe um cidadão para libertar-se do jugo de um tirano.

É no capítulo VII que Frederico irá atacar violentamente o argumento pelo modelo construído por Maquiavel por meio da exaltação da figura de César Bórgia. Utilizando-se novamente do recurso da condenação moral, Frederico propõe mostrar a "verdadeira face" do mais violento usurpador que foi o duque Valentino, transformando assim o modelo de Maquiavel em um antimodelo. Na verdade, ele se serve do mesmo recurso argumentativo do escritor florentino para construir o seu, realizando apenas uma inversão de valores: o que era modelo positivo para um passa a ser modelo negativo para outro. É com base nesse mecanismo discursivo que se dá toda a construção do texto do rei da Prússia; sua verdade se sustenta na exata medida em que afirma a negação da verdade do outro. Por esse motivo seu título é *L'anti-Machiavel*.[10]

No capítulo VIII Frederico se vale novamente do recurso do combate aos argumentos pela ilustração que Maquiavel utiliza no decorrer de seu texto, quando pretende mostrar como se conquistam principados pelo crime. Segundo ele, os exemplos de Agátocles Siciliano e Oliverotto de Fermo, apresentados por Maquiavel, não são bons para mostrar como se pode "chegar ao principado pela maldade", porque, no seu entender, os resultados alcançados pelas ações praticadas por ambos não foram positivos. Agátocles, que, para tornar-se rei de Siracusa, matou todos os senadores e os homens ricos daquela cidade, esteve constantemente em guerra contra os cartagineses durante o tempo em que foi príncipe e acabou morrendo envenenado por seus próprios filhos. Oliverotto, que, para tornar-se senhor de Fermo, matou o próprio tio (Giovanni Fogliani), que o havia criado após a morte de seus pais, juntamente

---

10 "Ouso tomar o partido da humanidade contra aquele que a pretende destruir, e devo combater Maquiavel em muito maior detalhe, para que aqueles que pensam como ele não encontrem mais subterfúgios e para que não reste nenhuma defesa para suas maldades" (Frederic II, 1949, p.124-5).

com os homens de maior destaque daquela cidade, teve que conter várias vezes o ódio que o povo nutria por ele e acabou morrendo assassinado por César Bórgia.

O que parece ocorrer com os contra-argumentos de Frederico II é que eles analisam as ações dos dois sujeitos visando aos resultados, enquanto Maquiavel se serve deles para mostrar duas formas possíveis de conquista de um principado. Nesse sentido, o escritor florentino não visa aos resultados, mas ao processo, tanto é que essas informações sobre a maneira como Agátocles e Oliverotto morreram nem aparecem em *O príncipe*. Não se pode, porém, deixar de levar em consideração que o recorte imposto por Maquiavel é bastante limitador, pois o resultado de uma ação pode levar um indivíduo, que pretenda adotá-la, a cogitar sobre sua eficácia.

No capítulo IX de *O príncipe*, Maquiavel expõe as duas maneiras pelas quais um cidadão pode chegar a ser príncipe por meio do favor de seus concidadãos sem se utilizar de quaisquer meios violentos: com a ajuda do povo ou com a ajuda dos poderosos. A essa forma de poder ele irá denominar principado civil. Com base nas proposições desse capítulo Frederico desenvolve duas reflexões, uma política e outra moral, sobre o discurso de Maquiavel.

Por meio de sua reflexão política, Frederico mostra que está de acordo com os argumentos apresentados por Maquiavel, pois, segundo ele, uma das propostas de seu *L'anti-Machiavel* é a defesa do ponto de vista de que uma pessoa deva se tornar príncipe sem causar nenhum mal a quem quer que seja, por suas virtudes e por sua capacidade de justiça. A reflexão moral, por sua vez, consiste em condenar o que ele chama "o domínio do interesse que está sempre regendo as ações propostas pelo escritor florentino". Segundo ele, o que deve dirigir as ações humanas é unicamente a *virtù*, e não o interesse.

Ao comentar o capítulo X de *O príncipe*, que pretende mostrar "como se devem medir as forças de todos os principados", Frederico faz duas considerações que discutem a adequação das propostas daquele texto ao seu tempo. A primeira questiona a afirmação maquiavélica de que um príncipe, que tenha boas tropas e grandes riquezas, possa sustentar-se sozinho, sem o auxílio de nenhum aliado, o que lhe daria mais força e lhe renderia maior respeito. Para Frederico, porém, de acordo com o quadro político da Europa de sua época, tal possibilidade seria remotíssima, por mais que o príncipe fosse poderoso. Para ilustrar sua afirmação, cita o caso de Luís XIV, que sucumbiu na guerra da sucessão da Espanha. Com relação à segunda possibilidade apresentada por Maquiavel, de que o príncipe que não tem capacidade de se defender do ataque de inimigos externos sem o auxílio de outrem deve construir fortificações, Frederico II procura mostrar que isso só seria possível para os pequenos principados do século XVI, mas impossível para os grandes Estados do século XVIII. Para ele, essa é uma das limitações do texto maquiavélico, isto é, que determinados conselhos tornam-se inúteis quando transpostos para um contexto diferente.

O último capítulo da primeira parte em que foi dividido *O príncipe* (conforme proposto no item 3.1. do capítulo anterior) trata dos principados eclesiásticos. No capítulo de *L'anti-Machiavel* correspondente ao XI do texto de Maquiavel, Frederico desfere ataques violentos contra a Igreja Católica e praticamente não faz nenhuma referência a Maquiavel. Em suas críticas à Igreja condena as ações desumanas dos papas, que deveriam ser modelos de virtude e humanidade, atingindo principalmente seu apego ao poder temporal. Segundo o rei da Prússia, caberia aos papas cuidar do poder espiritual e aos soberanos, o poder temporal.[11] Obviamente, essa é a opinião de um soberano absolutista que não é, aliás, católico. É por isso mesmo que não há nenhum contra-argumento ao texto de Maquiavel, porque ele também defende o mesmo ponto de vista do autor.

Os três capítulos seguintes estão agrupados sob o tema da organização militar do Estado, proposto como segundo recorte da tessitura de *O príncipe*. Sobre o capítulo XII de Maquiavel, Frederico não faz nenhuma crítica, pois está de acordo com o escritor florentino, que defende a supremacia das forças próprias na defesa de um

---

11 "Nada deveria ser mais edificante que a história dos chefes da Igreja, ou dos vigários de Jesus Cristo; pretende-se neles encontrar exemplos de costumes irreprováveis e santos; entretanto é totalmente o contrário: não passam de obscenidades, de abominações e de fontes de escândalos; e não se pode desejar ler a vida dos papas sem detestar suas crueldades e suas perfídias. Vê-se de modo geral sua ambição por aumentar seu poder temporal e sua grandeza; sua avareza sórdida por acumular grandes bens, sob pretextos injustos e desonestos, em suas famílias, para enriquecer seus sobrinhos, suas amantes e seus bastardos" (Frederic II, 1949, p.146-7).

Estado. O rei da Prússia, como já foi dito no início dos comentários sobre sua leitura, preocupou-se, na época em que esteve no poder, em oferecer condições para que seu exército estivesse sempre bem armado e preparado para o combate.

Já no capítulo XIII, Frederico irá criticar novamente Maquiavel, dizendo que ele não tem experiência para falar sobre o procedimento dos príncipes em uma batalha, quando defende a inutilidade das tropas auxiliares. Contra essa consideração de Maquiavel, apresenta como contra-argumentos exemplos de várias ocasiões em que os reis da Itália, da Alemanha, da Holanda e da Inglaterra fizeram uso desse tipo de tropas em suas guerras contra outras nações e foram muito bem-sucedidos. Segundo ele, essas tropas só incomodam quando o príncipe não exerce total controle de seu exército.

Seus ataques a Maquiavel continuam no capítulo XIV, reafirmando que o autor florentino era um pseudopolítico que, além de desconhecer a realidade de uma situação de guerra, valia-se de conhecimentos da Antiguidade Clássica que já estavam superados pelos progressos da ciência do século XVIII. Chega a dizer que a concepção que Maquiavel faz do príncipe é a de um Dom Quixote que só deve se preocupar com as batalhas e com a melhor tática bélica. Nesse ponto, condena os conselhos de Maquiavel para que o príncipe exerça constantemente a caça com a finalidade de desenvolver táticas de perseguição e ataque e de fazer que ele tenha um conhecimento maior da geografia de seu território, fato que será importante, segundo Maquiavel, tanto para se defender de possíveis invasores quanto para saber como se orientar em territórios que pretenda atacar, pois as condições geográficas repetem-se constantemente de um lugar para outro. Segundo Frederico, o esporte da caça não é uma ocupação digna de um príncipe, que deve voltar-se para seu aprimoramento cultural, que é a melhor forma de conduzir sua política.[12]

---

12 "Os príncipes devem propriamente ocupar-se apenas em se instruir, a fim de adquirir assim mais conhecimentos e poder para melhor organizar suas ideias. Sua profissão é pensar bem e justamente; é para isso que devem exercer seu espírito; mas como os homens dependem muito dos hábitos que adquirem, e como suas ocupações influem infinitamente sobre seu modo de pensar, parece natural que eles prefiram pessoas sensatas, que lhes ofereçam a doçura, àquelas bestas que só podem torná-los cruéis e selvagens" (Frederic II, 1949, p.162).

Na terceira parte em que foi dividido seu texto, Maquiavel irá tratar de questões sobre a conduta dos príncipes em relação à política com que devem conduzir as coisas do Estado. Na leitura que Frederico faz dos vários capítulos agrupados nessa parte, enuncia os principais argumentos para criticar o texto do autor florentino. O primeiro fato que condena na proposta maquiavélica é a concepção de homem apresentada pelo texto no capítulo XV. Segundo Maquiavel, os homens são maus por natureza e para se manter no poder é necessário que um príncipe "aprenda a poder ser mau e que se valha ou deixe de valer-se disso segundo a necessidade". Para Frederico, essa forma de ver os homens é ignominiosa, pois é em razão dela que Maquiavel pretende justificar as atrocidades que os poderosos passam a ter permissão de cometer. O rei da Prússia julga impossível pensar que um homem honesto possa agir como um celerado quando se trata da política do príncipe em relação às coisas do Estado. Segundo ele, o homem deve ser puro e honesto sempre.

Para justificar ainda o erro argumentativo do discurso maquiavélico, Frederico denuncia que o próprio texto apresenta uma contradição se se compararem as afirmações feitas pelo enunciador no capítulo XV com outra que aparecera no VI.

O trecho destacado por Frederico no capítulo XV é o seguinte:

(1) Vai tanta diferença entre o como se vive e o modo por que se deveria viver, que quem se preocupar com o que se deveria fazer em vez do que se faz aprende antes a ruína própria do que o modo de se preservar. (Maquiavel, 1987, p.63)

A partir dele, questiona se Maquiavel se havia esquecido do que dissera no capítulo VI, no seguinte trecho:

(2) Um homem prudente deve assim escolher os caminhos já percorridos pelos grandes homens e imitá-los; assim, mesmo que não seja possível seguir fielmente esse caminho, nem pela imitação alcançar totalmente as virtudes dos grandes, sempre se aproveita alguma coisa. (p.23)

Ocorre aqui, com relação à determinação de que os dois trechos citados sejam contraditórios entre si, uma das questões que já foram levantadas no Capítulo 1, quando tratei do processo de descontextualização. Examinando os contextos em que os trechos destacados estão colocados no discurso de Maquiavel, é possível verificar que eles não são, de forma alguma, contraditórios. O trecho (1) serve de justificativa para a premissa maior, com a qual o autor introduz seu texto: que os homens são maus por natureza. É por meio dela que o autor procura mostrar a impossibilidade de o príncipe imaginar uma sociedade em que haja predominância da bondade e da paz, quando os homens que a constituem são de índole má. É nesse sentido que afirma que agir de outra forma, sem levar isso em consideração, seria promover a sua própria ruína.

O trecho (2), em contrapartida, aparece em decorrência de uma situação completamente distinta, pois nesse momento Maquiavel está justificando que, para ilustrar as afirmações que vai fazendo em seu texto, fará uso de exemplos quer da Antiguidade quer do presente. Para ele, os modelos devem ser analisados e seguidos para que seu leitor possa tornar-se um bom príncipe. Logo antes do segundo parágrafo citado por Frederico, Maquiavel diz: "Não deve causar estranheza a ninguém o fato de eu citar longos exemplos, muitas vezes a respeito dos príncipes e dos Estados, durante a exposição que passo a fazer dos principados absolutamente novos" (p.23).

A crítica de Frederico é, portanto, improcedente, pois, ao retirar do contexto em que estão inseridos os dois trechos citados, altera-lhes o verdadeiro sentido, falseando, dessa forma, uma interpretação.

No décimo-sexto capítulo, porém, os contra-argumentos apresentados por Frederico pretendem desautorizar as afirmações de Maquiavel procurando mostrar que ele não tem conhecimento para sustentar suas asserções. Novamente destaca que as análises de Maquiavel só teriam sentido para os pequenos principados do século XVI, uma vez que se tornavam totalmente inúteis em relação aos Estados do século XVIII, muito maiores e mais complexos.

Em seu capítulo, Maquiavel afirma que o príncipe, para ser *liberal* com seus súditos, precisa gastar muito e, em consequência disso, acaba insultando-os com maiores impostos, o que acarreta, com o tempo, uma insatisfação e um ódio muito grandes entre as pessoas do povo. Se, contudo, for parcimonioso e gastar pouco, não incorrendo no erro de ser avarento, não tem necessidade de roubar seu povo, e isso fará que ele não seja odiado e possa manter-se no poder.

Contra essas afirmações de Maquiavel, Frederico irá levantar questões de ordem econômica. Primeiramente, ressalta, uma vez mais, que os principados a que o autor florentino se refere em seu texto são pequenas extensões de terras que têm necessidades bem mais simples que as de um grande Estado como os do século XVIII. Nesse caso, concorda que uma corte muito luxuosa poderá ser a ruína dos principados. A situação, porém, é completamente diferente em relação aos grandes Estados, pois, nesse caso, o luxo é importante para desenvolver e fomentar as atividades econômicas. Se o principado não gasta dinheiro com o luxo, ele ficará nos cofres de alguns ricos, o comércio enfraquecerá, as manufaturas acabarão por falta de atividade industrial e as famílias ricas perpetuar-se-ão, enquanto as mais pobres nunca terão recursos para sair da miséria em que vivem.

Novamente nesse capítulo Frederico diferencia sua concepção de poder de Estado da de Maquiavel. Para ele, o mais importante é que o país tenha poder econômico, porque só o poder bélico não é suficiente para garantir sua soberania. Frederico II defende um regime de governo liberal e, em razão disso, acusa Maquiavel de duas grandes faltas. A primeira, pelo emprego errôneo do termo "liberalidade", pois, segundo ele, Maquiavel confunde o homem liberal com o homem pródigo, quando aconselha aos príncipes que não queiram ser liberais, uma vez que, procedendo dessa maneira, irão gastar muito e, assim, precisarão arrecadar mais impostos do povo.

A segunda falta é consequência da primeira, pois, dizer que um príncipe liberal precisa tirar mais dinheiro do povo para tomá-lo para si é aproximar o conceito de liberalidade ao de avareza, o que, para Frederico, é um engano. Segundo ele, é necessário ter prudência e circunspecção na administração dos bens do Estado, mas é sempre pelo bem do Estado que um príncipe é liberal e generoso; é por isso que encoraja a indústria (Frederic II, 1949, p.171-2).

Nesse capítulo, percebe-se que, para dar sustentação às críticas que faz ao texto de Maquiavel, Frederico usa do procedimento da argumentação pela experiência, pelo conhecimento. Se o leitor leva em consideração que o fato de ele ser príncipe lhe dá uma competência maior que a de Maquiavel, então aceita seus argumentos.

O que me parece importante também é que Frederico está propondo um outro manual para os príncipes. Seu ponto de vista consiste em mostrar que as afirmações de Maquiavel já estavam ultrapassadas, que para um homem poder ser um bom príncipe no século XVIII deveria perceber a nova ordem política e econômica que determinava a vida dos vários países da Europa. Ele parecia pretender ser o porta-voz do homem do Iluminismo que critica a visão de mundo do homem renascentista.

Nos três últimos capítulos dessa terceira parte (XVII, XVIII e XIX) em que foi dividido O *príncipe*, Maquiavel irá tratar da maneira de proceder do príncipe em relação às pessoas que o cercam, quer sejam seus auxiliares ou seus súditos. Como propõe que os interesses do príncipe, que, para ele são sempre os interesses do Estado, devem prevalecer sobre os particulares, mostra um príncipe quase sempre cruel. Para ele, é mais fácil um príncipe governar quando é temido do que quando é amado, pois, se as pessoas o temem, seu reino se conservará em ordem e, muito dificilmente, ocorrerão assassinatos ou rapinagens. Por esse motivo, Maquiavel julga que um príncipe cruel é, na maior parte das vezes, mais piedoso que aquele que tem fama de bondoso.

Para Frederico, essas afirmações de Maquiavel são inadmissíveis, pois, no seu entender, um príncipe deve ser sempre bom e virtuoso, um modelo de homem que, assim, inspirará um profundo respeito em seus súditos. O príncipe cruel, para ele, tem muito mais chances de ser traído, quer por seus auxiliares quer pelo povo, do que aquele que reina sob os princípios da bondade e da humanidade para com seus semelhantes.[13]

---

13 "Seria portanto de se desejar, para a felicidade do mundo, que os príncipes fossem bons sem serem muito indulgentes, a fim de que a bondade fosse para eles sempre uma virtude e jamais uma fraqueza" (Frederic II, 1949, p.177).

Além de não concordar que o príncipe deva valer-se da esperteza da raposa e da força do leão, Frederico afirma que essas lições de Maquiavel são lições de impiedade e criminosas. Por esse mesmo motivo, julga absurdo que o autor florentino aconselhe a um príncipe que não é grande, grave, corajoso e decidido fingir ter todas essas qualidades se quiser manter-se no poder. Segundo ele, em algum momento essa imagem irá desfazer-se, porque uma pessoa não consegue representar o que não é o tempo todo; os príncipes têm que ser vistos como pessoas humanas capazes de cometer erros e acertos.

Na visão de Frederico, Maquiavel faz uma imagem enganosa dos governantes quando propõe lhes dar conselhos de crueldades que devem ser praticadas se estes pretendem manter-se no poder. Seu maior ataque ao discurso maquiavélico consiste em desautorizar um texto que dá maus conselhos aos príncipes, que os perverte em vez de instruí-los. Um exemplo do que procuro mostrar pode ser observado no capítulo VIII de *L'anti-Machiavel*.

Nesse capítulo, Frederico defende que mostrar as impiedades e os crimes hediondos de Agátocles Siciliano e Oliverotto de Fermo, que conquistaram principados pelo crime, é seduzir o leitor com maus exemplos capazes de desenvolver em um homem os instintos criminosos guardados dentro dele, mas que ele não conhece muito bem (Frederic II, 1949, p.131). Para reforçar os malefícios que tal atitude de Maquiavel pode provocar, cita o caso de uma peça de teatro, intitulada *Cartouche*, encenada na Inglaterra em sua época, na qual eram mostradas as mais diversas trapaças e as atitudes mais baixas dos homens. Ao saírem do teatro, as pessoas que haviam ido para assistir à peça começaram a perceber que estavam sem seus anéis, suas tabaqueiras, seus relógios. A plateia passava, pois, a praticar os ensinamentos transmitidos pela peça, o que obrigou a polícia a intervir e impedir outras apresentações de *Cartouche*. Frederico termina a narração desse acontecimento dizendo o seguinte: "isso prova com veemência, parece-me, que se deve fazer uso da circunspecção e da prudência ao empregar certos exemplos e como é pernicioso citar a maldade" (p.132). A partir desse argumento, irá reafirmar o perigo do texto maquiavélico.

Com base nessas observações de Frederico acerca do texto de Maquiavel, duas questões, portanto, podem ser consideradas. Em primeiro lugar, fica evidente uma vez mais que, para o prussiano, é a sociedade que corrompe os homens, pois eles são naturalmente bons. O que os impede de viver em total paz e harmonia são certas influências de pessoas dominadas pelo mal que contribuem para a destruição da humanidade. Maquiavel é, para ele, uma pessoa desse tipo, uma pessoa que, por meio de sua obra, pretende influenciar os governantes a seguirem o caminho do mal.

Em segundo, e em decorrência da questão anterior, parece que Frederico quer realizar uma ação contrária à de Maquiavel, exortando certos monarcas a que sejam menos cruéis para com seu povo. Para tanto, apela para o caráter humano desses príncipes, mostrando que eles são homens que têm os mesmos sentimentos e comportamentos de toda e qualquer pessoa, que estão sujeitos a erros e acertos.

Em relação aos quatro capítulos (XX, XXI, XXII e XXIII) que compõem a penúltima parte em que foi dividido o texto de Maquiavel, Frederico II não apresenta praticamente nenhum contra-argumento às afirmações do autor florentino. Pelo contrário, principalmente nos capítulos XXII e XXIII, reforça os mesmos pontos de vista acerca dos conselhos apresentados por O *príncipe* em relação ao tratamento que se deve dispensar aos ministros dos príncipes e ao cuidado que eles devem ter com os aduladores.

Quanto à última parte de O *príncipe*, que irá tratar da situação italiana na época de Maquiavel (capítulos XXIV, XXV e XXVI), Frederico irá novamente condenar a forma como o escritor florentino se refere ao príncipe. No capítulo XXIV, acusa Maquiavel de não ter o mínimo bom-senso quando afirma que o povo prefere um usurpador, um assassino, a um príncipe legítimo. Julga contraditório declarar primeiramente que sem o amor do povo, sem o respeito dos grandes e sem um exército bem disciplinado um príncipe não consegue manter-se no trono e, em seguida, dizer que um bom príncipe é aquele que rouba, mata e atemoriza. Segundo Frederico, para um príncipe ganhar a afeição do povo e dos grandes é necessário que tenha, no fundo, probidade e *fortuna*: "é preciso ainda que o príncipe seja humano e beneficente, e que, de posse dessas qualidades do coração, encontremos nele a capacidade para desempenhar as penosas funções de seu cargo com sabedoria, a fim de que possamos ter confiança nele" (Frederic II, 1949, p.213).

Termina, então, sua crítica a esse capítulo de *O príncipe* procurando mostrar que será venturoso aquele que puder destruir inteiramente o *maquiavelismo* no mundo.[14]

No capítulo XXV, Frederico opõe-se novamente a Maquiavel quando este procura mostrar a superioridade de um príncipe impetuoso, que mantém o domínio de sua sorte, em relação a um circunspecto, que não é tão agressivo quanto o outro em suas decisões. Para Frederico, um povo governado por um príncipe impetuoso corre maior risco de instabilidade que aquele governado por um príncipe circunspecto. Os primeiros podem ser melhores para as conquistas, mas os do segundo tipo são mais capazes de se conservar no poder e de honrar seu povo.

O último capítulo do texto de Frederico II não tem correspondência com o de Maquiavel. Nesse capítulo ele abandona a contra-argumentação minuciosa que vinha fazendo até então para tratar das diferentes formas de negociação e das justas razões pelas quais é possível fazer a guerra. Sua preocupação principal é mostrar como se devem distribuir as forças políticas na Europa, chegando a afirmar que a tranquilidade desse continente é conseguida

---

14 "Faço-os ver a inconsequência; são aqueles que governam o *universo que devem dar exemplos de virtude aos olhos do mundo*. Ouso dizer, (os príncipes) são obrigados a curar o público da falsa ideia em que se encontra a política, que não é senão o sistema da sabedoria dos príncipes, mas que se toma comumente como sendo o breviário da esperteza e da injustiça. Devem banir as sutilezas e a má-fé dos tratados, e atribuir vigor à honestidade e à ingenuidade, que, para dizer a verdade, não se encontram mais entre os soberanos. Devem mostrar que não invejam as províncias de seus vizinhos e que são ciumentos pela conservação de seus próprios Estados. Respeitar os soberanos é um dever e mesmo uma necessidade; mas o amaremos se, menos ocupado em argumentar sobre sua dominação, ele estiver mais atento à maneira de bem reinar. Um é a realização de uma imaginação que não saberá fixar-se, o outro é a marca de um espírito justo, que agarra a verdade, e que prefere a solidão do dever ao brilho da vaidade. O príncipe que quer tudo possuir é como um estômago que se sobrecarrega gulosamente de carnes, sem sonhar que não as poderá digerir. O príncipe que se limita a bem governar é como um homem que come sobriamente, e assim o estômago digere bem" (Frederic II, 1949, p.214). Nesse trecho percebe-se que Frederico II pretende chamar a atenção dos soberanos para a importância de serem bons e humanos. Na verdade, defende que o comportamento deles seja um modelo para seus súditos; é a ideia de que o bem provoca o bem.

por meio de um equilíbrio no qual a força superior de certos soberanos é contrabalançada pelas forças reunidas dos poderes de outros Estados.

Considerando, porém, que Frederico, em seu último capítulo, está fazendo um apelo aos príncipes de sua época para que sejam menos cruéis e mais bondosos para com seus súditos e que os conselhos criminosos de Maquiavel sejam completamente abandonados, porque, como ele pretendeu mostrar no decorrer dos 25 capítulos de seu livro, são completamente contrários aos princípios de humanidade que todo governante deve observar, pode-se encontrar uma identificação entre o último capítulo de seu livro e o de Maquiavel. Metaforicamente, seu capítulo XXVI é uma leitura do capítulo correspondente de Maquiavel, pois é exatamente aí que o autor florentino faz um apelo explícito para que o príncipe a quem ele se dirige (concretizado na figura de Lorenzo II em sua carta dedicatória) assuma para si a tarefa de reorganizar o Estado italiano.

O que é importante observar no texto de Frederico II é que ele é organizado a partir de um processo de negação do texto maquiavélico. Sua construção corresponde ao mecanismo de registro de uma câmera fotográfica, isto é, a imagem projetada inverte a posição do objeto focalizado.

Nesse sentido, o texto de Frederico II é um excelente exemplo de que todo processo de leitura corresponde à contraposição de textos entre si, pois, conforme procurei mostrar no Capítulo 1, toda leitura se constitui num texto que fala de outro. Isso não significa, porém, que a leitura deva sempre negar o texto a que se está referindo, como ocorre com Frederico II. Embora essa seja uma possibilidade, ela pode também confirmar, ou redizer, o texto que lhe deu origem. É exatamente esse o sentido da modalidade epistêmica na leitura, pois quando se concorda com um texto ou dele se discorda, está sendo julgada sua verdade ou falsidade.

Para refletir sobre a maneira como Frederico II julga o texto maquiavélico, procurarei destacar os processos que sustentam sua leitura: os textuais e os ideológicos.

Com relação aos processos textuais, podem ser destacados quatro diferentes recursos utilizados por Frederico II. O primeiro consiste na descontextualização, conforme procurei mostrar por meio dos dois trechos que Frederico destacou do texto de Maquiavel para mostrar como este havia caído em contradição ao defender a natureza maléfica do homem. A descontextualização é um procedimento muito comum na leitura, conforme também demonstrei no Capítulo 1 deste trabalho, e geralmente induz à interpretação inadequada, pois, destacando uma sequência textual sem levar em consideração o contexto em que foi enunciada, cai-se no erro de atribuir-lhe um sentido que ela verdadeiramente não tem.

O segundo recurso textual empregado por Frederico II é o do acréscimo de fatos às ilustrações utilizadas por Maquiavel em seu texto, para propor a correção da perspectiva a partir da qual elas foram apresentadas. É dessa forma, portanto, que critica o relato das ações de Agátocles Siciliano e Oliverotto de Fermo, no capítulo VIII do texto maquiavélico, para justificar como um principado pode ser conquistado pelo crime. Segundo Frederico, o erro de perspectiva consiste no fato de Maquiavel valer-se dessas ilustrações apenas para mostrá-las como processos de conquista, sem levar em consideração que seus resultados são catastróficos.

Para argumentar contra os perigosos conselhos de Maquiavel, que podem levar os homens à prática de atos condenáveis, Frederico II se vale também do recurso da ilustração. Isso ocorre, por exemplo, quando, ao criticar a referência que o escritor florentino faz às formas de conquista empreendidas por Agátocles Siciliano e Oliverotto de Fermo, Frederico conta o fato ocorrido em Londres durante a encenação de uma peça de teatro chamada *Cartouche*, que é impedida de continuar em cartaz, porque sua história incita as pessoas à prática do furto.

Com relação à apresentação que Maquiavel faz da figura de César Bórgia como modelo de príncipe a ser seguido, Frederico II estabelece um terceiro processo de ordem textual para contrapor-se ao texto do autor florentino: a inversão do investimento axiológico. O que para o escritor florentino é um modelo, para Frederico II constitui-se antimodelo. Esse processo realiza-se sem que seja acrescentado nenhum fato novo ao relato das experiências de César Bórgia, por isso é diferente do anterior; ele apenas questiona como se pode considerar o duque Valentino um modelo de príncipe se ele foi responsável por tantos crimes e atrocidades.

Nesse caso, o prussiano se vale do próprio enunciado do texto maquiavélico para inverter-lhe o valor.

O quarto processo textual a partir do qual Frederico II sustenta sua leitura de O príncipe consiste em mostrar como várias considerações feitas por Maquiavel estão condicionadas temporalmente, isto é, só servem para a situação específica das cidades-estado da Itália do Renascimento, o que lhes tira o caráter de verdade atemporal próprias de um manual que pretenda orientar as ações dos governantes de qualquer época. Essa situação acontece quando Frederico II critica, por exemplo, o conselho de Maquiavel, no capítulo X, de que o príncipe que não pode enfrentar o inimigo em campo aberto deve murar sua cidade. Segundo ele, isso nunca seria possível no caso dos Estados do século XVIII.

No que se refere aos processos de oposições ideológicas que Frederico II estabelece em relação a Maquiavel durante sua leitura de O príncipe, procurarei destacar os que me parecem mais importantes. É preciso dizer, antes de mais nada, que a visão ideológica que Frederico II tem da obra do escritor florentino é determinada pelas condições históricas em que se deu sua leitura. Essas condições é que lhe dão a garantia de que sua leitura é a verdadeira.

Em primeiro lugar, é necessário observar que a maior diferença entre o prussiano e Maquiavel reside na visão que cada um tem do conceito de Estado. Enquanto o autor florentino não leva em consideração a função econômica, Frederico II destaca a importância dessa característica do Estado, o que o leva a considerar, por exemplo, a necessidade do luxo nas grandes cortes de sua época, como forma de fomento às atividades do comércio e da indústria, provocando a circulação da moeda e a possibilidade de mobilidade social dos diferentes segmentos.

Em decorrência disso trava-se uma luta entre a ética e a política, pois, para Maquiavel, existe uma moral do Estado distinta da moral do indivíduo, enquanto para Frederico II existe apenas uma moral natural, que deve ser a mesma tanto para o Estado quanto para o indivíduo; para um a política é autônoma, para o outro ela corresponde às funções do Estado.

Mas em que se apoiam então essas diferentes concepções para cada um dos autores? Qual é a base em que se assenta a visão que cada um tem da relação existente entre os homens que dirigem e os que são dirigidos? Para Maquiavel, o que deve reger as ações do homem é única e exclusivamente o interesse; por essa razão, por exemplo, é que chega a aconselhar a um novo príncipe que elimine de uma vez todos aqueles que faziam parte do poder político do Estado que acabou de conquistar, para que não se veja obrigado a submeter o povo a contínuas lutas decorrentes da tensão que se estabelecerá sempre entre o seu grupo e o do antigo senhor; e isso não só pelo povo, mas também porque coloca em risco seu poder. Para Frederico II, por sua vez, o que deve reger as ações do homem é unicamente a virtude, pois, para ele, o Estado está acima das classes e dos interesses, conforme se pode notar na sua crítica ao capítulo IX de O príncipe que fala dos principados civis.

Essa distinção das ações que devem reger os homens está subordinada à concepção que cada um tem do homem de sua época. Para Maquiavel, o homem é fundamentalmente mau e, por essa razão, precisa de um príncipe que seja capaz de lhe trazer estabilidade e felicidade, para que os maus instintos, instigados pelo desequilíbrio, não venham afetar a relação de uns com outros. Para Frederico II, porém, o homem é fundamentalmente bom e puro, a sociedade é que se encarregará de corrompê-lo. Enquanto o primeiro defende a necessidade de um *bom príncipe* para comandar o Estado, o segundo julga mais importante que exista um *príncipe bom*.

4 A LEITURA DE ROUSSEAU EM O CONTRATO SOCIAL

Para falar da leitura que Jean-Jacques Rousseau faz de O príncipe é necessário observar em que momento de seu texto o autor faz referência ao de Maquiavel,[15] bem como verificar as relações que podem ser estabelecidas entre os dois textos.

Filho de um relojoeiro protestante, Rousseau não se origina da aristocracia nem pertence às camadas mais baixas da sociedade

---

15 A única referência explícita a O príncipe de Maquiavel que pode ser encontrada em O contrato social aparece no capítulo VI, do livro III: "Seu interesse pessoal (dos reis) está, antes de mais nada, em que o povo seja débil, miserável,

suíça; descende de uma família burguesa. Esse pensador controvertido, responsável por vários textos que desencadearam grandes polêmicas nos meios intelectuais, sendo *O contrato social* um deles, teve suas ideias difundidas e exaltadas durante o período da Revolução Francesa, chegando a ser considerado por Robespierre "digno do ministério de preceptor do gênero humano". Logo após o triunfo da Revolução, durante a Convenção de 1794, decidiu-se que suas cinzas seriam transladadas para o Panteão. Além disso, mandou-se erigir seu busto na sala onde eram realizadas as sessões da Convenção e um exemplar de *O contrato social* foi colocado sob sua base.

Embora não tenha a intenção de fazer uma biografia do autor, julgo que essas informações são importantes para entender com maior clareza o ponto de vista a partir do qual Rousseau verá *O príncipe* como uma "sátira à tirania" dos príncipes, como um texto que, fingindo ser o príncipe seu interlocutor, dirige-se, na verdade, ao povo para denunciar o jogo de poder dos príncipes.

Valendo-se da condição de homem livre, que é um dos princípios básicos de sua filosofia, Rousseau parece estabelecer uma relação mais intrínseca com *O príncipe* de Maquiavel na medida em que, como este, pretende discutir vários aspectos da forma mais justa de organização dos Estados, os quais, por natureza, devem respeitar a liberdade individual.[16] Embora *O contrato social* não se

---

e jamais possa resistir. Confesso que, imaginando os vassalos sempre inteiramente submissos, me parece que o interesse dos príncipes residiria na existência de um povo poderoso, a fim de que, sendo dele tal poder, o tornasse temido de seus vizinhos; como, porém, tal interesse é secundário e subordinado, e as duas suposições se mostram incompatíveis, é natural que os príncipes deem sempre preferência à sentença mais imediatamente útil para eles; é o que Samuel, com vigor, apontava aos hebreus, é o que Maquiavel demonstrou com evidência. *Fingindo dar lições aos reis, deu-as ele, e grandes, ao povo. O príncipe de Maquiavel é o livro dos republicanos*" (Rousseau, 1988, p.78 – grifos meus). Além dessa referência a *O príncipe* de Maquiavel, é possível encontrar no texto de Rousseau duas notas que se reportam a duas outras obras do autor florentino. A nota de número 7, que está localizada no capítulo III ("A vontade geral pode errar") do livro II, faz referência à *História de Florença*, e a de número 12, que está no capítulo VII ("Do legislador") do livro II, refere-se aos *Comentários sobre a primeira década de Tito Lívio*.

16   Rousseau (1988) introduz da seguinte maneira seu *Contrato social*: "Eu quero investigar se pode haver, na ordem civil, alguma regra de administração, legítima

dirija a um "tu" tão claramente marcado como o do autor florentino, parece fazer uso de uma forma textual também próxima à de um manual.

No livro III de *O contrato social*, Rousseau trata das diversas formas de governo e, para tanto, resolve, inicialmente, explicar em que sentido entende o termo "governo". Seu texto começa com uma advertência ao leitor em que procura mostrar que suas considerações requererão bastante reflexão por parte deste.[17] Em seguida, acrescenta que existem três formas de governos: a democracia, a aristocracia e a monarquia.

A democracia é, segundo Rousseau, a forma de governo mais harmônica e justa, pois nela existe uma distância muito menor entre o soberano e o povo, uma vez que o número de cidadãos magistrados é maior que o de cidadãos comuns. Por essa razão, também, é que esse tipo de governo é mais adequado aos pequenos Estados, pois nesse caso as reuniões legislativas da assembleia não seriam constituídas por um número extremamente elevado de cidadãos. Sua visão de governo democrático consiste no envolvimento de praticamente todos os segmentos da sociedade, pois cada um deles se faz representar na assembleia, enquanto o soberano seria apenas aquele que coordena e executa tudo o que ali foi decidido. Embora julgue essa a melhor forma de governo, Rousseau afirma que jamais existiu, nem jamais existirá, uma verdadeira democracia, pois tão perfeito governo não convém aos homens, mas sim aos deuses.

O governo aristocrático, para Rousseau, consiste no estabelecimento de duas pessoas distintas, o soberano, como representante

---

e segura, que tome os homens tais como são e as leis tais como podem ser. Cuidarei de ligar sempre, nesta pesquisa, o que o direito permite com o que o direito prescreve, a fim de que a justiça e a utilidade de modo algum se encontrem divididas. Entro na matéria sem provar a importância de meu assunto. Perguntar-se-me-á se sou príncipe ou legislador, para escrever sobre política. Se eu fosse príncipe ou legislador, não perderia meu tempo em dizer o que é preciso fazer; eu o faria ou me calaria" (p.21).

17 "Advirto o leitor de que este capítulo deve ser lido pausadamente; desconheço a arte de ser claro para quem não deseje ser atento" (Rousseau, 1988, p.64). Esse é um trecho que pode servir também de exemplo do caráter de manual que pretendo enxergar no texto de Rousseau. Aqui a figura do interlocutor está claramente marcada.

de um grupo (uma classe) de indivíduos, de um lado, e o povo, de outro. Contrariamente ao tipo anterior, no governo aristocrático, o número de cidadãos particulares é maior que o de magistrados. O autor distingue três tipos de governos aristocráticos: natural, eletivo e hereditário.

A aristocracia natural corresponde à forma de governo do que Rousseau chama povos mais simples, os selvagens da América. A eletiva, decorrente do fato de a desigualdade de instituição sobrepujar a natural, fazendo que o poder e a riqueza sejam preferidos à idade, é considerada a melhor forma de governo, chamada também aristocracia propriamente dita. A hereditária é, segundo Rousseau, a pior forma de governo, pois consiste na trasmissão do poder juntamente com os bens dos pais aos filhos, enobrecendo uma família e, assim, reduzindo o grupo de pessoas que deverá dirigir o Estado.

Na terceira forma de governo, que ele chama monarquia, o poder está concentrado apenas nas mãos do soberano. Diferentemente dos tipos de administração anteriores, em que um ser coletivo representa um indivíduo, agora é um indivíduo que representa um ser coletivo. Para indicar a maneira como vê a figura de um monarca, imagina Arquimedes, tranquilamente sentado à praia, conduzindo um grande navio. Segundo seu ponto de vista, essa imagem representa bem a atitude de um hábil monarca, "a dirigir de seu gabinete seus vastos Estados, e a fazer com que tudo se mova dando a impressão de que permanece imóvel" (Rousseau, 1988, p.77).

Embora esse seja, segundo ele, o tipo de governo mais adequado para certos Estados, conforme explicarei a seguir, o objetivo da monarquia nunca é a felicidade pública, sua administração gira sempre em prejuízo do Estado e o interesse dos reis é sempre oprimir o povo para impor-lhe suas vontades, por mais que queiram negar essa atitude.[18]

---

18 "Os reis desejam ser absolutos, e de longe lhes bradamos que a melhor maneira de o serem consiste em se fazerem amar por seus povos. Esta máxima é muito bela e verdadeira em certo sentido. Infelizmente, sempre rirão disso nas cortes. O poder oriundo do amor dos povos é sem dúvida o maior, mas precário e condicional; os príncipes jamais se contentarão com ele. Os melhores reis desejam ser malvados, quando lhes apetece, sem cessarem de ser os senhores. Por mais que se esforce um orador político em adverti-los de que

A partir da delimitação de cada um dos tipos de governo, Rousseau irá argumentar sempre pela superioridade dos dois primeiros tipos em relação ao governo monárquico. Uma das diferenças fundamentais entre os governos republicanos, que correspondem ao democrático e ao aristocrático, e os monárquicos consiste no tamanho de sua administração pública. Para Rousseau, quanto maior for a participação dos cidadãos na administração das coisas do Estado, tanto menor será a diferença entre eles e o soberano, como ocorre no governo republicano. Na monarquia, porém, as ordens intermediárias, formadas pelos príncipes, grandes, nobreza, asseguram uma distância necessária entre o governo e o povo. Quanto maior for a distância entre o povo e o governo, o ônus maior dos tributos recai sobre aquele. Enquanto nas formas republicanas o povo é menos sobrecarregado, na monarquia carrega inteiramente o peso dos impostos. Conclui-se, desse modo, que, em vez de governar os vassalos para os fazer felizes, os déspotas tornam-nos miseráveis para poderem governar.

O que considera ainda uma das diferenças essenciais entre a república e a monarquia é que na primeira dificilmente chegam aos postos mais elevados pessoas que não sejam capazes de ocupá-los com dignidade; quanto à segunda, são comuns as ações mesquinhas e engenhosas, executadas por pessoas completamente ineptas para ocupar altos postos. Por meio dessas e de outras afirmações Rousseau vai mostrando a vileza dos príncipes e, consequentemente, de seus governos.

Do ponto de vista econômico, afirma ainda que as regiões em que o excesso do produto sobre o trabalho é muito pequeno devem ser habitadas por povos livres; já as regiões de solo fértil e abundante, que fornecem grande quantidade do produto em troca de pouco trabalho, devem ser habitadas por povos governados monarquicamente, pois, somente nessa segunda situação o luxo dos príncipes consumirá os excessos produzidos pelos vassalos sem que estes se vejam numa situação de total escravidão. Por sua vez,

---

a força do povo é a sua própria e de que seu maior interesse deve consistir em que o povo seja florescente, numeroso, temível, eles sabem perfeitamente que tal coisa não é verdadeira" (Rousseau, 1988, p.77-8).

O PRÍNCIPE DE MAQUIAVEL E SEUS LEITORES

os sítios em que o trabalho dos homens produz apenas o necessário para sua sobrevivência devem ser habitados por povos bárbaros, pois, nessa região, não compensa desenvolver nenhum tipo de política.

O que se deve levar em conta, portanto, nessa leitura que Rousseau faz de O príncipe de Maquiavel são, basicamente, o sujeito e o lugar da leitura. O sujeito, porque o filósofo da Revolução não pertencia à nobreza que dominava os diversos Estados europeus que governavam seus povos tiranicamente; ao contrário, propunha um pacto que, em vez de destruir a igualdade natural, estabelecia uma igualdade moral e legítima para desfazer a desigualdade física que a Natureza criara entre os homens, fazendo que estes, conquanto pudessem ser desiguais em força ou em talento, se tornassem iguais por convenção e por direito (Rousseau, 1988, p.37). O lugar, porque esse sujeito está comprometido ideologicamente com uma dada formação discursiva que se opõe à da aristocracia.

Pode-se perceber que, embora os dois condenem igualmente as ações dos déspotas e defendam o humanismo no trato entre príncipe e povo, existe uma diferença entre O contrato social de Rousseau e L'anti-Machiavel de Frederico II. Essa diferença é decorrente da posição em que se encontram os dois sujeitos, isto é, o lugar social que ocupam leva-os a procedimentos de leitura distintos.

Frederico II era um príncipe e, como tal, sua atitude diante do que considerava os maus conselhos que Maquiavel dava aos príncipes ou os crimes que lhes atribuía só poderia ser de condenação, pois o texto maquiavélico atingiu o lugar social e ideológico a que ele pertence. Por esse motivo ele enfatiza tanto a necessidade de se esquecerem os tiranos e de se respeitarem os bons príncipes. Seu propósito de leitura era exatamente estabelecer com seu enunciatário um contrato que admitisse a existência de príncipes bons em oposição aos príncipes maus, da mesma forma como existem, no mundo, homens bons e homens que se corrompem e se tornam maus.

Rousseau, por sua vez, representava o interesse de uma outra classe, por isso interessava-lhe manter a imagem do príncipe associada ao terror, à crueldade. Do ponto de vista do processo de geração de sentido do texto, Rousseau se vale da dimensão polêmica da narrativa, para estabelecer sua leitura. É por meio desse mecanismo que ele atribui um sentido ao texto maquiavélico que resgata sua imagem positiva, até então impossível de ser pensada.

Segundo Heller (1982), o que permite a leitura de Frederico II e a de Rousseau é o fato de *O príncipe* haver tornado a técnica política completamente independente da esfera econômica e o governo dos homens totalmente independente da administração das coisas. Nesse sentido, a luta política, para Maquiavel, é unicamente uma luta pelo poder, conduzida, dessa maneira, por um "vazio". Conquista-se uma terra por conquistá-la, não se estabelece nenhuma prática política na administração dessa nova terra conquistada e, consequentemente, não se estabelece verdadeiramente um governo.[19]

Para Heller (1982), portanto, o ponto central que desencadeia a leitura condenatória de Frederico II e a de exaltação de Rousseau é exatamente o fato de Maquiavel não ter levado o aspecto econômico em consideração quando tratou da questão política. Enquanto a luta do poder pelo poder era absurda do ponto de vista de Frederico II, porque banalizava os atos de violência atribuídos aos príncipes, para Rousseau só poderia ser entendida como uma forma de denúncia das estratégias de dominação do príncipe sobre o povo.

Embora reconheça que a questão econômica seja levantada pelos dois leitores de Maquiavel, pois ambos consideram o luxo

---

19 "A análise da atividade política num vazio, e a sua separação da administração das coisas, conduz a uma situação em que Maquiavel não é nem pode ser capaz de distinguir os *vários tipos de violência*. A apropriação bem-sucedida de uma autoridade puramente pessoal, e os atos violentos realizados ao fazê-lo, são agrupados sem qualquer distinção juntamente com as medidas violentas tomadas para alcançar a libertação do país. E aqui podemos culpar Maquiavel não só por não ter reconhecido uma distinção ética, como ainda por deixar de reconhecer uma *distinção política*. É esta a fonte, e a única fonte, desses sentimentos de repugnância que se apoderam do leitor ao deparar com certas passagens do *Príncipe*, e que suscitaram em Rousseau, sem dúvida um admirador de Maquiavel, a impressão de que *O Príncipe* era uma sátira. Com efeito, quando Maquiavel analisa as ações de César Bórgia, descrevendo a maneira como enganou os Orsini, primeiro oferecendo-lhes presentes e depois 'concebendo um plano para os matar um a um', ou quando escreve que 'depois do extermínio dos seus inimigos, o seu poder assentou em bases sólidas', a única coisa que não descobrimos é porquê? Simplesmente para tornar a sua autoridade mais sólida?" (Heller, 1982, p.284).

das cortes importantes para o desenvolvimento das atividades comerciais e industriais, julgo que a posição de um e de outro está marcada por dois aspectos: um de ordem ideológica e outro de ordem textual.

O aspecto de ordem ideológica, retomando o que ficou dito anteriormente, diz respeito aos diferentes interesses políticos de cada um deles. Enquanto Frederico II defende a instituição que o príncipe representa porque ele também é um, Rousseau vê nesse mesmo príncipe um inimigo a ser combatido para que a burguesia possa realmente apossar-se do poder político do Estado.

Do ponto de vista textual, é importante ressaltar que Rousseau e Frederico II privilegiam diferentes perspectivas da relação entre os dois sujeitos envolvidos pela narrativa de O príncipe: o povo e o príncipe. Enquanto para o prussiano os fatos são narrados sob a óptica do príncipe, para Rousseau eles são narrados sob a óptica do povo. Esse é, portanto, o desdobramento polêmico da narrativa maquiavélica, isto é, que a sucessão das ações podem ser observadas do ponto de vista ora de um ora de outro dos sujeitos em oposição.

Em decorrência disso, percebe-se que Rousseau não lê o texto de Maquiavel simplesmente como um manual de instruções; antes, pelo contrário, enxerga-o como um texto político que tem a intenção de desvendar para o povo as ações do príncipe. Sob essa óptica, ele é o antimanual, pois mostra o que não deve ser feito, ou o que não deve ser aceito.

5 A LEITURA QUE NAPOLEÃO BONAPARTE FAZ DE O PRÍNCIPE

Na tradução de O príncipe publicada pela editora Hemus[20] aparecem, em forma de notas de rodapé, 773 curtos comentários, referentes a questões específicas levantadas do texto de Maquiavel,

---

20 Todas as citações dos comentários de Napoleão que aparecerão aqui serão indicadas pelo número da nota e corresponderão à tradução de O príncipe publicada pela editora Hemus (cf. Maquiavel, 1977).

atribuídos a Napoleão Bonaparte. Essas notas são divididas em quatro grupos, que equivalem a quatro leituras realizadas por Napoleão em quatro momentos de sua vida. A primeira, quando ocupou o cargo de general do exército francês, exército este que se destacou durante as guerras da França contra a Itália (1796-1797) e contra o Egito (1798-1799). A segunda, quando exerceu o cargo de primeiro cônsul, depois de chefiar um golpe que depôs o Diretório, estabelecido pela Constituição do ano III (1795) e constituído por cinco diretores eleitos pelo legislativo, e que instituiu o regime de governo consular, durante os anos de 1799 a 1802. A terceira, quando já se havia tornado imperador em 1804, aproveitando-se da situação de perigo nacional estabelecida pelo reinício das guerras, que haviam sido interrompidas, durante os anos de 1802 e 1803, em razão da assinatura de um tratado de paz. A quarta e última leitura, quando Napoleão estava exilado na ilha de Elba em decorrência de sua abdicação da coroa francesa, ocorrida em 1814.

Em 1815, porém, Napoleão retornou a Paris e recuperou seu poder, dando origem ao Governo dos Cem Dias, assim chamado porque durou exatamente esse período. Depois de sua derrota pelos ingleses em Waterloo, foi preso na ilha de Santa Helena, onde morreu em 1821. Segundo os historiadores, coube a Napoleão a tarefa de consolidar internamente e difundir externamente os ideais da Revolução Francesa de 1789.

Observando o número de anotações escritas em relação ao texto inteiro de Maquiavel, incluindo a carta dirigida a Lorenzo II, verifica-se que, enquanto exerceu a função de general dos exércitos franceses, Napoleão fez 185 comentários; quando ocupou o cargo de primeiro cônsul, 152; como imperador, 283; no exílio em Elba, mais outros 153 comentários. Entendendo, porém, que as ocupações de primeiro cônsul e de imperador se equivalem entre si, porque são formas de exercer o poder, chega-se a 435 comentários de Napoleão, enquanto esteve dirigindo a política francesa, contra 185, como general, e 153, na condição de exilado. Constata-se, assim, que a maioria das notas de leitura foi realizada no período em que Napoleão governou a França, condição essa que o aproxima da figura do príncipe de Maquiavel.

Observando, porém, a divisão do texto de Maquiavel proposta no item 3.1. do capítulo anterior, percebe-se que, proporcionalmente, o maior número de comentários de leitura realizados por Napoleão na condição de general concentra-se na segunda parte, que trata da organização militar do Estado (39, como general; 13, como primeiro cônsul; 12, como imperador; 20, como exilado).

Na terceira parte, que discorre sobre a conduta do príncipe, e na quarta, em que Maquiavel discute assuntos de especial interesse para o príncipe, o predomínio proporcional passa a ser das observações realizadas por Napoleão enquanto imperador (na terceira parte: 20, como general; 42, como primeiro cônsul; 93, como imperador; 26, como exilado – na quarta: nenhuma, como general; 29, como primeiro cônsul; 67, como imperador; 27, como exilado). A última parte, a quinta, em que Maquiavel procura mostrar a situação da Itália de sua época, é a única em que o número de comentários realizados no exílio é um pouco maior que nas demais situações (27, como general; 7, como primeiro cônsul; 22, como imperador; 28, como exilado).

Com relação à primeira parte, que trata das diversas formas de principados e do modo pelo qual podem ser adquiridos e mantidos, ocorre o predomínio dos comentários de Napoleão como general (98, como general; 60, como primeiro cônsul; 89, como imperador; 52, como exilado). Deve-se levar em conta também que essa é a maior parte em que foi dividido o texto de Maquiavel, pois abrange onze capítulos de seu livro.

De uma maneira geral, o que se deduz das observações de Napoleão acerca do texto maquiavélico é que ele é tomado exatamente como um manual de conselhos, ao qual o imperador francês recorre para conferir em que medida seus atos corresponderam, correspondem ou poderão corresponder aos "ensinamentos" dados pelo escritor florentino. Essa não é uma leitura condenatória do texto maquiavélico, como a de Frederico II, por exemplo, nem uma leitura de exaltação, como a de Jean-Jacques Rousseau. A posição de Napoleão diante do texto é bastante prática, pois, em seus comentários, parece estar querendo discutir com Maquiavel como se ambos estivessem em pé de igualdade ou fossem dois estadistas trocando experiências.

Um exemplo de como Napoleão vê no texto de Maquiavel uma espécie de manual ao qual recorre para tirar certas lições pode ser observado no comentário que ele faz em relação ao título do capítulo IV de *O príncipe*, "Razão por que o reino de Dario, ocupado por Alexandre, não se revoltou contra os sucessores deste". Em relação a esse título, o Napoleão imperador faz a seguinte anotação: "Atenção a isso: não espero vir a reinar mais de trinta anos e desejo filhos idôneos para me sucederem" (nota n.71). Sua preocupação, portanto, consistia em aprender uma técnica que assegurasse para si e para seus descendentes o poder político na França.

Com referência à maneira como Napoleão parece estar estabelecendo um diálogo com Maquiavel, como quem troca experiências ou conselhos, pode ser observado no comentário que ele faz em relação à seguinte passagem de *O príncipe*: "Fazendo-se príncipe de Siracusa, (Hierão) está entre aqueles que, da *fortuna*, não tiveram senão a ocasião". Na condição de primeiro cônsul, Napoleão diz: "Com alguma ajuda, sem dúvida. Oxalá tenha a mesma sorte que ele" (nota n.125).

Em determinados comentários Napoleão exalta a si próprio. Como primeiro cônsul, faz a seguinte observação sobre as considerações de Maquiavel em relação ao fato de o frei Savonarola não ter usado a força para conservar firmes os que nele haviam acreditado, nem para conseguir que os incrédulos passassem a nele acreditar: "Têm-me hoje em dia, mormente depois do testemunho papal, na conta de pio restaurador da religião e enviado celeste" (nota n.120). Existem muitas outras situações em que esse mesmo tom de superioridade, de exaltação de si próprio fica transparente em suas anotações de leitura.

Algumas vezes, Napoleão critica as observações de Maquiavel por julgá-las dispensáveis em sua época, ou então por discordar do pensamento do autor florentino. Um exemplo desse procedimento pode ser observado na nota n.20 em que o imperador Napoleão critica o fato de Maquiavel defender que um príncipe deve habitar uma região recém-conquistada quando esta tem língua e costumes diferentes dos seus: "Aqui Maquiavel é ingênuo. Conheceria tanto quanto eu o poder da força? Farei a demonstração contrária no seu próprio país, na Toscana, bem como no Piemonte, Parma, Roma, etc." (nota n.20).

Napoleão concorda com a necessidade de se cometerem atos violentos para se conseguirem os fins desejados e reforça a posição de Maquiavel. Existe, aliás, uma nota em que se pode identificar uma crítica ao pensamento de Frederico II ou de Rousseau, pois nela o primeiro cônsul da França, com o intuito de defender a afirmação feita por Maquiavel de que todos os homens são maus, volúveis, dissimulados, ambiciosos, diz o seguinte: "Queriam enganar aos príncipes os que afirmavam que todos os homens são bons" (nota n.427).

Quanto às perspectivas que diferenciam cada uma das quatro leituras realizadas por Napoleão, ou os quatro momentos característicos de sua leitura, podem ainda ser feitas algumas observações. As notas realizadas pelo Napoleão general em relação ao texto de Maquiavel estão sempre voltadas para os aspectos das formas de conquista de novos principados: refletem uma preocupação com as questões militares. Além disso, em alguns momentos, elas parecem fazer referência a uma intenção de Napoleão em conquistar o poder na França, como revela a seguinte nota que comenta a afirmação de Maquiavel de que é mais fácil governar principados hereditários do que novos: "Hei de evitá--los tornando-me o decano entre os soberanos da Europa" (nota n.5). Ou então esta outra que se refere à intenção criminosa de Agátocles Siciliano em conquistar o principado: "Concedam-me o consulado por dez anos; não tardarei a obtê-lo como vitalício e então veremos!" (nota n.212).

Na leitura do Napoleão general, duas questões merecem ainda ser destacadas. Primeiramente, sua crítica a duas alternativas propostas por Maquiavel em relação à maneira como se deve proceder para conquistar um Estado novo habituado a governar-se por leis próprias e em liberdade: arruiná-lo ou deixar que vivam com suas leis. Da mesma maneira que Frederico II, Napoleão considera inadequada, para sua época, a proposta de arruinar o novo Estado, embora não explique por que, ao mesmo tempo que julga extremamente perigoso deixá-lo viver com suas próprias leis (notas n.89 e 90).

A segunda questão consiste no fato de o general Napoleão considerar Maquiavel um moralista em determinadas passagens de seu texto. Quando o escritor florentino diz que irá mostrar dois exemplos de como se pode chegar ao principado pelo crime, acrescenta que não pretende discutir o mérito desse procedimento de conquista. Nessa ocasião, Napoleão introduz uma nota para dizer que a discrição do autor é moralista e muito intempestiva ao referir--se às coisas do Estado. Essa mesma crítica irá repetir-se em outras passagens de O príncipe. O que se pode notar é que, contrariamente a Frederico II, que julga Maquiavel um imoral e um depravado, Napoleão acusa-o de ser até muito moralista e tímido na defesa de certos pontos de vista.

As observações que Napoleão, como primeiro cônsul, faz em relação ao texto de Maquiavel são mais claramente marcadas por sua posição, a de alguém que vê em O príncipe um manual que oriente suas ações. Além disso, o que caracteriza suas anotações como primeiro cônsul é o fato de ele sempre pretender colocar-se na posição do excelente aprendiz, daquele que consegue superar seu próprio mestre, Maquiavel.

Um exemplo dessa atitude de Napoleão pode ser encontrado em sua observação sobre o comentário de Maquiavel a respeito da tática de Oliverotto em conduzir seus adversários para o lugar em que lhes havia preparado a emboscada: "Aperfeiçoei bastante esta manobra no dia 18 Brumário e principalmente no dia seguinte ao de Saint-Cloud" (nota n.228).

Em outra ocasião, além de concordar com a afirmação de Maquiavel de que aquele que confia no povo constrói na areia, Napoleão faz ainda uma crítica mais mordaz: "Sim, mais ainda quando o povo é simplesmente lama" (nota n.271). Seu tom de arrogância, embora seja constante em todas as suas intervenções em relação ao texto maquiavélico, parece mais acentuado nos comentários realizados como primeiro cônsul do governo francês.

Na condição de imperador, as intervenções de Napoleão em relação ao texto de Maquiavel refletem, de maneira semelhante a seus comentários como primeiro cônsul, a aceitação de O príncipe como um manual de procedimentos. Ocorre apenas que o tom de superioridade, tão marcante nas notas como primeiro cônsul, embora persista, não é repetido com tanta frequência. Os comentários do Napoleão imperador refletem questões mais específicas dos problemas de um monarca em relação às coisas de seu império.

Uma das particularidades de seus comentários nessa ocasião é sua referência à distribuição de postos de comando entre seus irmãos nos territórios conquistados (notas n.23 e n.146, por exemplo), fato que não ocorre em suas notas como general, como primeiro cônsul ou como exilado. Outra atitude bastante reforçada é a necessidade de o imperador ser dissimulado para melhor poder governar. Isso fica evidenciado na nota n.160, quando faz uso da seguinte citação latina: *Qui nescit fallere, nescit regnare* (Quem não sabe enganar, não sabe reinar).

Em relação ao conselho de Maquiavel para que o príncipe utilize o recurso de semear a discórdia quando isso for de interesse do Estado, Napoleão diz: "Utilizei-me deste estratagema com bom resultado. Às vezes atiro no meio deles (cidadãos) sementes de discórdia particulares, quando quero desviar-lhes a atenção dos negócios do Estado ou quando preparo, em segredo, alguma lei extraordinária" (nota n.580). Quanto à advertência de que o príncipe deve evitar os aduladores, o Napoleão imperador diz: "São necessários. Um príncipe precisa do incenso deles; mas não deve deixar-se desvanecer e isso é difícil" (nota n.668).

Uma última consideração que deve ser feita aos comentários realizados por Napoleão como imperador da França é o fato de ele, por concordar com o ponto de vista do autor florentino, aceitar todos os seus argumentos. Chega a se identificar, por exemplo, com o modelo proposto por Maquiavel, pois em uma de suas notas durante o capítulo em que o florentino exalta as ações de César Bórgia, Napoleão diz: "Não conheço nenhum na Europa, salvo eu mesmo, a quem esse modelo pudesse convir" (nota n.192).

Com relação aos comentários realizados por Napoleão durante a época em que esteve exilado em Elba, pode-se dizer que, da mesma forma que nas leituras anteriores, veem em *O príncipe* um manual de condutas a ser seguido. O que diferencia essa leitura das demais é o fato de Napoleão encontrar-se em uma outra situação. Ele olha para trás e observa certas questões que poderiam ter sido solucionadas de determinadas maneiras, mas não foram; que Maquiavel já enunciara certos fatos que ele não levou em consideração. Isso não o impede, porém, de projetar ações futuras, mas o ponto de vista a respeito da obra de Maquiavel não pode mais ser o mesmo.

Esse olhar para o passado faz que Napoleão pareça, muitas vezes, lamentar certos fatos ocorridos. Esses lamentos são, basicamente, de dois tipos. Um, sobre as ações, como, por exemplo, a nota n.152, que comenta a atitude de César Bórgia de enfraquecer as facções das famílias poderosas que o haviam ajudado a ocupar Bolonha: "Custou-me caro não ter tido idêntica desconfiança relativamente aos meus aliados favorecidos da Alemanha!" (Maquiavel, 1977, p.41).[21] Outro, sobre o caráter dos homens, por exemplo, quando lastima a ganância dos ministros, como na nota n.665: "Trapaceiros! Aprenderam agora a tornar-se importantes em todos os governos, ainda os mais diversos e opostos" (p.134).

Em determinados momentos, porém, Napoleão reflete sobre o ato de leitura de O príncipe, ao valorizar a observação de Maquiavel de que o príncipe deve estar ocupado com a guerra quer pela ação quer pelo pensamento, considerando a veracidade da afirmação de Maquiavel de que vale mais a prudência do príncipe que a de seus conselheiros.[22]

De maneira geral, o que fica patente por meio das anotações de Napoleão sobre o texto de Maquiavel é que ele o toma como uma obra escrita por um sujeito ardiloso, sagaz, que pretende transmitir essa mesma esperteza, essa mesma sagacidade para o príncipe, seu leitor. O que se costuma deduzir dessa leitura, como pode ser verificado por meio da própria apresentação do livro, assinada pelo editor da Hemus, é, exatamente, o perigo que pode significar O príncipe de Maquiavel para determinados leitores. Segundo o

---

21 Napoleão faz uma crítica severa aos que o auxiliaram a tomar o poder: "Esses homens, oriundos de uma revolução, nunca se dão por satisfeitos. Fizeram-na só para enriquecer-se e a cobiça cresce-lhes com o que adquirem. Se se colocam ao lado do partido que vai triunfar e o favorecem antecipadamente, é apenas para obter seus favores. Depois, destruirão àquele que o elevaram, quando ele não tiver mais nada para dar-lhes, porque continuarão a querer receber. Haverá sempre o maior perigo em nos servirmos de tais partidários. Mas, como dispensá-los? Especialmente eu, que careço de outro apoio! Ah! Tivesse eu o direito de sucessão ao trono e esses homens não poderiam vender-me ou prejudicar-me!" (nota n.260).

22 Em relação aos ensinamentos referentes à guerra: "Que segredo lhes (aos príncipes) revela Maquiavel! Porém eles não o leem nem o lerão jamais!" (nota n.376). Em relação aos conselheiros dos príncipes: "Verdade irrefutável, que basta para levar os ministros e cortesãos a afastarem do príncipe toda leitura de Maquiavel" (nota n.688).

mesmo editor, essa obra do escritor florentino é uma faca de dois gumes, que pode ora servir para o bem, ora servir para o mal.

A leitura que Napoleão faz do texto maquiavélico parte do pressuposto de que é um manual que orienta as ações de seu enunciatário para que ele alcance o objetivo desejado: conquistar o poder em determinada região ou província. Nesse sentido, sua atitude é a de alguém que "dialoga" com o autor, trocando experiências sobre as questões que vão sendo colocadas ao longo dos 26 capítulos do livro. Ocorre, porém, nesse momento, um processo de particularização, pois Napoleão procura transportar o discurso de Maquiavel para seu caso específico. Por essa razão, só discorda dos conselhos do escritor florentino quando estes não se adaptam à sua situação particular, quando julga-os, portanto, característicos apenas do contexto do Renascimento.

Diferentemente das leituras anteriores, a de Napoleão não se opõe ao discurso enunciado; antes, pelo contrário, procura repeti-lo para defender sua posição ideológica. Não o condena como Frederico II ou a Igreja, tampouco o exalta pelo mesmo motivo que Rousseau o faz. Sua leitura é linear e destaca basicamente a característica de identificação que pretende estabelecer entre sua visão sobre a conquista do poder e a de Maquiavel.

6 BENITO MUSSOLINI LÊ *O PRÍNCIPE* DE MAQUIAVEL

A leitura que Mussolini faz de *O príncipe* de Maquiavel está intimamente ligada aos dogmas do fascismo na Itália do início do século XX. Da mesma forma que Napoleão, o Duce costumava chamar essa obra de Maquiavel *"Vademecum per l'uomo di governo"* (Manual para o homem de governo). Mas, diferentemente do imperador francês, não constrói seu texto interpretativo a partir de comentários pontuais dos vários aspectos da obra do escritor florentino. Ao contrário, seu olhar sobre *O príncipe* é o de quem procura, em um escritor italiano, as justificativas teóricas para o nacionalismo fascista.

A primeira referência de Mussolini a Maquiavel ocorre em seu discurso procunciado no "Comunale di Bologna", no dia 24 de maio de 1918, durante as comemorações do terceiro aniversário da entrada da Itália na guerra. Esse texto surge um ano antes da fundação do primeiro grupo do futuro Partido Fascista Italiano, que irá formar--se em março de 1919.

Em seu discurso, intitulado "La vittoria fatale", Mussolini pretendia mostrar a impossibilidade de a Itália permanecer neutra na Primeira Guerra Mundial, justificar sua entrada nos combates, ocorrida em 1915, e também tecer considerações sobre a participação do exército italiano no que julgava a batalha decisiva contra o imperador Guilherme II da Alemanha, que ocorreria realmente em julho de 1918, perto de Paris. Quatro meses depois, em 11 de novembro, a recém-proclamada República Alemã veio a assinar o armistício, submetendo-se a todas as condições impostas pelas nações aliadas.

No início de seu discurso, para justificar a importância da entrada da Itália ao lado da Entente, para mostrar que os italianos não se sentiam, naquele momento, como "frades arrependidos daquilo que haviam feito", para discutir a importância da guerra para o povo italiano, Mussolini reporta-se ao capítulo VI de O príncipe. Desse capítulo destaca a referência que Maquiavel faz a Moisés, Ciro, Rômulo e Teseu, quando propõe citá-los como exemplos "dos que foram príncipes pelo seu valor e não por boa sorte" (Maquiavel, 1987, p.23). Por meio dessa alusão ao texto maquiavélico, Mussolini cria, como recurso argumentativo de seu discurso, uma analogia entre os "príncipes" citados pelo escritor florentino e o povo italiano.

Para melhor desenvolver a analogia estabelecida entre Moisés, Ciro, Rômulo, Teseu e o povo italiano, Mussolini cita textualmente dois trechos de O príncipe em que Maquiavel procura mostrar que eles se tornaram grandes porque souberam aproveitar a única oportunidade que lhes foi oferecida.[23] Para o Duce, a guerra era a oportunidade que o povo italiano não podia perder para se tornar senhor de si mesmo e para mostrar sua importância em relação aos

---

23 Os dois trechos que Mussolini cita de O príncipe são os seguintes: "E examinando-lhes (de Moisés, Ciro, Rômulo e Teseu) a vida e as ações, conclui-se que eles não receberam da fortuna mais do que a ocasião de poder amoldar as coisas como melhor lhes aprouve. Sem aquela ocasião, suas qualidades pessoais se teriam apagado, e sem essas virtudes a ocasião lhes teria sido vã ... Tais oportunidades, portanto, tornaram felizes a esses homens; e foram as suas virtudes que lhes deram o conhecimento daquelas oportunidades. Graças a isso, a sua pátria se honrou e se tornou feliz" (Maquiavel, 1987, p.24).

outros países aliados, a França, a Inglaterra, os Estados Unidos.[24] Nesse sentido, o discurso de Maquiavel serve como recurso de veridicção, isto é, por meio da referência a *O príncipe*, Mussolini pretende assegurar a "verdade" de seu discurso.

Não é apenas Maquiavel que Mussolini chama para dar respaldo a seu texto, ele se reporta ainda a Maeterlinck, Wells, Arturo Marpicati. Deste último, cita até um poema que fala dos soldados que defendem a pátria com heroísmo. Além de recorrer aos procedimentos de invocar uma autoridade para referendar seus pontos de vista, Mussolini trabalha o estilo de seu discurso, fazendo uso, muitas vezes, como Maquiavel, do quiasmo para exprimir seu pensamento.[25] No fim desse discurso, pronunciado em Bolonha, o Duce ressalta, uma vez mais, a importância da guerra como forma de solidificar a concepção de um Estado centralizado que irá conduzir a vida de seus cidadãos. Maquiavel também pensava assim e para isso queria um príncipe capaz de consolidar esse poder.

Embora nesse discurso comemorativo Mussolini já apresente sua visão sobre o texto maquiavélico, não é nele, porém, que desenvolve mais completamente sua leitura sobre *O príncipe* de Maquiavel; isso irá ocorrer em sua *tesi di laurea*, escrita para obter a *laurea in Legge*. Esse trabalho, porém, nunca foi editado, mas o texto que apresentou sua tese, chamado "Preludio al Machiavelli", foi publicado na revista *Gerarchia* em abril de 1924. É por meio desse prelúdio que se pode observar sua interpretação do livro do escritor florentino.

Mussolini inicia seu texto afirmando que, para ele, *O príncipe* deve ser entendido como um "manual" ao qual deve recorrer todo homem de governo e que a concepção do maquiavelismo como algo

---

24 "Referindo-nos ao povo italiano neste maio radioso, pode-se dizer que, sem a ocasião da guerra, a virtude de nosso povo estaria apagada; mas, sem essa virtude, a ocasião da guerra teria passado em vão" (Mussolini, 1934a, p.310). (Tradução minha desse trecho e de todos os demais referentes aos textos de Mussolini.)

25 De certa forma, o emprego do quiasmo para expressar um ponto de vista no discurso político lembra o texto de Maquiavel, como no seguinte exemplo: "*Tra i due (poeti e industriali) mettiamoci anche i giornalisti, i quali sono sufficientemente poeti per non essere industriali e sono sufficientemente industriali per non essere poeti*" ["Entre os dois (poetas e industriais) coloquemos também os jornalistas, os quais são suficientemente poetas para não serem industriais e são suficientemente industriais para não serem poetas"] (Mussolini, 1934a, p.312).

negativo, maléfico, é decorrente de uma leitura superficial daquilo que o autor florentino pretendeu dizer. Segundo ele, a doutrina de Maquiavel está viva há mais de quatro séculos, porque, embora a vida dos homens tivesse mudado muito em seu aspecto exterior, esse período de tempo não havia provocado uma variação tão profunda no espírito dos indivíduos e dos povos.

Para o Duce, a questão principal para compreender essa obra do escritor florentino consiste em perceber qual era o conceito que ele tinha do homem, em geral, e do italiano, em particular. O que mais ressalta numa primeira leitura de *O príncipe*, segundo Mussolini, é o agudo pessimismo de Maquiavel em relação à natureza humana. Para ele, os homens são "infelizes, mais afeiçoados às coisas que a seu próprio sangue, prontos para mudar sentimentos e paixões" (Mussolini, 1934c, p.107). Para provar seu ponto de vista, Mussolini cita um trecho do capítulo XVII de *O príncipe*,[26] e outro do capítulo III de *Comentários sobre a primeira década de Tito Lívio*.[27]

Essa visão do homem é responsável, segundo Mussolini, pelo estabelecimento da oposição entre Estado e indivíduo ou entre príncipe e povo, conceitos básicos da obra maquiavélica que foram a causa do chamado utilitarismo, pragmatismo ou cinismo maquiavélico. Segundo a visão de Mussolini, para Maquiavel, *o*

---

26 "É que os homens geralmente são ingratos, volúveis, simuladores, covardes e ambiciosos de dinheiro, e, enquanto lhes fizeres bem, todos estão contigo, oferecem-te sangue, bens, vida, filhos, como disse acima, desde que a necessidade esteja longe de ti. Mas, quando ela se avizinha, voltam-se para outra parte. E o príncipe, se confiou plenamente em palavras e não tomou outras precauções, está arruinado ... E os homens hesitam menos em ofender aos que se fazem amar do que aos que se fazem temer, porque o amor é mantido por um vínculo de obrigação, o qual, devido a serem os homens pérfidos, é rompido sempre que lhes aprouver, ao passo que o temor que se infunde é alimentado pelo receio de castigo, que é um sentimento que não se abandona nunca" (Maquiavel, 1987, p.70).

27 "Como demonstram todos os que escreveram sobre política, bem como numerosos exemplos históricos, é necessário que quem estabelece a forma de um Estado, e promulga suas leis, parta do princípio de que todos os homens são maus, estando dispostos a agir com perversidade sempre que haja ocasião ... Os homens só fazem o bem quando é necessário; quando cada um tem a liberdade de agir com abandono e licença, a confusão e a desordem não tardam a se manifestar por toda parte" (Maquiavel, 1982b, p.29).

Príncipe é o Estado. Contra o egoísmo próprio dos homens, o príncipe representa uma organização, uma limitação capaz de evitar a anarquia, o caos, que seria a consequência inevitável de um povo sem governo. As revoluções dos séculos XVII e XVIII procuraram resolver, segundo Mussolini, essa disputa que está na base de qualquer organização social estatal, fazendo surgir o poder como emanação da livre vontade do povo. Mas, continua ele, fracassaram completamente porque a ideia de um povo soberano é um fingimento, uma completa ilusão, pois, o povo é uma entidade abstrata, indefinida, que não tem começo nem fim e que, portanto, não pode exercer nenhum tipo de poder.[28]

Para justificar a necessidade de o príncipe controlar a natureza volúvel dos homens, Mussolini recorre, no final de seu prelúdio, ao mesmo trecho de *O príncipe* que havia citado em seu discurso comemorativo do terceiro ano de participação da Itália nos combates da Primeira Guerra Mundial, a referência ao fato de Moisés, Ciro, Teseu e Rômulo terem conseguido realizar ações benéficas para seus povos fazendo uso da força.[29]

Novamente, no discurso aos florentinos em maio de 1930, Mussolini irá referir-se, uma vez mais, à passagem de *O príncipe* em que Maquiavel considera que, se os profetas (alusão a Moisés, Ciro, Teseu e Rômulo) estivessem desarmados, não teriam podido fazer que as normas que propunham fossem observadas por muito tempo.

Para justificar a importância dos exércitos nacionais Mussolini escreve um artigo no jornal *Il Popolo d'Italia* de 12 de abril de 1938,

---

28 "O adjetivo soberano aplicado ao povo é um trágico gracejo. O povo em tudo mais delega, mas não pode certamente exercitar soberania alguma. Os sistemas representativos pertencem mais à mecânica que à moral ... Vós imaginais uma guerra proclamada pelo *voto*? O *voto* é possível quando se trata de escolher um lugar mais oportuno para colocar a fonte da cidade, mas quando os interesses supremos de um povo estão em jogo, até os governos ultrademocráticos se guardam o direito de agir em nome desse mesmo povo" (Mussolini, 1934c, p.109-10).

29 "Destarte todos os profetas armados venceram e os desarmados fracassaram ... Convém, pois, providenciar para que, quando não acreditarem mais, se possa fazê-los crer à força. Moisés, Ciro, Teseu e Rômulo não teriam conseguido fazer observar por muito tempo suas constituições se estivessem desarmados" (Maquiavel, 1987, p.25).

intitulado "Armi ed Armati Italiani Prima del Risorgimento". Para tratar desse tema, reporta-se outra vez a Maquiavel, observando que o autor já havia discutido a importância desse tipo de tropas em seu livro *O príncipe* e que, mais detalhadamente, retomá-lo-ia em *Arte della Guerra*. Estava-se às vésperas da Segunda Guerra Mundial que eclodiria em setembro do ano seguinte.

De que maneira, portanto, se pode dizer que se desenvolve a leitura de Mussolini em relação a *O príncipe*? Qual é o mecanismo interpretativo desencadeado por sua leitura que faz que o pensamento de Maquiavel se aproxime ao do fascismo?

Em primeiro lugar, a leitura de Mussolini é uma leitura nacionalista, pois, como o Duce pretendia uma unificação de fato da Itália, que, no começo do século, entre outras questões, apresentava aliás diferenças linguísticas muito grandes em razão dos vários dialetos falados nas diferentes regiões da península, identifica esse mesmo ideal na proposta unificadora que Maquiavel faz ao príncipe. No momento em que se concretiza a isotopia nacionalista, os diferentes elementos do texto maquiavélico vão tornando-se coerentes em relação a ela. É assim, por exemplo, que se estabelecem as relações entre Estado e príncipe, de um lado, povo e exército, de outro.

Subordinando todo seu pensamento ao princípio de que o homem é mau por natureza, Mussolini compreende, referindo-se ao discurso de Maquiavel, que esse mesmo povo precisa de um governo que oriente e dirija seus passos para um determinado fim, com um determinado objetivo. Dessa maneira, o Estado fascista corresponderia ao modelo de governo descrito por Maquiavel. A ele seriam dados todos os poderes e ao povo competiria colaborar com a política vigente para que os fins fossem alcançados; deveria haver uma identificação entre as propostas do Estado e as ações do povo para que ela se concretizasse.

Enquanto Mussolini afirma que, segundo sua visão do texto de Maquiavel, o príncipe corresponde ao próprio Estado, no Brasil, Faria (1931) entende que o príncipe imaginado por Maquiavel é o próprio Mussolini. O que Faria faz é apenas tornar clara uma relação estabelecida pelo próprio Duce, na medida em que se sabe como foi marcante no fascismo o culto à pessoa do maior dirigente do Estado. O Estado fascista era centralizador e o seu núcleo era o próprio Mussolini.

Contrariamente a Frederico II, que procura mostrar em sua leitura, durante vários momentos, a diferença das condições históricas, sociais, políticas e econômicas da Itália da época de Maquiavel e da Prússia do século XVIII, e a Napoleão, que, embora não tão enfaticamente, ressalta diferenças entre uma situação e outra, Mussolini pretende destacar que as diferenças entre os homens do século XVI e as do século XX são apenas superficiais, pois eles continuam idênticos na sua essência. E o mais interessante ainda é que a leitura de Frederico com relação a *O príncipe* é negativa, enquanto as de Napoleão e Mussolini são positivas.

Para Jean-Jacques Rousseau, por sua vez, as afirmações de Maquiavel eram de tal modo contrárias à sua forma de ver o mundo, que a única maneira possível de poder fazer uma leitura positiva de Maquiavel era entendê-lo realmente como uma "sátira", pois só por meio desse mecanismo conseguiria interpretar o não dito.

O que me parece importante ressaltar na leitura que Mussolini faz de *O príncipe* é a nova base temática que ele dá à figura do príncipe. Para ele, quando Maquiavel se refere ao príncipe não está querendo falar de outra coisa que não do Estado; o príncipe, portanto, é uma figura da entidade política que é o Estado. Esse é o mecanismo discursivo sobre o qual se constrói a interpretação de Mussolini. A intenção deste trabalho consiste em saber quais são os elementos inerentes ao discurso maquiavélico que propiciaram essa leitura.

A primeira questão que parece determinante é a oposição que Maquiavel faz entre as ações do príncipe e as do indivíduo comum. Isso significa dizer que há uma ética própria do príncipe que não corresponde aos mesmos parâmetros que a dos demais indivíduos, pois um governante precisa, muitas vezes, praticar certas ações que, se tomadas na sua particularidade, são condenáveis, mas, quando observadas na sua extensão, são benéficas, pois servem de compensação para um determinado grupo de pessoas.

É a partir desse ponto de vista que, como já ficou dito anteriormente, Maquiavel justifica que um príncipe novo não deve se preocupar em ser considerado cruel, pois sua crueldade, muitas vezes, é mais piedosa do que sua pretensa bondade.[30] Da mesma forma, Mussolini parece entender o Estado como um pai que não deve vacilar em aplicar o pior dos castigos toda vez que isso for necessário para educar seus filhos.

A segunda questão de que se pode servir para justificar a leitura de Mussolini é decorrente da anterior, pois corresponde ao fato de que o Estado, para poder realizar aquilo que julga necessário, deve privilegiar os fins e não os meios. Assim, para Maquiavel, a unidade italiana deveria ser conquistada (fim), mesmo que, para isso, fosse necessária a morte, por exemplo, de uma centena de pessoas (meio). É essa, também, a base do pensamento fascista.

A leitura que Mussolini faz do texto maquiavélico é, portanto, decorrente das relações de significação que se estabelecem entre as figuras e os temas constituintes do discurso presente em *O príncipe*.

7 COMO ANTONIO GRAMSCI LÊ O PRÍNCIPE

Gramsci (1988) começa seu texto "O moderno príncipe" afirmando que Maquiavel tratou, de uma forma artística, a ciência política da perspectiva do povo.[31] Segundo ele, Maquiavel não pretendeu criar uma utopia, um mundo imaginário em que todas as coisas estariam harmonicamente combinadas; antes, sua fantasia era concreta e pretendia organizar a vontade coletiva (o povo) dispersa numa Itália esfacelada. Nesse sentido, entende que o príncipe

---

30 "César Bórgia era considerado cruel e, contudo, sua crueldade havia reerguido a Romanha e conseguido uni-la e conduzi-la à paz e à fé. O que, bem considerado, mostrará que ele foi muito mais piedoso do que o povo florentino, o qual, para evitar a pecha de cruel, deixou que Pistoia fosse destruída. Não deve, portanto, importar ao príncipe a qualificação de cruel para manter os seus súditos unidos e com fé, porque, com raras exceções, é ele mais piedoso do que aqueles que por muita clemência deixam acontecer desordens, das quais podem nascer assassínios ou rapinagem. *É que estas consequências prejudicam todo um povo, e as execuções que provêm do príncipe ofendem apenas um indivíduo*" (Maquiavel, 1987, p.69 – grifos meus).

31 "este (Maquiavel) deu à sua concepção (da ciência política) a forma fantástica e artística, pela qual o elemento doutrinal e racional incorpora-se num *condottiero*, que representa plasticamente e 'antropomorficamente' o símbolo da 'vontade coletiva'" (Gramsci, 1988, p.3).

imaginado por Maquiavel corresponde ao partido político que irá representar e defender os interesses do coletivo, enquanto seu texto funciona como um "manifesto político" desse mesmo partido. A função do partido político, no entender de Gramsci, é a de uma célula, em torno da qual se organiza uma vontade coletiva que se propõe universal e total. Por esse motivo, o príncipe não pode ser um sujeito individual, pois essa centralização, segundo ele, só pode servir aos movimentos de fanatismo que enxergam as pessoas como uma massa que deve ser conduzida. Já nessas afirmações iniciais da leitura de Gramsci se pode perceber uma crítica ao fascismo de Mussolini, que tinha exatamente essa marca centralizadora.

Outra característica ressaltada por Gramsci em seu comentário sobre *O príncipe* é que essa proposta de um partido que se volta para a organização do Estado italiano não pode ser realizada como se se fundasse um novo Estado. O movimento do partido deve ser restaurador e é isso que, no seu entender, faz Maquiavel, quando vai buscar na Roma antiga exemplos para orientar a ação do príncipe-partido. A diferença, porém, entre a proposta restauradora do novo partido e a de Maquiavel é que, enquanto aquela deve valer-se do conceito de evolução histórica, a do autor florentino tem um caráter retórico, no sentido de que reflete as características do movimento cultural a que está ligada: o Renascimento.

Gramsci vê em *O príncipe* não um tratado teórico sobre a ciência política, mas um texto de ação que, por esse motivo, assume as características do manifesto. Contrariamente à visão de que Maquiavel pretendeu ensinar aos príncipes a utilização de meios desumanos para a conquista do poder, ele argumenta que esse trabalho seria desnecessário, pois quem nasceu na tradição dos homens de governo já conhecia todos os "ensinamentos" apresentados em *O príncipe*. Segundo sua perspectiva, o discurso do secretário florentino dirige-se a "quem não sabe" com o intuito de educar esse sujeito politicamente.[32] Quem não sabe é exatamente a classe revolucionária, o povo italiano do Renascimento, a quem Maquiavel

---

32 "Educação política não negativa, dos que odeiam tiranos, como parecia entender Foscolo, mas positiva, de quem deve reconhecer como necessários determinados meios, mesmo se próprios dos tiranos, porque deseja determinados fins" (Gramsci, 1988, p.11).

está pretendendo mostrar que é necessário ter um "chefe" capaz de auxiliá-lo a conseguir aquilo que deseja, mesmo que suas ações possam estar em contradição com a ideologia religiosa difundida na época. Para Gramsci, é essa conduta que é determinada pela filosofia da práxis.[33]

Essa filosofia maquiavélica, porém, é consequência da atitude de Maquiavel perante sua época. Preocupado com as lutas internas do Estado florentino, com as lutas dos diversos Estados italianos entre si e, em terceiro lugar, com a luta dos Estados italianos, que tentavam manter uma certa aliança, em relação ao resto da Europa, o autor florentino destacou o papel do exército e das ações bélicas. Para tanto, ressalta os exemplos da França, da Espanha, que conseguiram uma poderosa unidade estatal territorial, e do duque Valentino da Romanha, que pretendeu acabar com a anarquia feudal apoiando-se nas classes produtoras, mercadores e camponeses.[34]

É nesse sentido, segundo Gramsci, que deve ser lido *O príncipe*, como o discurso de um sujeito que reflete sobre seu tempo. Ao propor o moderno príncipe, Gramsci está-se valendo do mito do príncipe imaginado por Maquiavel para adaptá-lo à realidade de sua época, por isso o adjetivo "moderno" que o determina. Segundo ele, o grande erro da maior parte das leituras realizadas pelos

---

33 "Repete-se a necessidade de ser 'antimaquiavélico', desenvolvendo uma teoria e uma técnica políticas que possam servir às duas partes em luta, embora creia-se que elas terminarão por servir especialmente à parte que 'não sabia', porque nela é que se considera existir a força progressista da História. Efetivamente, obtém-se de imediato um resultado: romper a unidade baseada na ideologia tradicional, sem cuja ruptura a força nova não poderia adquirir consciência da própria personalidade independente. O maquiavelismo serviu para melhorar a técnica política tradicional dos grupos dirigentes conservadores, assim como a política da filosofia da praxis; isto não deve mascarar o seu caráter essencialmente revolucionário, que inclusive hoje é sentido e explica todo o antimaquiavelismo, daquele dos jesuítas àquele pietista de Paquale Villari" (Gramsci, 1988, p.11-2).

34 "Maquiavel é inteiramente um homem da sua época; e a sua ciência política representa a filosofia do seu tempo, que tende à organização das monarquias nacionais absolutistas, a forma política que permite e facilita um desenvolvimento das forças produtivas burguesas. Pode-se descobrir *in nuce* em Maquiavel a separação dos poderes e o parlamentarismo (o regime representativo): a sua ferocidade dirige-se contra os resíduos do mundo feudal, não contra as classes progressistas" (Gramsci, 1988, p.15).

antimaquiavélicos, pelos ingênuos, reside no fato de observarem as proposições de Maquiavel em razão das condições históricas em que eles próprios estão inseridos, esquecendo que não são as mesmas do tempo do escritor florentino. Para ele, "a forma polêmica é puro acidente literário" (Gramsci, 1988, p.16).

Da mesma forma com relação à crítica que se costuma fazer a Maquiavel, condenando-o por sua concepção da "dupla perspectiva" na ação política e na vida estatal, isto é, que todo príncipe deve assumir a forma do centauro, com um lado animal e outro humano, Gramsci irá dizer que ela está assentada sobre o princípio de falsa moralidade. No seu entender, a oposição entre o lado animal e o humano é uma representação da relação dialética entre o individual e o coletivo, pois quanto mais um indivíduo é colocado em situações em que deve defender sua existência física, tanto mais irá assimilar os valores mais elevados da civilização e da humanidade.

Mais do que um cientista político, Maquiavel foi um político prático que, em razão dessa mesma praticidade, não podia deixar de se preocupar com o dever ser. Nesse sentido, sua intenção nunca foi a de escrever um livro para modificar a realidade, seu propósito era interpretá-la e indicar a linha possível de ação.[35]

O que Gramsci ressalta em sua leitura de O príncipe é que Maquiavel está sempre preocupado com o ato político, com a arte de bem governar os homens cujo objetivo último é a fundação dos grandes Estados. Salienta, porém, que Maquiavel tinha consciência de que, para chegar ao modelo de Estado como o francês ou o espanhol, precisava de um vasto território e de uma população capaz de ser a base de uma força militar que permitisse uma política internacional autônoma. Para isso era preciso que a Itália se libertasse da condição de não Estado, o que só seria possível quando ela

---

35 "O limite e a estreiteza de Maquiavel consistem apenas no fato de ter sido ele uma 'pessoa privada', um escritor, e não o chefe de um Estado ou de um exército, que também é apenas uma pessoa, mas tendo à sua disposição as forças de um Estado ou de um exército, e não somente exércitos de palavras. Nem por isso se pode dizer que Maquiavel tenha sido um 'profeta desarmado': seria um gracejo muito barato. Maquiavel jamais diz que pensa ou se propõe ele mesmo a mudar a realidade; o que faz é mostrar concretamente como deveriam atuar as forças históricas para se tornarem eficientes" (Gramsci, 1988, p.43).

218   ARNALDO CORTINA

não estivesse mais sob o domínio dos interesses religiosos; era preciso que "a religião se tornasse política do Estado e deixasse de ser política do Papa", porque este, muitas vezes, intervinha na vida dos povos que não estavam sob o seu poder temporal para defender interesses que não eram os dos Estados, levando-os assim a se desagregarem.[36] É partindo dessa perspectiva, portanto, que Gramsci propõe que, para traduzir o maquiavelismo em linguagem política moderna, é preciso entender o príncipe imaginado por Maquiavel como um partido político, pois somente ele é capaz de estabelecer o equilíbrio entre os diversos interesses em luta contra o interesse dominante.[37] Esse partido político, por sua vez, deve ser constituído por três diferentes partes: um elemento difuso, que são os homens comuns cuja participação é oferecida pela disciplina e pela fidelidade; um elemento de coesão principal, encarregado de constituir uma força centralizadora e disciplinadora que só será possível por meio de sua "inventividade"; um elemento médio, capaz de estabelecer a relação entre o primeiro e o segundo, não apenas no sentido físico, mas também moral e intelectual.

O poder do príncipe, por sua vez, seria exercido por aquele indivíduo, ou grupo de indivíduos, que constitui a inteligência, o norteador do caminho a ser seguido, que corresponde ao segundo elemento do partido imaginado por Gramsci.

---

36   "Pode-se encontrar em Maquiavel a confirmação de tudo o que notei em outras partes: que a burguesia italiana medieval não soube sair da fase corporativa para ingressar na fase política por não ter sabido libertar-se completamente da concepção medieval cosmopolita representada pelo Papa, o clero e, inclusive, os intelectuais leigos (humanistas), isto é, não soube criar um Estado autônomo, permanecendo na moldura medieval, feudal e cosmopolita" (Gramsci, 1988, p.99).

37   "ele (o partido político), porém, ao contrário do que se verifica no direito constitucional tradicional, nem reina nem governa juridicamente: tem 'o poder de fato', exerce a função hegemônica e, portanto, equilibradora de interesses diversos, na 'sociedade civil'; mas de tal modo esta se entrelaça de fato com a sociedade política que todos os cidadãos sentem que ele reina e governa. Sobre esta realidade, que se movimenta continuamente, não se pode criar um direito constitucional do tipo tradicional, mas só um sistema de princípios que afirma como objetivo do Estado o seu próprio fim, o seu desaparecimento, a reabsorção da sociedade política pela sociedade civil" (Gramsci, 1988, p.102).

O PRÍNCIPE DE MAQUIAVEL E SEUS LEITORES   219

A leitura de Gramsci é marcada pela visão do marxismo que
o autor defendia, e isso irá refletir-se em sua interpretação. Da
mesma forma que se pôde perceber uma relação polêmica entre as
leituras de Frederico II e Jean-Jacques Rousseau, no século XVIII,
pode-se percebê-la na comparação das leituras de Mussolini e
Gramsci, no século XX. Em seu texto há, implicitamente, críticas
ao pensamento do Duce, que o perseguiu e o prendeu durante seu
governo fascista na Itália. No item em que propõe mostrar como o
cesarismo, no qual está incluído Napoleão I, surge em decorrência
de uma neutralidade de duas forças antagônicas, Gramsci critica,
indiretamente, Mussolini.[38]

Ao mesmo tempo, porém, tanto a interpretação gramsciana
quanto a de Mussolini veem positivamente o príncipe imaginado
por Maquiavel, só que, enquanto Mussolini toma-o *in totum*, isto é,
entende-o como um "manual" a ser seguido, valorizando o sentido
científico e tratadista do texto maquiavélico, Gramsci o lê como
um texto mítico genial, capaz de ser adaptado à realidade de sua
época. Mais que isso, procura identificar princípios do pensamento
marxista na proposta de governo de Maquiavel.

O que distancia a visão eufórica que Gramsci e Mussolini
têm d'*O príncipe* é a perspectiva ideológica de cada um deles. O
príncipe-Estado de Mussolini constrói-se como uma organização
centralizadora, que não age sobre a classe operária para levá-la a
querer ou a dever; antes, faz por ela. Novamente retoma-se a figura
do Estado-pai que já sabe o que é melhor para o povo, levando-o
a crer que todas as medidas tomadas têm a intenção de beneficiá-
-lo. A perspectiva de Gramsci, por sua vez, era diferente, pois, para
ele, a ação do príncipe-partido era conscientizadora, isto é, deveria doar um saber ao povo para que este, o verdadeiro agente da

---

38 "Pode-se afirmar que o cesarismo exprime uma situação em que as forças em
    luta se equilibram de modo catastrófico, isto é, equilibram-se de tal forma que
    a continuação da luta só pode levar à destruição recíproca. Quando a força
    progressista A luta contra a força reacionária B, não só pode ocorrer que A
    vença B ou B vença A, mas também pode suceder que nem A nem B vençam,
    porém se aniquilem mutuamente, e uma terceira força, C, intervenha de fora
    submetendo o que resta de A e de B. Na Itália, depois da morte do Magnífico,
    sucedeu exatamente isto" (Gramsci, 1988, p.63).

transformação social, tivesse condição de promover uma revolução em direção ao Estado socialista.

Observando, portanto, os mecanismos discursivos que permitem a leitura que Gramsci faz de O príncipe, verifica-se que, o que permite sua afirmação de que Maquiavel se dirige àqueles que não sabem, isto é, para o povo, é novamente o mesmo procedimento utilizado por Rousseau. Ele privilegia aqui a perspectiva do actante "povo" que se opõe ao "príncipe", responsável pela dimensão polêmica da narrativa de O príncipe.

Embora a interpretação de Gramsci se valha do mesmo procedimento que a de Rousseau, isto é, ambos privilegiam a organização da sintaxe narrativa de O príncipe a partir de um sujeito que é recoberto discursivamente pela figura do povo, a perspectiva ideológica entre os dois é distinta em razão da diferença do contexto histórico em que cada um deles está inserido. Rousseau lê O príncipe numa época em que a burguesia era a classe revolucionária, enquanto, na época de Gramsci, o operariado é a nova classe revolucionária. Esses fatos históricos condicionam a nova isotopia a partir da qual Gramsci interpreta o príncipe do discurso maquiavélico, diferente da de Rousseau.

Uma das questões mais importantes, no meu entender, para marcar a relação que Gramsci estabelece entre o príncipe e o partido político é a maneira como ele concebe a construção do texto. Segundo ele, Maquiavel não escreveu O príncipe porque tencionava ser um agente de transformação social, porque tinha consciência de que esse era o papel de um outro sujeito; sua ação está centrada no dever ser, na medida em que ele, por meio da observação de fatos concretos, pretende mostrar a esse outro sujeito como as forças históricas deveriam atuar para se tornarem eficientes (conforme ficou dito na nota 36). Esse era, para Gramsci, o papel do partido político.

8 OUTRAS LEITURAS DE O PRÍNCIPE

Neste item apresentarei várias leituras de O príncipe realizadas por diferentes autores estrangeiros. Não pretendo fazer uma exposição mais detida de cada uma delas como fiz com as leituras anteriormente apresentadas, pois o objetivo deste item consiste em produzir um panorama das mais importantes leituras de *O príncipe* propostas, na sua maioria, durante o século XX.

A primeira é a de De Sanctis (s. d.), a única que, diferentemente das outras, foi realizada durante o século XIX. De Sanctis nasceu na Itália em 1817, foi professor de língua e literatura italianas em diversos colégios da Itália até se fixar como professor de literatura na Universidade de Nápoles. Além disso, ocupou vários cargos na política italiana. Sua obra mais importante é a *Storia della letteratura italiana*, cujo capítulo XV trata especificamente da obra de Nicolau Maquiavel.

De Sanctis (s. d.) considera Maquiavel um dos maiores nomes da prosa italiana. Afirma que o autor florentino foi duramente condenado por ter escrito *O príncipe* e que o julgamento que sempre se fez desse livro esteve baseado num ponto de vista moral, que não levava em conta que seu verdadeiro valor residia em seu caráter lógico e científico. Costumou-se chamar esse livro "código da tirania", que estaria assentado na máxima de que "os fins justificam os meios"; dessa visão, diz De Sanctis, resultou a doutrina chamada "maquiavelismo". Contra essa concepção negativa da obra maquiavélica, De Sanctis constrói sua leitura. Para ele, Maquiavel é um dos maiores pensadores do Renascimento italiano. Para reconhecer isso, porém, é preciso conhecer as circunstâncias em que escreveu *O príncipe*.

Segundo seu ponto de vista, Maquiavel surge num momento em que os valores da Idade Média já estavam sendo questionados pela nova consciência que se ia formando, a do antropocentrismo. Durante a Idade Média, a noção de pecado está arraigada no homem, que não se importa com a vida terrena e contempla a outra. Aquela não é a realidade ou a verdade, mas obra da aparência, ao mesmo tempo que a realidade não é aquilo que é, mas aquilo que deve ser, porque seu verdadeiro conteúdo é o outro mundo, o inferno, o purgatório, o paraíso, o mundo conforme a verdade e a justiça. Segundo De Sanctis (s. d.), desse conceito teológico-ético da vida nasceu a *Divina comédia*, de Dante Alighieri, e toda a literatura dos anos 1200 e 1300.

Além dessa valorização do mundo espiritual, os outros dois conceitos fundamentais em torno dos quais gira a literatura da Idade Média são a cavalaria e o amor platônico. A nova literatura do Renascimento constitui-se, por sua vez, numa paródia mais ou menos consciente desses três conceitos.

Ainda segundo o teórico italiano, na Idade Média não existia o conceito de pátria, mas sim os conceitos de fidelidade e sujeição. Os homens nasciam todos súditos do papa e do imperador, representantes de Deus; um era o espírito, outro o corpo da sociedade. Maquiavel foi responsável pela noção de unidade do povo italiano em torno de um novo conceito de pátria, não mais restrito à pequena comunidade. Nasce então o Estado como centro das relações sociais estabelecidas pelo homem e a ele deve estar subordinada a própria religião.[39]

A leitura de O *príncipe* que De Sanctis realiza, portanto, constrói-se a partir da perspectiva da literatura italiana, isto é, o autor vê em Maquiavel um representante da nova visão de mundo proposta pela arte renascentista da Itália. Outro viés de sua leitura é o nacionalismo, expresso na aspiração, atribuída a Maquiavel, da unificação do Estado italiano. Seu propósito consiste, também, em contribuir para a modificação do *mau sentido* em que julga ser empregado o termo *maquiavelismo*.[40]

---

39 "A pátria de Maquiavel é uma divindade, superior até à moral e à lei. Do mesmo modo que o Deus dos ascetas absorvia em si mesmo o indivíduo, e em nome de Deus os inquisidores queimavam os hereges, pela pátria tudo era lícito, e as ações, que na vida privada são delitos, tornavam-se magnânimas na vida pública ... A divindade descia do céu para a Terra e se chamava pátria; e não era menos terrível. Sua vontade e seu interesse era *suprema lex*. O indivíduo estava sempre absorvido pelo ser coletivo. E quando, por sua vez, este ser coletivo era absorvido pela vontade de um só ou de poucos, tinha-se a servidão. A liberdade consistia na participação mais ou menos intensa dos cidadãos na vida pública. Os direitos do homem não faziam parte ainda do código da liberdade. O homem não era um ser autônomo e com vontade própria: era o instrumento da pátria, ou o que é ainda pior, do Estado, palavra genérica, sob a qual se compreendia qualquer espécie de governo, até mesmo o despótico, fundado sob o arbítrio de apenas um" (De Sanctis, s. d., p.491). (Tradução minha.)

40 "O maquiavelismo, naquilo que tem de absoluto ou de substancial, é o homem considerado como um ser autônomo e suficiente a si mesmo, que tem em sua natureza seus fins e seus meios, as leis do seu desenvolvimento, da sua

Do ponto de vista discursivo, a leitura de De Sanctis deriva da heterogeneidade constitutiva, isto é, da observação de que o discurso maquiavélico se constitui em oposição à formação discursiva medieval. Para ele, o texto maquiavélico representa a síntese do novo pensamento sobre o qual se assenta o Renascimento. A construção de seu ponto de vista se dá por meio da comparação, por exemplo, entre textos de autores de épocas diferentes. É com esse objetivo que opõe *A divina comédia* de Dante Alighieri e *O príncipe* de Maquiavel, pois, enquanto este é um representante do discurso renascentista, aquele deve ser entendido como uma síntese do discurso da Idade Média.

Partindo do que chamou a *lenda de Maquiavel*, Cassirer (1947) procura mostrar que *O príncipe* não era um simples tratado escolástico destinado ao estudo dos sábios e ao comentário dos filósofos da política, tampouco era uma obra que se lia para a satisfação de uma curiosidade. Nas mãos de seus primeiros leitores, essa obra de Maquiavel era posta logo em prática, chegando a ser empregada como uma arma poderosa e perigosa nas grandes lutas políticas de nosso mundo moderno.

Segundo ele, foram os filósofos do século XVII os primeiros que atacaram a visão popular de que Maquiavel era um representante

---

grandeza e da sua decadência, como homem e como sociedade. Sobre essa base surgem a história, a política e todas as ciências sociais. Os inícios da ciência são retratos, discursos, observações de um homem que une, à cultura clássica, uma grande experiência e um intelecto claro e livre. Este é o maquiavelismo, como ciência e como método. Nele o pensamento moderno encontra sua base e sua linguagem. Como conteúdo, o maquiavelismo, sobre os escombros da Idade Média, esboça um mundo intencional, que é visível entre a transação e a vacilação do homem político, um mundo baseado na pátria, na nacionalidade, na liberdade, na igualdade, no trabalho, na virilidade e na seriedade do homem. Na literatura, o efeito imediato do maquiavelismo é a história e a política emancipadas de elementos fantásticos, éticos, sentimentais e conduzidas de forma racional; é o pensamento voltado para os estudos positivos do homem e da natureza, deixando de lado as especulações teológicas e ontológicas; é a linguagem purificada da escória escolástica e do mecanismo clássico, reduzida na forma rápida e natural da conversação e do discurso. É o último e mais maduro fruto do gênio toscano" (De Sanctis, s. d., p.527-8). (Tradução minha.)

do mal. Bacon havia descoberto no autor florentino um filósofo que rompera com todos os métodos escolásticos e se propusera estudar a política de acordo com métodos empíricos. Espinosa via nele um paladino da liberdade, embora não conseguisse encontrar argumentos seguros para justificar como Maquiavel pudera escrever um livro que continha as mais perigosas máximas da tirania. Para Herder, *O príncipe* fora escrito simplesmente para retratar os costumes e o modo de pensar dos homens contemporâneos a Maquiavel, sem nenhuma intenção de propor uma teoria geral da política. Hegel viu nessa obra uma relação muito estreita entre a Alemanha de sua época e a Itália dos tempos de Maquiavel; entendeu ter descoberto um verdadeiro precursor da noção de Estado Moderno. Para Cassirer (1947), isso só foi possível porque Hegel leu *O príncipe* numa época em que a Alemanha passava por uma crise tão profunda, que o levou a afirmar que seu país havia deixado de ser um Estado. Arthur Burd, que fez uma introdução da tradução inglesa de *O príncipe*, editada em 1891, chega a afirmar que essa obra de Maquiavel se destinava apenas aos italianos e, mais ainda, aos italianos de um período muito restrito.

Para Cassirer (1947), que não desconsidera as visões dos diferentes leitores, Maquiavel pretende criar uma nova arte (*techné*) da política que se opõe à concepção de Estado platônico. Enquanto Platão e seus seguidores pensam no Estado legal, Maquiavel desenvolve outra teoria que se destina e se ajusta igualmente ao Estado legal e ao ilegal.

A partir dessa afirmação, Cassirer discute a maneira como Maquiavel pensa essa nova ciência política. Em primeiro lugar, destaca que o autor florentino exalta a figura de César Bórgia como modelo do novo príncipe porque acredita na estrutura do novo Estado que o duque Valentino havia criado. Sua preocupação não estava voltada para a pessoa do duque, mas para a condução de sua política.

A ciência política concebida por Maquiavel destrói o sistema hierárquico, a pedra angular da tradição medieval, pois as leis e os governantes perdem seu caráter divino. Ao contrário, as leis devem ser elaboradas com o intuito de que o governante, que é humano, consiga manter-se no poder. Em razão desse propósito, *O príncipe* deve ser visto como um livro eminentemente técnico.[41]

Nesse sentido, Cassirer compara a obra de Maquiavel com a de Galileu, afirmando que o autor florentino estudou e analisou os movimentos políticos com o mesmo espírito com o qual Galileu estudou o movimento dos corpos, constituindo-se assim fundador de um novo tipo de ciência da estática e da dinâmica políticas.[42]

Uma última característica do Estado maquiavélico consiste na relação que ele estabelece com a religião. Embora esse novo sistema negue a hierarquia do poder espiritual, não deixa de reconhecer o papel importante que a religião tem a desempenhar; ela não deve ser vista como um fim em si mesmo, mas como um instrumento nas mãos dos dirigentes políticos.[43]

---

41 "Maquiavel estudou as ações políticas da mesma maneira como o químico estuda as reações químicas ... *O Príncipe* de Maquiavel contém muitas coisas perigosas e venenosas, mas ele as contempla com a frieza e a indiferença de um cientista. Ele dá suas receitas políticas. Não é incumbência sua quem vai empreendê-las, ou se serão empregadas para bons ou para maus fins" (Cassirer, 1947, p.183).

42 "É inegável que o Renascimento não é um simples *flatus vocis* e que o termo corresponde a uma realidade histórica. Se fosse necessário provar esta realidade, bastaria mencionar dois testemunhos clássicos e assinalar duas obras: os *Diálogos sobre duas novas ciências* de Galileu e *O príncipe* de Maquiavel. Relacionar essas duas obras pode parecer muito arbitrário à primeira vista. Tratam de temas inteiramente diversos, pertencem a séculos diferentes, foram escritas por homens que se distinguem por seus pensamentos, por seus interesses científicos, pelo talento e pela personalidade. Não obstante, as duas obras têm algo em comum. Em ambas encontramos uma certa orientação do pensamento, através da qual se convertem em dois grandes sucessos cruciais na história da civilização moderna. Recentes investigações provaram que mesmo Maquiavel e Galileu tiveram precursores. Essas obras não brotaram, prontas e acabadas, da cabeça de seus autores. Precisaram de uma grande e cuidadosa preparação" (Cassirer, 1947, p.155).

43 "a religião é indispensável para o sistema de Maquiavel ... Não é o fundamento da vida social do homem, mas uma arma poderosa em toda luta política. Uma religião meramente passiva, que reúne o mundo ao invés de organizá-lo, já ficou demonstrado ser a ruína de muitos reinos e estados. A religião só é boa se produz uma boa ordem ... Com isso se dá o último passo. A religião não mantém já nenhuma relação com a ordem transcendente das coisas e perdeu seus valores espirituais. O processo de secularização chegou a seu término. O estado secular existe já *de jure* e não apenas *de facto*: encontrou sua definida legitimação teórica" (Cassirer, 1947, p.165-6).

A partir do levantamento dessas características da nova ciência política fundada por Maquiavel em *O príncipe*, Cassirer (1947) irá discutir as consequências daí advindas. Primeiramente, afirma que é preciso separar Maquiavel do maquiavelismo, pois o que importa saber é o que significou sua proposta teórica para a filosofia política e, consequentemente, para a vida do homem.

Em segundo lugar, para Cassirer, é só a partir do século XIX até nossos dias que se pode sentir o verdadeiro efeito do discurso maquiavélico, pois até os séculos XVII e XVIII havia sempre uma certa esfera de vida e de liberdade individuais que permaneciam inacessíveis ao Estado; o conceito de estado totalitário não fazia parte do pensamento filosófico até então.

A grande questão da moral maquiavélica reside no fato de que ela nega a existência da moral natural. Realmente, *O príncipe* apresenta os conselhos mais imorais e inescrupulosos para que os governantes alcancem seus objetivos, se se pensar na moral natural, mas os mais eficazes, se se observarem os interesses políticos de um príncipe. Para Maquiavel, um governante deve ser sempre julgado por seus erros, não por seus crimes. Novamente Cassirer (1947) retoma a ideia de que *O príncipe* é um livro técnico, diferente dos tratados morais, como *De regimine principum*, de Santo Tomás de Aquino, a *Institutio principis christiani*, de Erasmo, e o *Telêmaco*, de Fenelón, porque não tinha intenção didática. Ele pretendia apenas mostrar ao príncipe como conseguir o poder e como mantê-lo em circunstâncias difíceis, por isso não distinguia o poder legal do ilegal.

Cassirer é contra a interpretação de que o verdadeiro Maquiavel era aquele que aparece no último capítulo de *O príncipe*, que exorta Lorenzo II a que realize a unificação do território italiano, justificando assim seus ensinamentos pérfidos para uma boa causa. Segundo ele, o escritor florentino faz suas propostas de ação com uma frieza e uma indiferença típicas de um cientista. Seu discurso não era panfletário, não pretendia exaltar o regime republicano ou outro qualquer; era um discurso científico, técnico.

Mas como nem tudo podia ser conseguido apenas por meio da técnica proposta por Maquiavel, Cassirer vê no modelo de *fortuna* proposto pelo texto maquiavélico (capítulo XXV – "De quanto pode a fortuna nas coisas humanas e de que modo se deve resistir-lhe") um apelo ao traço mítico presente nas ações do homem. Além da técnica, o príncipe deveria valer-se da *fortuna*, dominando-a como uma mulher, para conseguir atingir seus objetivos.

Em seu texto, Cassirer (1947) mostra que o mito é o princípio primitivo da ciência, isto é, a presença do mito nas sociedades mais primitivas é uma tentativa de explicar os fenômenos físicos com os quais estão envolvidos aqueles seres que constituem a sociedade. Ainda segundo o autor, o conhecimento humano só se concretiza a partir de dois princípios reguladores: o da homogeneidade e o da heterogeneidade. Essa diferença, porém, reflete apenas o ponto de vista segundo o qual o sujeito observa os fenômenos da natureza: enquanto uns observam o mundo pela perspectiva da unidade, outros o percebem por tudo aquilo que ele apresenta de diversidade.

A partir dessas afirmações, Cassirer (1947) irá mostrar que a perspectiva do homem da Idade Média é a da diversidade: existia um *mundo superior*, o mundo espiritual em oposição a um *mundo inferior*, o mundo dos homens. Segundo ele, a ciência política de Maquiavel e a ciência natural de Galileu estão centradas na perspectiva da unidade, pois defendem que a natureza é sempre a mesma e que todos os seus elementos obedecem às mesmas leis invariáveis. A consequência imediata disso é a formulação da nova visão renascentista, isto é, a destruição da oposição entre o mundo superior e o inferior.

A leitura que Cassirer (1947) faz de *O príncipe* ressalta o aspecto da heterogeneidade constitutiva desse discurso, que se opõe à formação discursiva medieval e, por isso, apresenta germes do que seria a "explicação científica" do mundo, o positivismo.[44]

---

44 "Na introdução de sua *História da literatura inglesa*, Hipólito Taine declara que o historiador deveria falar das ações humanas da mesma maneira como o químico fala dos diferentes compostos químicos. O vício e a virtude são produtos como o vitríolo e o açúcar, e deveríamos nos ocupar destes com o mesmo espírito científico, frio e distante com que nos ocupamos daqueles. Este era exatamente o método de Maquiavel. Logicamente ele deveria ter sentimentos pessoais, ideais políticos, aspirações nacionais, mas não permitiu que essas coisas afetassem seu juízo político. Seu juízo era o de um cientista, de um técnico da vida pública. Se se lê *O príncipe* de outra maneira, se se considera esse livro como a obra de um propagandista político, perde-se toda sua substância" (Cassirer, 1947, p.184-5).

Para Merleau-Ponty (1960), Maquiavel foi um humanista, se se considerar o humanismo uma filosofia que trata das relações do homem com o homem e da constituição de uma situação e de uma história que lhe sejam comuns (p.376). Considera que o autor florentino, em O príncipe, procura demonstrar o inferno da vida coletiva representada pela oposição entre os interesses do povo em não ser oprimido e os do príncipe em oprimir. Esse domínio da agressão ocorre em razão do medo que um sente em relação ao outro, isto é, para não sentir medo do outro, fazemos que ele tenha medo de nós.[45]

Colocar o conflito na origem do poder social não significa, porém, conforme procura mostrar Merleau-Ponty (1960), que não seja possível um acordo entre as forças antagônicas. Como bom republicano que era, Maquiavel propõe a participação para resolução de um problema comum, evitando, assim, um poder mistificador. Nesse momento é preciso distinguir a moral da vida privada da moral política. Para mostrar como Maquiavel pretendeu defender a necessidade de uma nova moral de Estado, Merleau--Ponty (1960) apresenta as duas razões principais que aparecem em O príncipe: primeiramente, que um homem honesto no meio de outros tantos desonestos sucumbirá cedo ou tarde; em segundo lugar, que um príncipe é mais humano quando precisa recorrer a algum ato extremo para mostrar ao povo quais são seus deveres do que sendo demasiado indulgente e permitindo a desordem e todo tipo de pilhagens e assassinatos.

Pode-se questionar a primeira razão aqui exposta, pois é um argumento fraco, segundo Merleau-Ponty (1960), para assegurar a necessidade de uma moral de Estado, pois poderia ser aplicado também à vida privada. Mas não se pode negar a força e a veracidade da segunda. O que se costuma reprovar em Maquiavel é sua ideia de que a história é uma luta e a política, uma relação com homens, mais que com princípios, e isso, para Merleau-Ponty, é a mais pura verdade, ao invés de ser falso como muitos querem acreditar.

---

45 "É no exato momento em que vou ter medo que faço medo, é a mesma agressão que afasto de mim a que dirijo sobre os outros, é o mesmo terror que me
ameaça que espalho, vivo meu temor naquele a quem inspiro" (Merleau-Ponty,
1960, p.350-1).

O que se pode perceber por meio da leitura que Merleau-Ponty faz do texto maquiavélico é o destaque que ele dá a dois elementos básicos: a luta como base da sociedade e a ética de resultados. Seu propósito consiste em mostrar que Maquiavel já possuía consciência de que a sociedade se constitui sempre por meio do antagonismo de classes.

Em sua interpretação de O príncipe, Lefort (1979 e 1986) procura resgatar a dimensão "revolucionária" do pensamento de Maquiavel. Para esse autor, a importância da obra do escritor florentino reside no fato de ele, já no século XVI, ser responsável pela elaboração de um conceito de Estado que terá reflexos até o tempo presente. Como marxista, Lefort irá reafirmar e desenvolver as reflexões de Gramsci sobre uma moderna concepção do príncipe, mostrando como Maquiavel refletira sobre uma série de questões que estão na base do pensamento marxista. Em consequência disso, defende a interpretação que vê em O príncipe um discurso dirigido ao povo, com o objetivo de lhe revelar como se constituía o poder dos príncipes.

Para defender esse ponto de vista, Lefort (1979) estabelece uma relação entre a perspectiva realista do trabalho de Maquiavel e do de Marx, por meio da qual entende que os vários leitores podem apossar-se de O príncipe com diferentes propósitos. Assim, não importa saber a quem Maquiavel estaria se dirigindo quando pensou escrever seu livro, mas qual o uso que seus diferentes leitores poderiam fazer de suas ideias.[46]

Ao reafirmar que O príncipe é um texto que trata da questão do poder em sua relação com a luta de classes, Lefort (1979) irá

---

46 "Maquiavel pode muito bem ter exposto os termos de uma política tirânica e ter afirmado que o tirano deve agir conforme a estes termos se quiser estar à altura do seu papel: esta observação não prova que ele tenha tomado a palavra para se dirigir ao tirano. Mais ainda: mesmo concebendo que O príncipe serviu de ensinamento a soberanos e homens de Estado desprovidos de escrúpulo, não estaríamos autorizados a concluir que lhes foi destinado. Todo ensinamento realista tem duplo efeito, como podemos verificar a cada dia pelo uso que a classe dominante faz do marxismo, descobrindo nele a sua natureza verdadeira, a lógica de seus próprios interesses e os artifícios necessários à sua conservação. É da essência do realismo revelar o mecanismo da vida social e, por conseguinte, ser aproveitado por cada grupo disposto a defender sua posição" (Lefort, 1979, p.191).

colocar-se contra outros leitores que consideram que o autor florentino não havia percebido a questão da ordem econômica sobre a qual está fundada essa luta de classes. Para mostrar um momento em que Maquiavel expressa a luta entre duas classes antagônicas, cita uma passagem de *O príncipe* em que são expressos dois desejos que caracterizam o povo e os poderosos: "estes querem oprimir e aquele não ser oprimido" (Maquiavel, 1987, p.40). Para mostrar que o autor florentino levava em consideração o aspecto econômico, cita outro trecho de sua obra: "Os homens esquecem mais facilmente a morte do pai que a perda do patrimônio".

A leitura de Lefort leva em consideração a dimensão polêmica da narrativa em *O príncipe*, no momento em que reconhece que seu discurso pode ser lido seja da perspectiva do príncipe seja da do povo, mas julga que essa questão não é de fundamental importância para a compreensão de seu verdadeiro sentido. Para Lefort, importa saber qual é a concepção de Estado para Maquiavel no século XVI e qual a importância que tal proposição tem para o pensamento político moderno. Sua leitura faz-se à luz do pensamento marxista; isto é, o autor procura verificar em que medida Maquiavel, já em sua época, antecipava uma visão da sociedade que só seria desenvolvida três séculos depois por Karl Marx.

Para discutir a concepção de Estado em Marx, Engels, Lenin e Gramsci, Gruppi (1980) considera imprescindível partir de Maquiavel, pois, segundo ele, por meio de *O príncipe*, o escritor florentino foi responsável não pela elaboração de uma teoria do Estado moderno, mas por uma teoria da formação dos Estados modernos. Contrariamente à concepção aristotélica de um Estado que deveria assegurar a felicidade e a virtude, o Estado utópico, e à concepção dos pensadores da Idade Média, que viam no Estado uma preparação dos homens para o reino dos céus, Maquiavel dá a ele novas características: fazer sua própria política, seguir sua técnica e suas próprias leis.

É nesse sentido também que, conforme mostra Gruppi (1980), Maquiavel irá propor uma separação entre a política e a moral, pois, enquanto esta se ocupa de como as coisas *deveriam ser*, aquela trata das coisas como *realmente são*. Essa concepção do político é decorrente da natureza dos homens que se revela sempre a mesma

O PRÍNCIPE DE MAQUIAVEL E SEUS LEITORES   231

em diferentes momentos da história. Em razão dessa concepção imutável da natureza humana é que se pode explicar como Maquiavel punha fatos da Antiguidade Clássica em correspondência com outros de sua época. A consequência de tudo isso é que, segundo Gruppi (1980), Maquiavel irá fundamentar a ciência política com uma nova moral "que é a do cidadão, do homem que constrói o Estado; uma moral imanente, mundana, que vive no relacionamento entre os homens. Não é mais a moral da alma individual, que deveria apresentar-se ao julgamento divino 'formosa' e limpa" (p.11).

Tomando, portanto, *O príncipe* de Maquiavel como um texto fundador, Gruppi irá mostrar como, a partir dele, o conceito de Estado foi sendo retomado por Jean Bodin, Hobbes, Locke, Kant, Rousseau, Benjamim Constant, Tocqueville, Croce, Hegel, Marx e Engels, para, no final, chegar à visão de Lenin e Gramsci. Partindo da concepção de Estado como uma "máquina para o exercício do poder", que deve estar na mão dos operários, Lenin propõe uma ditadura de classe. O reflexo disso em Gramsci será seu conceito de hegemonia que é exercida pelo partido. É a partir desses pressupostos teóricos que Gramsci irá propor sua leitura de *O príncipe*, como já foi demonstrado no item 7 deste capítulo. Para ele, o moderno príncipe é o partido político.

O que se pode constatar da leitura que Gruppi (1980) faz de *O príncipe* é que ela procura mostrar a heterogeneidade que está na base da formação do conceito de Estado na tradição filosófica. Ao tomar o texto de Maquiavel como texto fundador do conceito moderno de Estado, que será rediscutido e revisado por uma série de outros autores, Gruppi ressalta sua importância como texto que propicia a constituição de uma formação discursiva. É do ponto de vista discursivo que *O príncipe* deve ser entendido, também, como texto fundador.

Observando o desenvolvimento temático de cada um dos capítulos de *O príncipe*, Skinner (1988) irá afirmar que os conselhos de Maquiavel ao príncipe tomam por base dois argumentos centrais. O primeiro deles consiste em afirmar que os principais fundamentos de todos os Estados são boas leis e boas armas. Como, para o autor florentino, só há boas leis onde há boas armas, defende a necessidade de que o príncipe tenha um exército próprio, bem treinado e bem remunerado. Seu segundo argumento está fundado na constatação de que só se alcança o poder por meio da *virtù* e da *fortuna*. Em seguida, Skinner passa a discutir qual seria o sentido do termo *virtù* em *O príncipe*. Afirma que Maquiavel, contrapondo--se à noção de *virtù* dos moralistas romanos, que correspondia às quatro virtudes cardeais (sabedoria, justiça, coragem e temperança), dá esse nome àquele conjunto de qualidades que permitem a um príncipe aliar-se com a *fortuna* e conseguir honra, glória e fama. Nesse sentido, a *virtù* passa a denotar precisamente a qualidade da flexibilidade moral que se requer de um príncipe. Segundo Skinner (1988), o que Maquiavel está propondo com isso é que, para conseguir conquistar e manter o poder, o príncipe não pode fazer uso apenas de qualidades humanas, como a coragem, a justiça etc. Para atingir seus objetivos, deve incorporar certas atitudes dos animais, mais especificamente a força do leão e a esperteza da raposa.

A consequência final do conceito de *virtù*, criado em *O príncipe*, será o estabelecimento de uma nova moral. Essa nova moral de Maquiavel, segundo Skinner, é aquela que propõe que, mesmo não apresentando a *virtù* e a *fortuna*, uma vez que o homem é um ser imperfeito por natureza, o príncipe deve fingir que as possui, fazendo o povo acreditar em sua ficção, e assim poder governar.

A interpretação de Skinner (1988) destaca uma vez mais a questão da heterogeneidade constitutiva do texto maquiavélico. Segundo ele, o discurso do autor florentino é o do humanismo clássico, pois ele repete muito do pensamento de Cícero, de Sêneca e de Tito Lívio, que se opõe ao pensamento medieval. A influência de Tito Lívio é claramente marcada em *Comentários sobre a primeira década de Tito Lívio*. O que Skinner observa, porém, em *O príncipe* é a ocorrência de momentos em que Maquiavel provoca uma ruptura em relação a esse discurso do humanismo clássico. É isso o que acontece, por exemplo, com o sentido do termo *virtù* e, consequentemente, com a noção de moral.

A moral maquiavélica é distinta da moral clássica, segundo Skinner, porque, nesse momento, Maquiavel está sendo porta-voz do discurso de sua época. Conforme pôde constatar, enquanto

O PRÍNCIPE DE MAQUIAVEL E SEUS LEITORES   233

ocupou o cargo de secretário florentino durante o governo republicano de Soderini, essa moral existia de fato, embora não tivesse sido ainda registrada em texto escrito. Sua atitude foi tomar para si a tarefa de documentar o discurso dominante de sua época. Mounin (1984), por sua vez, propõe uma leitura sociológica de O príncipe. No entender do autor, essa é ainda uma perspectiva pouco explorada, relegada a segundo plano pela grande quantidade de leituras dos moralistas, dos teólogos, dos políticos, dos historiadores, dos ensaístas, dos filósofos e, as mais raras, dos filólogos. Segundo ele, o que Maquiavel escreve está estreitamente ligado a uma *situação* sociológica, que o escritor florentino descreve sempre minuciosamente.

Primeiramente, Mounin (1984) considera que o processo de laicização do conceito de história proposto por Maquiavel e a exaltação do grande indivíduo serão claramente incorporados pelo despotismo esclarecido do século XVIII. Segundo o autor, ainda, o ideal do grande indivíduo em Maquiavel é uma característica histórica do povo italiano que, desde a queda do Império Romano, busca a figura mítica do Libertador, incorporada, desde o século XVI, em Savonarola, até o século XX, em Mussolini.

Mounin (1984) opõe-se às interpretações que veem em O príncipe o germe de uma nova ciência política, os fundamentos do marxismo e do leninismo ou o discurso que soube resolver o problema das relações entre política e moral. Em primeiro lugar, por Maquiavel não ter conseguido separar claramente a análise objetiva de *o que é* em política de *o que deveria ser*. Em segundo, por não conceber o povo como uma força histórica, capaz de traçar suas ações, fato que, para o autor florentino, segundo Mounin (1984), seria uma ideia tão louca quanto sugerir "que os carneiros de um rebanho pudessem colaborar com o pastor" (p.30). Em último lugar, porque o texto maquiavélico não resolveu de forma alguma o dilema entre a política e a moral, apenas denunciou-o.

Segundo Mounin, por sua vez, o grande mérito de Maquiavel foi ter formulado de maneira tão cínica e percuciente o dilema entre a moral e a política que, a partir de O príncipe, não pôde mais ser confortavelmente escamoteado (p.38).

A leitura de Mounin (1984) opõe-se àquelas que pretenderam ver em Maquiavel um precursor da teoria do Estado moderno.

Sua perspectiva é a de que o texto maquiavélico é limitado pelo contexto social e histórico em que está inserido. Querer enxergar em *O príncipe* aquilo que só irá fazer parte da realidade do contexto do século XIX, por exemplo, é falsear uma leitura.

Com o propósito também de desenvolver uma leitura sociológica de *O príncipe*, Namer (1982) vê Maquiavel como o fundador da Sociologia do Conhecimento. Uma vez que, do seu ponto de vista, a hierarquia dos conhecimentos muda conforme a classe social e a maneira de conhecer, Namer (1982) entende que o príncipe da obra maquiavélica significa o domínio ideológico de uma classe.[47] Nesse sentido, o autor afirma que o instrumento de poder do príncipe está na manutenção do monopólio dessa desigual partilha social do conhecimento.

A religião em *O príncipe* funciona também como uma forma de domínio do conhecimento do povo, pois o príncipe se serve dela para esconder do povo o conhecimento político. Nesse sentido, o príncipe permite que o povo adquira um saber "religioso", que substitui o saber "político" que ele lhe pretende negar. "A verdade política está socialmente localizada no Príncipe, e o povo não lhe pode ter acesso; a religião compele o povo a aceitar 'as leis de exceção', inadmissíveis de outro modo" (Namer, 1982, p.28). Segundo Namer, essa proposta de dissimulação do monopólio do saber político como base da dominação do príncipe será responsável pela criação da moral do maquiavelismo.

Namer (1982) crê que o ocultamento de um saber político que Maquiavel ensina aos governantes, principalmente em *O príncipe*,

---

47 "Nossa investigação revela a ideia cardinal de que o poder está em correlação com uma hierarquia mantida, de fato, como um monopólio: o Príncipe só conserva a hegemonia do conhecimento político e a autoridade de seu pensamento racional e causal, tomando emprestada aos dominados sua linguagem moral ou religiosa; é graças à sua dissimulação e à sua dupla linguagem, que a ideologia permanece o apanágio dos dominados; é pela ciência do Príncipe e por sua criatividade, sua *virtù*, que se poderia evocar a célebre assertiva de Marx e dizer que a ideologia dominante não é mais do que a ideologia das classes dominadas. É, portanto, a ciência das ideologias (se se cingir ao domínio político), mas muito mais a ciência da divisão do saber desigual, que constitui, a partir de Maquiavel, o fundamento do poder da tecnocracia política" (Namer, 1982, p.2).

O PRÍNCIPE DE MAQUIAVEL E SEUS LEITORES 235

mas também em seus outros escritos, será retomado, mais tarde, sob uma outra forma, por Jean-Jacques Rousseau. Segundo o autor, o pensador francês irá criar, no século XVIII, o que ele chama maquiavelismo pedagógico, que se constitui num substituto do maquiavelismo da força.[48] A leitura de Namer (1982) irá novamente levantar a questão da heterogeneidade constitutiva do discurso maquiavélico ao assegurar que, para se opor ao discurso medieval, ele se vale dos conhecimentos da Antiguidade Clássica e os adapta à sua realidade histórica. É esse fato que permite a Namer afirmar que Maquiavel foi "o fundador da Sociologia do Conhecimento antes da aparição do conceito de ideologia" (p.17).

Para Namer, *O príncipe* é um livro técnico que tem como interlocutor um reduzido grupo de pessoas, o partido dos técnicos da política, o partido dos burocratas, "oposto, de um lado, aos diferentes partidos aristocráticos e, de outro, ao grupo que acaba de ser derrotado, o 'partido de massa' de Savonarola, aliança da plebe e das classes médias" (p.16). A seus interlocutores ele pretende comunicar um saber, uma técnica, que lhes propicie a dominação política. Para atingir esse propósito, porém, o enunciatário do discurso maquiavélico aprende que deve negar seu saber político àqueles que pretende dominar. *O príncipe*, nesse sentido, não estava destinado ao grande público.

Com o intuito, segundo o autor, de fugir da tentação tanto das interpretações subjetivistas quanto das objetivistas, Bignotto (1991) propõe estudar o conceito de liberdade utilizado por Maquiavel em sua obra, entendendo que o autor florentino assume a posição

---

48 "Os principais resultados adquiridos pela sociologia do conhecimento político de Maquiavel serão utilizados por Rousseau quando tratar das sociedades legítimas. Nele, como em Maquiavel, a aristocracia terá um conhecimento político perigoso porque desprovido de virtude, e o povo uma virtude que se poderá confundir para o bem e para o mal porquanto destituída de conhecimento político. Em diversos graus o legislador, os chefes políticos, a classe média política em geral, fundarão ou assegurarão seu poder sobre formas de monopólio do conhecimento político racional. Mas, em vez do jogo de espelho do Príncipe, Rousseau inventará um condicionamento indireto, que constituirá uma reinvenção do maquiavelismo: nós o denominaremos, então, maquiavelismo pedagógico" (Namer, 1982, p.70).

de defensor dos princípios do governo republicano em seus textos. Para Bignotto, a noção de liberdade é, no discurso maquiavélico, o centro em volta do qual gravitam as demais questões. Para chegar à sua interpretação, portanto, Bignotto procura analisar as relações que Maquiavel mantém com a tradição, encarnada tanto no humanismo cívico como no pensamento cristão e nos clássicos da Antiguidade.

Inicialmente, com relação à carta de Maquiavel, dirigida a Lorenzo de Medici, o autor afirma que, além de ser um convite à ação, soa como uma provocação, na medida em que o fato de Maquiavel dedicar seu texto a uma pessoa com o prestígio de Lorenzo serviria "apenas para provar que o governante deveria ser o autor, capaz de falar com tanta propriedade dos temas que interessam àqueles que governam" (1991, p.121).

Essa interpretação da posição do enunciador na carta de Maquiavel é possível, porque ela ocorre em razão da comparação que Bignotto (1991) faz entre *O príncipe* e *Comentários sobre a primeira década de Tito Lívio*, onde o autor florentino critica aqueles que dedicam suas obras aos príncipes. A leitura inteira de Bignotto é uma comparação entre esses dois textos de Maquiavel, uma vez que pretende defender que Maquiavel foi um pensador republicano. Na verdade, ele toma uma posição diante da secular questão que consistia em definir qual era a verdadeira posição de Maquiavel: quando "defendia" os regimes monárquicos em *O príncipe* ou quando "exaltava" as repúblicas democráticas em *Comentários sobre a primeira década de Tito Lívio*. Mais do que isso, muitos dos leitores de Maquiavel, como já se teve a oportunidade de observar neste capítulo, enxergavam esse sentimento republicano também em *O príncipe*, só que de forma velada e não explícita como em *Comentários sobre a primeira década de Tito Lívio*.

Segundo Bignotto (1991), *O príncipe* comporta três momentos claramente marcados. Inicialmente, Maquiavel estabelece uma classificação das formas políticas em dois diferentes tipos, repúblicas e principados, frontalmente contrária à proposição dos pensadores da Idade Média que diferenciam aristocracia, tirania, oligarquia, monarquia e anarquia.

O segundo momento refere-se ao que Bignotto chama processo de fundação, que corresponde ao instante em que se dá a

O PRÍNCIPE DE MAQUIAVEL E SEUS LEITORES   237

conquista, a criação das leis de um povo. Esta, por sua vez, é conseguida por meio de um gesto de força do príncipe, que deve ser dotado de grande *virtù*. Segundo ele, Maquiavel procura dar exemplos de fundações bem-sucedidas em *O príncipe*. Em relação à Antiguidade Clássica, cita os feitos de Ciro, Moisés e Rômulo, dotados de excepcional *virtù* e livres da tirania da *fortuna*; no que se refere à sua época, seu grande modelo de fundação é a figura de César Bórgia, pois foi capaz de instituir um governo sólido, conseguindo o respeito tanto do povo quanto de seus inimigos.

No terceiro momento, Maquiavel irá tratar da consequência da fundação, a conservação. É nessa terceira etapa da obra do autor florentino que Bignotto (1991) irá encontrar mais claramente o valor republicano de *O príncipe*. Segundo ele, o processo de conservação, que compreende a manutenção do domínio recém-conquistado por um príncipe, só é conseguido quando este último tem consciência dos sentimentos antagônicos que coexistem no corpo social: dominar *versus* não ser dominado (oposição entre príncipe e povo). Nesse sentido é que Bignotto afirma a importância que o povo tem para a proposta maquiavélica, pois ele é fundamental na relação com o poder, quer seja república ou principado. A conservação depende, portanto, da eficácia das instituições criadas pelos fundadores e da consequência do conflito de classes.

O estudo de Bignotto (1991) constrói-se com o propósito de elucidar vários pontos que considera polêmicos na obra de Maquiavel. Para tanto, fixa-se, principalmente, em *O príncipe* e em *Comentários sobre a primeira década de Tito Lívio*. Nesse sentido, muitas vezes, a resposta para determinados aspectos de uma obra é encontrada na outra e vice-versa. Esse confronto entre as duas cria um discurso único, um só texto sobre o qual o autor se debruça. O processo de leitura do pensamento filosófico de Maquiavel proposto por Bignotto, portanto, realiza-se por meio da transposição do contexto de cada uma das duas obras de Maquiavel.

Mattingly (1979) afirma que a condenação de *O príncipe* pela Igreja Católica ocorreu em razão de uma interpretação muito comum desse texto, já durante o Renascimento, que assegurava ser Maquiavel uma figura demoníaca que pretendia destruir os príncipes, influenciando-os com o mal.[49] Declara, ainda, que, na mesma época, coexistia outra interpretação, "expressada abertamente por alguns dos compatriotas de Maquiavel", que via em *O príncipe* uma sátira, pois, sob o disfarce dos conselhos aos príncipes, pretendia alertar os homens livres contra os perigos da tirania.

Mattingly cogita que essa segunda leitura tenha surgido dos ardentes republicanos florentinos que continuaram amigos de Maquiavel mesmo depois de sua condenação. De um lado, o autor afirma ainda que essa mesma interpretação foi responsável pela crença, espalhada durante o século XVIII, de que *O príncipe* era uma sátira sobre a monarquia absolutista; de outro, afirma que uma outra proposta de solução do enigma de Maquiavel, surgida durante o século XIX, pretendia sustentar que o autor florentino, embora continuasse acreditando nos princípios republicanos, dera-se conta de que apenas um príncipe forte seria capaz de libertar a Itália dos bárbaros, não hesitando em sacrificar a liberdade de sua cidade em prol da liberdade da Itália.

Com relação à visão do século XVIII, assevera que essa era uma leitura totalmente errada, uma vez que Maquiavel sabia exatamente qual era a estrutura formal de um texto satírico e que, não sendo este o caso de *O príncipe*, seria impossível que o autor florentino tivesse tido essa intenção.[50] Quanto ao ponto de vista que se tornou comum no século XIX, Mattingly (1979) entende que ele só foi possível porque nessa época a Europa transformava-se naquilo que a Itália já era na época de Maquiavel, isto é, uma porção de Estados soberanos autônomos "sem nenhum fim comum para aglutiná-los em uma única sociedade, ou qualquer interesse

---

49 "Maquiavel fora inspirado pelo próprio Satanás ao escrever um livro persuasivo de conselho para príncipes, com o propósito de endemoniar-lhes a alma e arruinar a fortuna dos príncipes que acatassem o livro, e de destruir a prosperidade dos súditos destes. Esta era a opinião oficial, compartilhada pelos cardeais e papas que colocaram e conservaram *O Príncipe* no *Index*, e pelos panfletistas protestantes que apontavam o livro como sendo o manual dos Jesuítas e a inspiração política da Contrarreforma" (Mattingly, 1979, p.30).

50 "Maquiavel sabia perfeitamente bem que as sátiras eram composições em versos ao estilo de Horácio e Juvenal, como as que escreveu seu amigo Luigi Allamani. Ele não teria compreendido a proposição de que *O Príncipe* era uma sátira" (Mattingly, 1979, p.30).

O PRÍNCIPE DE MAQUIAVEL E SEUS LEITORES

mais elevado do que seus impulsos egoísticos de sobrevivência ou expansão" (p.31).

Segundo o autor, Maquiavel deixou claro em O príncipe que era completamente impossível imaginar as relações entre os Estados italianos governadas pela ética cristã. Em contraposição a ela, e para estabelecer uma relação de fato entre os vários Estados da Itália, o autor florentino propõe a religião do patriotismo. Àquela cabia apenas o papel de manter as massas obedientes à lei em suas vidas particulares.

Partindo da crítica às diferentes leituras que se fizeram de O príncipe, que correspondem às três anteriormente mencionadas, Mattingly assegura que o discurso maquiavélico tinha como objetivo principal opor-se ao discurso da religião cristã. Para ele, o autor florentino explicita um pensamento comum em sua época, segundo o qual "quanto mais perto se chegava de Roma, mais largo era o fosso entre os ensinamentos cristãos e a prática cristã". Essa situação se devia, continua ele, aos papas, que haviam corrompido os costumes da Itália. Ao entender que o discurso de O príncipe constrói-se em oposição ao da Igreja do Renascimento, Mattingly está aqui referindo-se ao aspecto da heterogeneidade constitutiva do discurso maquiavélico.

Após enumerar também uma série de leituras e de leitores de Maquiavel, Berlin (1979) chega à constatação de que o autor florentino, por meio de O príncipe, levantou a poeira das ideias sacralizadas, das certezas, e instaurou a dúvida.[51] Sua ousadia consistiu em entender que os fins que se deseja atingir dependem da maneira como se executam os meios para atingi-lo. Maquiavel propõe a opção pela racionalidade, a busca dos valores materiais, questionando assim a moral cristã que submete os homens a seus princípios espirituais. Para Berlin, o autor florentino não enxergou o mundo de uma forma angustiada, cética ou relativista; pelo contrário,

---

51 "Quando um pensador distante no tempo e na cultura ainda desperta paixão, entusiasmo ou indignação, provocando muitos tipos de debates veementes, é geralmente porque propôs uma tese que derruba algumas *idées reçues* profundamente estabelecidas, uma tese que aqueles que desejam agarrar-se à convicção antiga acham não obstante difícil ou impossível de repelir ou refutar. Isto acontece com Platão, Hobbes, Rousseau e Marx" (Berlin, 1979, p.63).

fez uma opção sem se preocupar com os valores que sua escolha ignorava ou desprezava. No seu entender, Maquiavel foi o pensador que melhor conseguiu exprimir os valores do Renascimento, a libertação total do homem dos princípios teocêntricos da Idade Média; sua proposta é a de um homem que ocupe o centro e seja o único responsável por suas próprias ações.

Uma vez mais, o que o autor está destacando em sua leitura é o fato de o discurso maquiavélico, entendido como representante do discurso do Renascimento, fundar-se por meio da negação dos princípios do discurso medieval.

9 AS LEITURAS DE O PRÍNCIPE NO BRASIL

Como última tarefa deste capítulo, que trata de várias leituras de O príncipe, julgo ser importante observar ainda como esse texto foi lido no Brasil e por qual perspectiva se desenvolveu essa leitura. Existem basicamente duas grandes interpretações desse texto de Maquiavel, uma de Faria (1931), outra de Escorel (1979). Além dessas duas, porém, referir-me-ei a duas outras menores, a de Franco (1979) e a de Moreira (1979).

Partindo de considerações a respeito do ato de leitura de O príncipe, Faria (1931) observa que o perigo que muitos pretendem enxergar no texto do escritor florentino depende da maneira como se interpreta sua obra, pois "perigosos são todos os grandes ensinamentos" (p.XIII). Segundo seu ponto de vista, é necessário que o leitor, além de manter fidelidade ao texto, mantenha fidelidade à obra do escritor, ou seja, que é o contexto integral da obra de um autor que dá sentido ao texto que se pretende interpretar. E é a partir dessa perspectiva, portanto, que ele propõe desenvolver sua leitura de O príncipe.

De início, considera que Maquiavel era um individualista, mas de um tipo específico de individualista. A seu ver, existe o individualismo tomado no senso comum, que pode gerar o caos, uma vez que não estabelece limites para a liberdade das pessoas, e existe o individualismo, por ele chamado "naturalista", que assume

O PRÍNCIPE DE MAQUIAVEL E SEUS LEITORES

todas as características do personalismo.[52] É em relação a esse segundo sentido que ele considera Maquiavel um individualista.

Contra aqueles que veem no Maquiavel de *O príncipe* o teórico do absolutismo, o pai de todas as tiranias, Faria (1931) diz que uma leitura atenta desse texto seria suficiente para desfazer tal preconceito, pois, embora reconheça que se possam encontrar "aqui e ali essas vendas de todas as mercadorias, esse ensino de como trilhar qualquer caminho" (p.71), em razão de que se acha afastado o sentido moral das coisas, o que predomina em sua obra é uma visão prática dos negócios do Estado, em razão do que ele opera uma separação entre moral e política. No seu modo de ver, o autor florentino assegura que não é possível misturar política com moral naquilo que só deve haver política: a moral é universal, está acima dos indivíduos, enquanto a política é eminentemente individual. Nesse sentido, quando uma vez mais vemos reforçada a noção de individualidade em *O príncipe*, Faria (1931) assegura que o objetivo central dessa obra é a defesa dos interesses da pátria, da nação.[53] Esse é o passo para estabelecer uma relação entre Maquiavel e Mussolini, pois, segundo o autor, Mussolini é o homem com quem Maquiavel sonhou para realizar sua maior aspiração: criar uma verdadeira nação, unificada e forte. Como Faria (1931) entende ainda que a situação italiana do pós-guerra era muito semelhante à do Brasil de sua época, Mussolini era visto também como aquele capaz de resolver nossos problemas da década de 1930.[54]

---

52 Esse "individualismo naturalista que podemos chamar de *superior*, vê o homem de excepção, o individuo do todo de taes qualidades que mimetiza a *pessoa*, se assim se póde dizer, e se torna capaz de agir por si, imprimindo aos acontecimentos o impulso e a marca de sua personalidade especial" (Faria, 1931, p.47-8).

53 "Poucas teorias serão na realidade mais fortes e *moralmente* superiores a essa que faz com que o mais individualista dos individualistas exija o sacrificio do individuo pelo bem da patria. Todo o *civismo* moderno (ou que foi moderno ha alguns anos) com os seus ridiculos e as suas toleimas que um idealismo chato limita e adapta ás facilidades da vista, naturalmente não póde compreender essa *grandeza* verdadeiramente romana que Machiavel prega" (Faria, 1931, p.79-80).

54 "Não cogito aqui de fazer uma apologia – apenas de compreender o sentido de uma obra. Não se trata por outro lado de estudo sobre o fascismo, mas de *intermezzo* entre o caso da Italia do Renascimento e o do Brasil de hoje. O da

Existe, segundo Faria (1931), uma proximidade muito grande entre o ensino do fascismo e aquele empreendido por Maquiavel.

A única diferença está no fato de que a revolução que o autor florentino pregava era uma revolução a ser feita pelo indivíduo, porque as que tinha diante dos olhos eram revoluções exclusivamente individuais (p.103).

Essa revolução nos moldes fascistas seria necessária para encontrar a verdadeira saída para o Brasil da época de Faria. Para isso, segundo ele, só havia dois caminhos: um regime de terror instaurado por um sargento expulso do exército ou por um marxista empoeirado ou então uma intervenção estrangeira.

Sadek (1978), que realizou um estudo sobre o pensamento político de Octavio de Faria, comenta em seu trabalho as várias opiniões que surgiram no Brasil na época em que saiu a primeira edição de *Machiavel e o Brasil*. Ao comentar a leitura que Faria faz de *O príncipe*, além de referir-se ao viés nacionalista-fascista, aborda um outro, o religioso. Para Sadek (1978), essa característica da interpretação octaviana fica clara no momento em que o autor afirma que uma saída para a situação do povo brasileiro seria a revolução interior, com a livre aceitação do sofrimento, por meio do qual se conseguiria a volta de certos princípios da moral religiosa.[55]

O que se pode considerar, portanto, como uma das características principais da leitura que Faria (1931) realiza de *O príncipe* é a transformação de contexto com o objetivo de entender o texto, isto é, um processo de recontextualização. Esse transporte contextual instaura e aproxima três momentos no tempo. O primeiro,

---

Italia de pós-guerra, semelhante a ambos, é evocado porque foi nele que surgiu um individuo que teria provavelmente resolvido o caso do Renascimento e que vamos ver nas suas possibilidades de resolver o problema brasileiro se vivesse entre nós. É o sentido de sua experiência que procuramos" (Faria, 1931, p.96-7).

55 "Nesta ordem de ideias, Octavio de Faria se aproxima das formulações da Igreja Católica e se afasta da outra corrente que esposara na maior parte de sua discussão. Aqui, o que está em questão não é mais o Estado, mas a Igreja e o indivíduo, não é mais a elite que tem por missão adequar o Brasil legal ao real, mas o 'sofrimento portador da regeneração', não é mais a solução política, mas a moralizante-religiosa, que se dá mesmo 'longe dos cargos políticos'; não é mais o poder que deve ser fortalecido e centralizado, mas o indivíduo que necessita ser educado para a vida em comum" (Sadek, 1978, p.137).

O PRÍNCIPE DE MAQUIAVEL E SEUS LEITORES

logicamente, é o século XVI na Itália de Maquiavel, o segundo é o século XX da Itália de Mussolini e, o terceiro, também o século XX, mas agora no Brasil.

Se, para Maquiavel, a única maneira de aglutinar o território italiano de sua época em uma só nação seria possível apenas por meio da figura de um Estado forte e centralizador, Faria (1931) vê a mesma situação ocorrer na Itália das primeiras décadas do século XX. Sua certeza de que os objetivos do escritor florentino poderiam ser finalmente atingidos reside no fato de ele ver em Mussolini a pessoa que possuía todas as características e as qualidades do príncipe maquiavélico. O transporte interpretativo para a realidade brasileira é uma consequência dessa primeira recontextualização. Segundo Faria, o Estado brasileiro estava sem rumo, caótico e, para consertá-lo, era necessário alguém como o Duce italiano e seu fascismo.

Parece, portanto, que o movimento da leitura do texto maquiavélico realizado por Faria parte da observação dos elementos comuns aos três espaços/tempos destacados. Para ele, os três momentos se equivalem na medida em que a mesma situação se repete em cada um deles, a necessidade de unificação nacional.

Como seria possível, então, aceitar tal interpretação de *O príncipe*? Como justificar a primeira parte de seu livro, que procura relacionar as ideias do Renascimento com o pensamento de Maquiavel? A resposta a essas perguntas pode ser encontrada na dimensão psicológica que Faria (1931) dá à sua interpretação do texto maquiavélico, isto é, quando pretende mostrar que, para Maquiavel, a essência humana é sempre a mesma, imutável ao longo do tempo.[56]

---

56 "O *homem* aparece desde então no mais profundo do pensamento de Machiavel como a pedra angular de toda a sua concepção política. O doutrinario que passou á historia como grande politico, talvez seja muito mais, no fundo, um grande psicologo ... A afirmação de Machiavel é que existe em todos os homens um fundo comum, um conjunto de caracteres proprios independentes da época, uma constante. A variavel será em cada epoca, em cada cidade, em cada individuo, tudo que se ajunta ao fundo comum por todos os meios possiveis de modo a determinar a creação de um numero infinito de individuos, todos diferentes entre si – essas diferenças atingindo por varias razões taes extremos que, como veremos, Machiavel vae terminar colocando no oposto ao de Rousseau" (Faria, 1931, p.33-4).

Segundo Escorel (1979), o conceito do maquiavelismo como exaltação da força e da astúcia, como ideia de que a justiça é o interesse do mais forte, não foi inventado por Maquiavel. Na verdade, já existia na Antiguidade Clássica nas fábulas de Esopo, Fedro e no pensamento dos sofistas gregos, não tendo desaparecido por completo da prática política durante a Idade Média, mas ressurgindo com intensidade durante o Renascimento. Em razão disso, afirma Escorel, o autor florentino não criou regras políticas que estivessem em contradição com seu tempo; antes, procurou descrever as tendências políticas da época, que consistiam no absolutismo real e no secularismo, a partir dos quais nascia o conceito de Estado moderno.[57] Por meio de uma observação arguta da realidade de seu tempo, Maquiavel conseguiu penetrar de tal maneira na própria substância do comportamento político do homem, descobrindo as leis próprias da política e anatomizando friamente as fibras das paixões humanas, que seu livro ganhou uma validade permanente e um interesse que não se limita a um país especificamente.

Contra a opinião daqueles que veem uma descontinuidade entre os capítulos que constituem O príncipe, principalmente em relação aos três últimos, Escorel exalta sua "impecável e harmoniosa composição", afirmando que o encadeamento lógico progressivo vivifica a obra maquiavélica. Sua visão da estrutura organizacional do livro é a de que este se constitui de quatro partes, tal como propõe Lefort (1986). Da terceira parte, que examina os problemas do governo de um povo, Escorel destaca o capítulo XV, por considerar que nele o autor florentino fixa suas ideias mais originais e audaciosas, exatamente aquelas que seriam o estopim da polêmica histórica travada entre os maquiavelistas e os antimaquiavelistas.

---

57 "O que Maquiavel fez, em suma, foi codificar e difundir as normas práticas que sempre regularam a conduta humana no plano político, ainda que frequentemente sob disfarces hipócritas. Se alguma responsabilidade moral lhe pode ser atribuída, será a de não se ter preocupado em submeter a prática política ao crivo de um código moral meta-histórico; mas isto resultou do método indutivo empírico que o espírito da Renascença lhe inspirou ... A reação contra Maquiavel foi tanto maior quanto sua obra veio pôr a nu a verdadeira motivação e a mecânica real da política de todos os tempos. Em grande parte, a corrente antimaquiavélica não é senão ... a manifestação teórica deste princípio de arte política elementar: que certas coisas se fazem mas não se dizem" (Escorel, 1979, p.64).

Nesse capítulo Maquiavel afirma que para um príncipe manter-se no poder é preciso que aprenda a ser mau e se valha disso conforme a necessidade. Ressalta ainda o capítulo XVIII porque vê ali a exposição do que chamou intuição básica da política maquiavélica, representada na figura do centauro, conjunção do animal e do homem.

Com relação aos três capítulos finais de O príncipe, Escorel (1979) destaca a maneira como se encadeiam as proposições do autor. Partindo da constatação dos motivos pelos quais os príncipes italianos perderam seus Estados, Maquiavel passa a mostrar como é possível ao homem dominar a própria fortuna, para, no final, exortar o novo príncipe a libertar a Itália da dominação estrangeira por meio de um processo de unificação de suas cidades-estado. Essa proposição final, segundo Escorel, também não era nenhuma ideia original de Maquiavel, pois o papa Leão X já havia proposto a criação de um Estado italiano, com a união dos territórios de Parma, Modena, Urbino e Ferrara.

Ao final de sua leitura, Escorel irá afirmar que o que falta à filosofia de Maquiavel, entendida como politicismo integral, como concepção técnica ou estética da política, como ética secular, naturalista e pagã, é uma "visão universal do bem", capaz de estabelecer claramente a finalidade da política, pois ele costuma associar esse bem ao do príncipe que detém o poder, que está, quase sempre, em contraste com o bem da coletividade.[58]

---

58 "Ao confessar a seu amigo Guicciardini que 'amava a pátria mais do que a alma', Maquiavel antecipava o totalitarismo de nosso tempo, que não hesita em sacrificar os direitos humanos fundamentais à segurança e ao interesse do Estado. Tudo o que temos visto em nossa época, em matéria de violência, de crueldade e de terror – organizados racionalmente como técnicas demoníacas de domínio político – bem como a corrupção e o imoralismo que se têm alastrado nas modernas sociedades de massa bastam para evidenciar que a política não pode ser a medida de todas as coisas, que o êxito na conquista e preservação do poder não é suficiente para justificar moralmente um político (na medida em que seu preço pode ter sido a deterioração das bases éticas que devem sustentar a sociedade); e que, finalmente, a atividade política só ganha sentido humano e criador de civilização quando se submete a finalidades éticas e limitações jurídicas que a transcendam. Pois, caso contrário, só nos restará a alternativa entre o cinismo individualista e a opressão totalitária, entre o primado anárquico do eu, que se recusa a sobrepor o bem da comunidade ao seu próprio interesse, e o primado autoritário do Estado, que se erige em intérprete supremo do direito e da moral" (Escorel, 1979, p.123-4).

Escorel pretende, em seu ensaio, discutir a perspectiva de Maquiavel sobre a ética na política. Esse, segundo ele, é o tema fundamental da obra política do autor florentino que representa um marco da filosofia política ocidental. Para desenvolvê-lo, porém, propõe a divisão de seu trabalho em duas partes. Num primeiro momento (capítulos de 1 a 8) apresenta uma biografia de Maquiavel, pois julga ser imprescindível conhecer os acontecimentos históricos que envolvem a produção de sua obra para melhor interpretá-la. Num segundo momento (capítulos de 9 a 16), discute especificamente a questão política na obra maquiavélica, traçando um paralelo entre as duas maiores obras do autor florentino sobre esse tema: O príncipe e Comentários sobre a primeira década de Tito Lívio.

A leitura que Escorel faz de O príncipe de Maquiavel parece constituir-se oposição à de Faria (1931), embora o nome desse autor não seja citado em seu livro nem conste de sua bibliografia final. Diferentemente de Faria, Escorel pretende mostrar como o pensamento político de Maquiavel reflete a percepção que o autor florentino tinha da realidade de seu tempo. Por esse motivo, a primeira parte de Introdução ao pensamento político de Maquiavel corresponde a uma síntese histórico-biográfica, como consta no próprio título.

Outro aspecto do processo interpretativo de Escorel é o fato de ele estabelecer a reconstituição do pensamento político de Maquiavel por meio de uma análise comparativa, como já foi anteriormente apontado, entre O príncipe e Comentários sobre a primeira década de Tito Lívio.

Ao propor definir o que é O príncipe, Franco (1979) destaca dois aspectos que, segundo ele, devem ser considerados. Em primeiro lugar, as observações intemporais sobre a conduta dos homens em relação à política, cheias de notas curiosas e de um moralismo imoralista. A consequência dessa primeira observação é que o livro de Maquiavel serve de ensinamento até hoje aos homens fortes do poder. Em segundo, essa obra de Maquiavel propõe toda uma técnica para a construção do Estado forte que Mussolini, por exemplo, não foi capaz de entender. Segundo Franco (1979), o Duce tentou ser um construtor da obra maquiavélica, assumindo a proposta da

Itália unida, forte e dominadora do Mediterrâneo, mas fracassou porque era um cético, porque não acreditava realmente naquilo que dizia. Apenas fingia (p.16-7).

A interpretação de Franco (1979) está voltada para a concepção de *O príncipe* como um texto teórico sobre política, entendendo que Maquiavel, já em sua época, tinha a percepção da evolução político--histórica que iria determinar o predomínio do Estado centralizado. Por essa razão, considera-o um marco fundamental na evolução da Ciência Política.

Da mesma forma, Moreira (1979) também vê em *O príncipe* o fundamento da Ciência Política, e, além disso, ressalta o valor de manual dessa obra de Maquiavel, ao afirmar que por meio dela se aprende a observar com mais clareza a realidade, a enxergar o essencial atrás de meras aparências, a reconhecer que a política é, antes de tudo, exercício de escolha.

Para concluir este capítulo, julgo ser necessário retomar as leituras aqui apresentadas sobre *O príncipe* e inter-relacioná-las, com o propósito de verificar quais foram os principais mecanismos discursivos utilizados no estabelecimento do processo interpretativo e compreensivo do texto maquiavélico.

O primeiro procedimento de leitura que se pôde observar por meio do levantamento das diferentes leituras apresentado neste capítulo refere-se à seleção isotópica. Todo leitor, durante seu processo de leitura, privilegia uma isotopia do texto que está lendo, ou mais de uma delas, para construir sua interpretação. Essa é uma característica constante da leitura de textos, não apenas do caso específico de *O príncipe*, uma vez que a isotopia corresponde a um processo de reiteração das unidades semânticas, que constituem o discurso e que se manifestam por meio dos temas e das figuras, responsável pela coerência semântica do discurso.

A leitura realizada pela Igreja Católica, responsável pela inclusão de *O príncipe* no *Index*, parte da isotopia religiosa, quando considera o texto maquiavélico um texto herético. Já a de Frederico II privilegia a isotopia moral, quando critica o texto por pretender ensinar aos príncipes uma maneira de agir cruel e desumana em relação às pessoas que eles governam.

Para Napoleão Bonaparte, o que predomina em sua leitura é a isotopia militar, ou seja, a orientação estratégica para a conquista e manutenção do poder, enquanto para Mussolini e Gramsci é a isotopia política, responsável pela interpretação do príncipe como figurativização do conceito de Estado, para o primeiro, ou como figurativização do conceito de partido político, para o segundo. Com relação a Rousseau, também se pode dizer que sua leitura privilegia o aspecto político do texto maquiavélico, na medida em que apresenta um comentário interpretativo de O príncipe quando está tratando do regime de governo monárquico em O contrato social.

Conforme o texto de Maquiavel vai adquirindo uma tradição, a isotopia política, a filosófica, a sociológica, a histórica vão ganhando diferentes enfoques. É a partir de uma dessas isotopias ou de várias ao mesmo tempo que surgem as leituras de De Sanctis, Cassirer, Merleau-Ponty, Lefort, Gruppi, Skinner, Mounin, Namer, Bignotto, Mattingly, Berlin, Faria e Escorel. Faria (1931), como já foi discutido anteriormente, parece sugerir uma outra isotopia de leitura, a político-psicológica.

Não é pelo fato de um grupo de leitores privilegiar uma mesma isotopia que suas leituras devam ser idênticas. O segundo procedimento que distingue as várias leituras é a ênfase dada a certos percursos temático-figurativos e não a outros. Dessa forma, o texto de Cassirer (1947) e o de Gruppi (1980), para dar um exemplo que relacione dois dos leitores mencionados, não podem ser considerados leituras iguais pelo fato de ressaltarem a temática político-filosófica e mostrarem que o discurso de Maquiavel constrói-se em oposição ao da Idade Média. Enquanto, para o primeiro, o mais importante é mostrar a origem e a formação do mito do Estado, para o segundo, o fundamental é saber como se deu a evolução do conceito de Estado, desde Maquiavel até Lenin e Gramsci. Da mesma forma, a leitura de Skinner (1988), para relacionar com as outras duas, destaca os termos fortuna e virtú para demonstrar em que medida a oposição entre o pensamento medieval e o renascentista está presente no discurso maquiavélico.

Duas questões devem ser observadas para ressaltar a importância desses procedimentos discursivos no processo de leitura de O príncipe de Maquiavel. Em primeiro lugar, que as diferentes leituras constroem-se a partir do destaque que os leitores dão a determinados temas presentes no discurso maquiavélico, o que será responsável pelo percurso temático de seus textos de leitura. O que se pôde verificar também nas várias leituras de O *príncipe* no decorrer da história é que os leitores iam estabelecendo diferentes relações isotópicas para os mesmos temas, uma vez que o conceito desses temas mudava historicamente. Para citar um exemplo, a leitura de Merleau-Ponty (1960) pretende demonstrar como a noção de "luta de classes", que é básica para o pensamento marxista do século XIX, já está presente num discurso que foi escrito no século XVI.

Em segundo lugar, pelo fato de O *príncipe* não ser um texto literário, seria possível questionar o que parece ser seu caráter pluri-isotópico. Em decorrência do que foi afirmado anteriormente, o que se destaca no texto maquiavélico são as isotopias temáticas, manifestadas em seu discurso por meio de conceitos como "estado", "poder", "formas de domínio", "formas de submissão", "liberdade", "nacionalismo" etc. que não têm um sentido único do ponto de vista histórico. Com o surgimento de uma nova ordem político-econômica, esses conceitos vão se alterando e propiciando diferentes relações entre si para a leitura do texto maquiavélico. Nesse sentido é que se destaca a observação de Lefort (1986), quando diz que, para discutir as leituras de Maquiavel, importa mais saber que uso os diferentes leitores fizeram de suas ideias, isto é, de que maneira assumiram o seu discurso, em vez de procurar saber a quem ele verdadeiramente se dirigia.

Um terceiro procedimento de leitura de O *príncipe* a discutir é o da mudança de contexto. Isso pode acontecer em suas leituras de duas formas diferentes, por meio do que se chama descontextualização, por um lado, ou recontextualização, por outro.

Embora, no Capítulo 1, eu tenha observado que a descontextualização possa desencadear, dependendo do caso, uma leitura errada, quando o leitor desconsidera um conceito ou uma ideia presente no texto de leitura sem observar como ela está ali organizada, a descontextualização é um procedimento muito recorrente no processo de leitura de textos escritos. Nesse sentido, transpor o que um texto diz para um outro contexto pode, muita vezes, significar um aprofundamento do processo interpretativo.

Uma das possibilidades de descontextualização é o procedimento de particularização desenvolvido por Napoleão, por exemplo. Sua leitura, porque toma o texto maquiavélico por um manual de instrução, pretende verificar em que medida as ideias de Maquiavel podem ser aplicadas no seu caso específico (a conquista e a manutenção da coroa francesa), ou então, em que medida sua experiência com o poder poderia "corrigir" certos conselhos sugeridos pelo escritor florentino.

Outra possibilidade desse processo de descontextualização é criada por Frederico II, quando critica também a inadequação de determinados conselhos de Maquiavel sobre diferentes formas de manutenção do poder, argumentando que eles só teriam sentido no caso dos pequenos principados da Itália renascentista. Esse é o caso, por exemplo, da construção de fortificações ao redor de seus principados, que o escritor florentino julga ser uma boa forma de proteção para aqueles príncipes que temem mais o inimigo estrangeiro que seu próprio povo, mas que Frederico II assegura ser completamente imprópria para os grandes estados do século XVIII.

Outro exemplo, ainda com relação à leitura de Frederico II, pode ser observado na passagem de seu texto que acusa o escritor florentino de falsificar suas ilustrações, como no caso da omissão das circunstâncias em que se deu a morte de Agátocles Siciliano, no capítulo VIII, que trata dos que alcançaram o principado pelo crime. Para Frederico II, não importava apenas mostrar como Agátocles havia conquistado o poder, mas como o caminho escolhido por ele levou-o à sua própria ruína.

Ainda como um procedimento de mudança de contexto, que corresponde a uma consequência do processo anterior, a descontextualização, é o que denominarei recontextualização. Esse é o processo discursivo que julgo ser pertinente à leitura de Mussolini e Gramsci, por exemplo.

A leitura que esses dois autores realizam do texto maquiavélico consiste na atribuição de uma nova base temática para a figura do príncipe durante a construção de seus discursos. O texto de Maquiavel é transposto para o momento histórico dos leitores. Mussolini enxerga no príncipe maquiavélico a própria noção de Estado, que corresponderia à sua visão do estado fascista; Gramsci, por sua vez, entende esse mesmo príncipe como a figurativização do partido político, o que equivaleria, na sua visão revolucionária, ao estabelecimento do estado socialista.

Outro exemplo desse procedimento pode ser encontrado na leitura de Faria (1931), no momento em que esse autor, ao refletir sobre a situação política brasileira, relaciona-a com a da Itália após a Primeira Guerra Mundial e vê no fascismo a saída para nossos problemas. Para ele, o ideal do príncipe maquiavélico pode ser encontrado na figura de Mussolini.

O que pretendo mostrar por meio da noção de mudança de contexto é que ela corresponde a um mecanismo discursivo responsável pela formação de muitos dos textos de leitura, não só do caso específico de *O príncipe* de Maquiavel. Muitas vezes o leitor destaca determinado trecho do texto que se pôs a ler e acaba desvinculando-o de sua totalidade. É isso que julgo estar na base da crítica de Frederico II à utilização que Maquiavel faz da história de Agátocles Siciliano. Para o autor florentino, porém, não interessava relatar todos os fatos, apenas mostrar um caso específico de principado conquistado pelo crime.

Outras vezes, o leitor, durante seu processo interpretativo, transpõe o texto de leitura para um outro contexto, isto é, recontextualiza-o. Esse é o mecanismo que se procurou mostrar quando citei as leituras de Gramsci, Mussolini e Faria.

O quarto procedimento de leitura é aquele que leva em consideração o desdobramento polêmico da narrativa, que corresponde a um dos mecanismos inerentes à organização da sintaxe narrativa de todo e qualquer texto. Se se observar que a sintaxe narrativa de *O príncipe* é constituída por dois actantes em oposição, chega-se, no nível das estruturas discursivas, a dois atores que serão responsáveis pela discursivização dessa relação polêmica da narrativa: o príncipe e o povo.

É nesse sentido que já observei, ao comentar cada uma das leituras nos itens anteriores deste capítulo, como a leitura de Rousseau foi a desencadeadora do desvendamento desse mecanismo ou, considerando que tal leitura já era feita por certos leitores contemporâneos a Maquiavel, a que mais claramente o retomou. Enquanto as leituras da Igreja e de Frederico II eram organizadas por meio da perspectiva do príncipe, a de Rousseau realizará uma inversão, privilegiando a perspectiva do povo.

O quinto procedimento discursivo de leitura tem a ver com o tipo de relação que o texto de leitura estabelece com o texto lido. A partir desse ponto de vista é possível pensar em duas possibilidades. Primeiramente, a dos textos de leitura que são gerados de forma a negar os princípios afirmados no texto lido. É dessa maneira, por exemplo, que se desenvolve a construção do discurso de Frederico II ou da Igreja Católica da Contrarreforma em relação a *O príncipe*. O que se pode perceber é que o discurso do texto de leitura se constitui em oposição ao texto lido, uma vez que se inscreve numa outra formação discursiva, contrária àquela que propiciou a geração do discurso do texto lido.

Em segundo lugar, há aquele texto de leitura que, em vez de negar o texto lido, repete o que ele está afirmando. Esse é o caso, por exemplo, da leitura de Napoleão Bonaparte. O discurso do imperador francês constrói-se a partir da confirmação do discurso maquiavélico, porque repete a mesma formação discursiva. Os dois se constituem a partir da oposição de um mesmo princípio que poderia ser, por exemplo, a negação do poder absoluto da Igreja que pretendia a submissão do rei. Nesse sentido, o fato histórico de Napoleão haver tirado a coroa das mãos do papa e ter coroado a si próprio é extremamente simbólico para demonstrar essa perspectiva.

O que denomino sexto e último procedimento de leitura está relacionado com o anterior, mas dele difere na medida em que o que se verifica no texto de leitura não é o processo de negação ou confirmação do texto lido, mas a maneira como ele observa a heterogeneidade constitutiva do discurso que se pôs a ler. É a partir dessa perspectiva que podem ser examinadas todas as demais leituras de *O príncipe*, excetuando-se a da Igreja, a de Frederico II e a de Napoleão.

Mesmo nesse último procedimento, pode-se constatar a existência de duas abordagens distintas. Em primeiro lugar, há aqueles discursos que, partindo muitas vezes de diferentes áreas do conhecimento humano, pretendem observar a que formação discursiva o texto maquiavélico se opõe. Esse é, por exemplo, o caso da leitura de De Sanctis (s. d.), de Cassirer (1947), de Escorel (1979), de Gruppi (1980), que veem no discurso maquiavélico uma oposição ao discurso medieval, ressaltando, para tanto, a importância da abordagem do momento histórico em que esse texto está inserido.

A leitura de Gruppi (1980), por exemplo, pretende mostrar a evolução do conceito de Estado, tomando *O príncipe* como fundador, até chegar ao pensamento de Gramsci e Lenin.

Outro exemplo desse mesmo tipo são as leituras de Mounin (1984) e Namer (1982) que, ao declararem também que o discurso maquiavélico foi responsável pela fundação de uma nova formação discursiva, oposta à da Idade Média, pretendem ver nele o nascimento, ao mesmo tempo, de uma sociologia do conhecimento ocidental.

Em segundo lugar, há aqueles discursos que tomam *O príncipe* como um texto metafórico no qual é possível visualizar a formação discursiva deles próprios. Foi dessa maneira que Mussolini (1934a/c), Gramsci (1988), Merleau-Ponty (1960), Faria (1931) e outros leram o discurso maquiavélico.

É por meio desse mecanismo que Mussolini e Faria, por exemplo, veem na obra do escritor florentino as bases do Estado fascista; que Gramsci vê o partido político que terá como propósito conscientizar o povo para a revolução; que Merleau-Ponty enxerga o conceito de luta de classes que só seria definido claramente pelo pensamento marxista.

O que pude, então, verificar, a partir da análise de cada um dos textos de leitura de *O príncipe*, é que, na verdade, o processo de leitura envolve sempre dois procedimentos básicos: um intradiscursivo, outro interdiscursivo. Os procedimentos intradiscursivos da leitura correspondem ao processo de compreensão e podem ser observados no próprio texto de leitura, os procedimentos interdiscursivos correspondem ao processo de interpretação e estão localizados no leitor, ou no que chamaria sua memória discursiva.

Resta ainda, para terminar esta conclusão, observar que os procedimentos de leitura que pude verificar por meio do levantamento de várias das leituras de *O príncipe*, por se constituírem mecanismos de compreensão e interpretação, não aparecem isoladamente. Em muitos casos, uma mesma leitura pode se valer de apenas um desses procedimentos ou de todos ao mesmo tempo. A distinção mais importante é a que opõe, durante o processo de leitura, os procedimentos intradiscursivos, que são responsáveis pela verificação dos elementos da organização estrutural do discurso lido, e os interdiscursivos, que observam no discurso lido a mudança do interdiscurso, isto é, a relação entre formações discursivas distintas.

CONCLUSÃO

It is said that n. 1 (Stalin) has Machiavelli's Prince lying permanently by his bedside. So he should: since then, nothing really important has been said about the rules of political ethics. We were the first to replace the nineteenth century's liberal ethics of "fair play" by the revolutionary ethics of the twentieth century.
(Arthur Koestler, *Darkness at Noon*, 1961, p.90)

Ao delimitar o campo de investigação deste trabalho, afirmei que me ocuparia especificamente da leitura de textos escritos, embora não tenha deixado de admitir que os princípios gerais dos procedimentos de leitura aqui discutidos possam ser observados em outras linguagens que não exclusivamente a língua escrita.

Durante os quatro capítulos precedentes julguei que certas indagações que motivaram esta pesquisa foram sendo discutidas e respondidas, enquanto outras iam surgindo. Cumpre, aqui então, retomar o que já ficou dito para refletir sobre duas questões que sustentam este trabalho. A primeira consiste em definir como entendo, agora, o processo de leitura, quais procedimentos discursivos constituem esse processo e de que forma eles são responsáveis pelas várias leituras de um mesmo texto. A segunda questão, a partir da observação da primeira, refere-se à busca de uma relação entre o linguístico e o histórico, isto é, a importância do olhar da estrutura e o da história para a observação de sua constituição discursiva.

Primeiramente, com referência aos três modos por meio dos quais é possível pensar a interpretação de um texto, como a busca da *intentio auctoris*, da *intentio operis* ou da *intentio lectoris*, não se deve privilegiar o primeiro em detrimento dos dois últimos. O processo de leitura, na verdade, corresponde a uma intersecção entre o ponto de vista do leitor e o da obra, de tal maneira que o discurso produzido pelo primeiro, para ser verdadeiro, deve manter coerência com o do segundo; isto é, por mais que o leitor traga o contexto do seu discurso para a interpretação do discurso do outro, deve estabelecer com ele uma relação de reciprocidade.

A intenção do autor não pode ser o objetivo da leitura, na medida em que o que se deve interpretar é aquilo que está concretizado na superfície linguística do texto. Quando um autor comenta seu próprio texto, está realizando uma leitura; portanto, só poderá dizer que houve um erro de interpretação de um texto seu se levar em consideração não aquilo que pretendeu dizer, mas o que ficou realmente dito. As relações de sentido produzidas pela organização linguística de um texto podem, muitas vezes, trair seu produtor, se este não a observa atentamente, e, assim, pode ele acabar dizendo algo que não pretendia dizer realmente. Principalmente no caso dos textos literários, pelo fato de fazer uso da linguagem conotativa, o produtor pode não prever todas as possíveis relações de sentido contidas em seu discurso e, por esse motivo, ser surpreendido por uma interpretação que não havia imaginado. E Eco é um exemplo disso.

Contudo, levar em conta unicamente a intenção do leitor significa destruir o texto do outro. Uma teoria que privilegie o leitor em detrimento da linguagem que se constrói e constitui a obra só poderia surgir no contexto de um individualismo exagerado.

Pode-se falar, assim, em leitura errada quando o leitor não for capaz de perceber as relações de sentido pretendidas pelo texto. Na verdade, ele erra quando não consegue estabelecer coerência entre o seu texto, ou partes dele, e o texto que se pôs a ler. Conforme já ficou colocado no Capítulo 1, ler um texto como pretexto para discutir determinado tema ou determinada situação não corresponde verdadeiramente ao estabelecimento de um processo interpretativo.

Em razão dessas primeiras observações, destaco outro aspecto importante do processo de leitura: como é possível atribuir um determinado valor ao sentido do ato compreensivo e do interpretativo. O primeiro corresponde ao reconhecimento dos elementos propriamente estruturais do discurso, isto é, sua organização sintático-semântica. Já o segundo compreende um movimento de relações desencadeadas pelo que se poderia chamar *frames*, isto é, por meio do confronto entre o que o texto diz e os outros textos internalizados pelo leitor, o que o coloca como um sujeito sócio-histórico. Anteriormente, pude observar também que o erro de leitura pode localizar-se pelo viés da compreensão, da interpretação ou de ambos ao mesmo tempo.

Para tratar da relação entre o tipo de texto e seu processo de leitura, ou seja, para argumentar que, dependendo do tipo de texto, os mecanismos de leitura são distintos, optei pelo exame das características particulares com que se costuma opor o texto literário ao não literário. Assim, chega-se à determinação de quatro marcas básicas que diferenciam esses dois tipos de texto: a preocupação com o plano da expressão, a utilização da linguagem conotativa, o predomínio da figuratividade e a busca da verossimilhança, no caso do texto literário; a quase ausência de trabalho com o plano da expressão, a busca da linguagem denotativa, o uso tanto de temas quanto de figuras e a proposta de revelação de uma "verdade", no caso do texto não literário.

Outras formas de diferenciação entre textos são as que se referem a características de ordem mais formais ou então institucionais. Assim, poder-se-ia pensar na distinção entre o texto narrativo, o dissertativo e o descritivo (tanto para o literário como para o não literário, embora com predominâncias distintas); o científico, o jornalístico, o jurídico etc. (como tipos predominantemente não literários); o romance, o conto, o poema, a crônica etc. (como diferentes gêneros de textos literários) e em muitas outras subclasses de textos, dependendo do ponto de vista a partir do qual são observados.

Para a determinação dos vários subtipos textuais foram levadas também em consideração as diferentes possibilidades de modalização que podem ser estabelecidas entre o enunciador e o enunciatário presentes no discurso. Assim, por exemplo, classifiquei *O príncipe* de Nicolau Maquiavel como um texto do tipo manual de instrução, porque entre os dois sujeitos da enunciação se estabelece a modalização do dever sobre o fazer, de modo que se instaura um querer ler dever-fazer. Do ponto de vista geral da diferenciação tipológica, ficou determinado que o texto maquiavélico corresponde ao tipo não literário, uma vez que apresenta as características que podem ser observadas nesse tipo específico.

Esses diferentes tipos conduzem, por exemplo, a diferentes juízos de valor do enunciatário sobre o texto. Assim, foi possível perceber que a modalização ética está na base interpretativa tanto do texto literário como na do não literário; enquanto, por sua vez, a modalização epistêmica é predominante no tipo não literário e a estética, no literário.

Ao afirmar que o juízo ético ocorre em qualquer tipo de texto, estou levando em consideração que a distinção "bom *versus* mau" é um dado cultural que está enraizado em toda e qualquer manifestação discursiva. Desde a leitura dos contos infantis até a de um texto sobre a teoria da relatividade, a perspectiva ética está instaurada no texto de leitura. Pode-se falar em grau maior ou menor de explicitação dessa modalidade, mas ela é um dado constante nos vários tipos de texto. A oposição "certo *versus* errado", correspondente ao juízo epistêmico que predomina nos textos de tipo não literário, será manifestada pelas categorias modais da certeza (crer-ser) e da improbabilidade (crer-não-ser); o juízo estético que predomina no processo de leitura do texto literário instaura-se por meio da oposição "belo *versus* feio".

Em seguida à discussão teórica sobre os elementos discursivos, a partir dos quais ficou entendido o processo de leitura, elementos esses que se identificam a partir de sua base linguística, propus uma etapa de transição, uma aproximação maior entre o histórico e o linguístico. A partir dessa concepção é que foi elaborado o Capítulo 3 deste livro.

Num primeiro momento, interessava "olhar" para o contexto sócio-histórico em que havia surgido *O príncipe*. Em razão desse objetivo, reconstituí, de maneira rápida, a história da Florença do século XVI, em que viveu Maquiavel. Como não me interessava uma simples reconstituição biográfica, optei por um relato histórico que se aproximasse da proposta marxista de análise e observação dos fatos sociais a partir do destaque do componente econômico.

Num segundo momento, procurei recuperar a perspectiva linguística e me detive um pouco no exame da estrutura organizativa do texto maquiavélico. Não pretendi uma análise exaustiva de todo *O príncipe*, porque não era esse o propósito, mas, ao mesmo tempo, julguei que seria impossível tratar das leituras de um texto sem, inicialmente, descrevê-lo.

O intervalo que correspondeu à apresentação, lado a lado, num mesmo trecho do trabalho, de um levantamento histórico e outro linguístico do texto-fonte das leituras foi importante na medida em que abriu caminho para a execução da etapa final. O Capítulo 3 apontou uma série de elementos do texto maquiavélico que auxiliou a compreensão dos mecanismos de leitura utilizados pelos diferentes leitores. A partir da observação das várias leituras de *O príncipe*, apresentadas no Capítulo 4, pude verificar os diferentes procedimentos que as propiciaram e que possibilitam, em todo processo de leitura, diferentes compreensões/interpretações de um mesmo texto.

O primeiro deles consiste no destaque de uma ou mais isotopias do texto a partir da qual o leitor constrói seu texto de leitura. Outro procedimento se dá por meio da seleção que o leitor faz de determinados temas e de determinadas figuras que, por sua vez, recobrem temas. No momento em que o leitor elege os temas e as figuras que julga mais importantes, vai reconstruindo o discurso lido a partir de suas escolhas.

Para não repetir os exemplos já citados na conclusão do Capítulo 4, recuperarei aqui apenas a leitura de Skinner (1988), tomada aleatoriamente do corpo de leitores do texto maquiavélico, para mostrar o papel da seleção isotópica e da ênfase a certos percursos temáticos e figurativos durante o processo de leitura. Skinner entende que *O príncipe* de Maquiavel retoma o discurso do humanismo clássico, o humanismo greco-romano, com o objetivo de se opor ao discurso da Idade Média. Em determinados momentos, porém, verifica a ocorrência de rupturas entre o discurso maquiavélico e o discurso do humanismo clássico. Para mostrar isso, o autor parte da observação do investimento semântico dado por Maquiavel ao termo *virtù*, ligando-o à noção de moral. A partir daí irá mostrar como a moral maquiavélica é diferente da moral do humanismo clássico, na medida em que o autor florentino está repetindo uma formação discursiva que recobre a formação ideológica de sua época, a Itália do século XVI, que era diferente daquela do período greco-romano. O que Skinner faz, portanto, é ressaltar, no texto de Maquiavel, o tema da *virtù* e a isotopia moral para mostrar que há fissuras entre o discurso do autor florentino e o do humanismo clássico, com o qual ele se identifica para se opor ao medieval.

O terceiro procedimento utilizado pelos leitores consiste na alteração do contexto do texto lido. Com relação a esse procedimento, duas formas distintas de ocorrência podem ser observadas. A uma delas chamei descontextualização e, a outra, recontextualização.

A descontextualização consiste na observação de determinado trecho do texto maquiavélico fora de seu contexto próprio. Duas formas de ocorrência da descontextualização puderam ser verificadas. A primeira chamei particularização, que é o procedimento característico da leitura de Napoleão Bonaparte, pois o imperador francês vai adaptando os vários "conselhos" de Maquiavel para o seu contexto específico da França do século XVIII. Outra é característica de alguns leitores, como, por exemplo, Frederico II, que, para refutar certos exemplos dados por Maquiavel, amplia-os ou "corrige-os" por julgar que não condizem com a verdade. Nesse sentido, portanto, a descontextualização é um procedimento de leitura bastante comum, na medida em que o leitor traz para as condições históricas de sua leitura aquilo que outro sujeito disse em momento diferente. Aliás, o que assegura a uma obra sua importância e seu valor é o fato de ela poder ser relida em épocas completamente distantes e ainda ter algo a dizer, isto é, ainda estar inserida no debate das questões contemporâneas a seus leitores. E esse é o caso de O *príncipe*.

Outra forma de alteração do contexto que ocorreu com bastante frequência nas leituras de Maquiavel foi a recontextualização, que correspondia à atribuição de uma nova base temática para a figura do príncipe, de tal forma a adaptá-la ao momento em que a leitura se realizava. Assim, Mussolini vai interpretar o príncipe como uma figura que corresponde à concepção do Estado fascista; Gramsci (1988), como o partido político do regime socialista; Faria (1931), como a representação do próprio Mussolini etc.

O quarto procedimento de leitura de O *príncipe* parte da observação da dimensão polêmica da narrativa. Conforme já tive a oportunidade de mostrar anteriormente, a narratividade é um componente de todo e qualquer tipo de texto, na medida em que expressa a organização sequencial de uma série de programas narrativos agrupados num esquema. A narrativa de todo texto é marcada sempre pela presença de dois sujeitos que se opõem e o que irá determinar a perspectiva dessa sequência é o investimento de valor que se estabelece em relação a cada um desses sujeitos. Assim, o herói é aquele sujeito valorizado positivamente pelo enunciador, enquanto o anti-herói é valorizado negativamente.

Ocorre, porém, que, durante seu processo de leitura, o leitor pode atribuir valores diferentes para os sujeitos em oposição na base narrativa do texto. Por esse motivo, por exemplo, é possível ler a história de *Chapeuzinho Vermelho* de tal forma que o lobo represente o mal e a menina, o bem, quando se privilegia a perspectiva da menina; ou lê-la de modo que a menina represente o mal e o lobo, o bem, e aí estaria sendo privilegiada a perspectiva do lobo.

O quinto procedimento consiste num movimento de repetição ou de negação do discurso maquiavélico. Há determinados leitores, como a Igreja Católica do século XVI e Frederico II, que constroem sua leitura a partir da contestação do discurso de O *príncipe*, pois querem mostrar sua falsidade. Já outros leitores se valem de determinadas estratégias (como os dois procedimentos anteriores: descontextualização e dimensão polêmica da narrativa) para justificar sua adesão ao discurso maquiavélico, isto é, para mostrar sua veracidade.

O último procedimento de leitura que pôde ser observado é aquele que leva em consideração a heterogeneidade constitutiva do discurso de O *príncipe*, quer pretenda mostrar a que formação discursiva se opõe o discurso maquiavélico, quer explicite a que formação discursiva se opõe seu próprio discurso em razão da projeção que faz de seu discurso em relação ao do autor florentino, tomado seu texto como metafórico.

O que pode ser verificado a partir do levantamento desses seis procedimentos de leitura é que eles se organizam a partir da observação de dois aspectos distintos. Em primeiro lugar, aquele que leva em consideração os elementos da estrutura interna a partir da qual se constrói o discurso lido. Esse ponto de vista corresponde ao dos procedimentos intradiscursivos. Em segundo, aquele que leva em consideração a relação entre o discurso lido e outros discursos, quer do leitor quer de outros sujeitos. Esse ponto de vista corresponde ao dos procedimentos interdiscursivos.

Os procedimentos intradiscursivos de leitura referem-se ao levantamento dos aspectos linguísticos da construção do texto. Para chegar a esses procedimentos é necessário observar os mecanismos a partir dos quais é composto o discurso que o sujeito se põe a ler. Mesmo que, obviamente, nenhum leitor explicite que elementos linguísticos são responsáveis pela organização da estrutura discursiva do texto de leitura, ou mesmo que deles não tenha consciência, sua percepção, como falante de uma determinada língua, leva-lo-á a percebê-los intuitivamente. Os procedimentos intradiscursivos correspondem, assim, à observação da organização discursiva do texto que o sujeito se põe a ler.

Os procedimentos interdiscursivos, por sua vez, compreendem a dimensão sócio-histórica da leitura, na medida em que estabelecem uma relação entre discursos distintos. A noção de heterogeneidade constitutiva da análise do discurso é básica para o entendimento desse processo. Se se constata que todo texto se constrói a partir da oposição entre uma e outra formação discursiva, recupera-se a concepção de que ele é determinado sócio-historicamente.

Além disso, outra característica do procedimento interdiscursivo da leitura refere-se à noção de *memória discursiva* que, segundo Maingueneau (1989), está associada a toda formação discursiva e se constitui de formulações que repetem, recusam e transformam outras formulações.[1] O termo *memória*, segundo o autor,

---

1 "Assim, toda formulação estaria colocada, de alguma forma, na intersecção de dois eixos: o 'vertical', do pré-construído, do *domínio da memória* e o 'horizontal', da linearidade do discurso, que oculta o primeiro eixo, já que o sujeito enunciador é produzido como se interiorizasse de forma ilusória o pré-construído que sua formação discursiva impõe. O 'domínio da memória' representa o interdiscurso como *instância de construção de um discurso transverso* que regula, tanto o modo de doação dos objetos de que fala o discurso para um sujeito enunciador, quanto o modo de articulação destes objetos" (Maingueneau, 1989, p.115).

O PRÍNCIPE DE MAQUIAVEL E SEUS LEITORES   263

não é usado no sentido psicológico, mas como aquilo que é presumido pelo enunciado enquanto inscrito na história.

Durante o processo de leitura, portanto, o leitor estabelece relações entre os discursos dos vários textos que constituem seu universo de conhecimento. Como o leitor é um sujeito sócio-historicamente determinado, que repete continuamente uma dada formação discursiva (ou determinado conjunto de formações discursivas) que recobre uma dada formação ideológica, ocorrerá sempre uma seleção desses discursos que constituem sua memória de tal forma que uns serão repetidos (confirmados), enquanto outros serão negados. É nesse sentido que a relação interdiscursiva é sempre polêmica.

A essa noção de memória discursiva que é fundamental para o procedimento interdiscursivo de leitura pode ser relacionado o conceito de *arquivo* proposto por Foucault (1987).[2] Embora o universo de conhecimento do leitor não seja equivalente, do ponto de vista de sua dimensão, ao de uma determinada cultura, dela é parte e, por esse motivo, sofre as mesmas coerções sócio-históricas.

A verificação dos procedimentos intradiscursivos e interdiscursivos são fundamentais para o estudo da leitura, na medida em que uma das proposições básicas deste trabalho foi sempre a junção da perspectiva sócio-histórica com a da linguística *sensu stricto*, na determinação do processo de leitura. A adoção desse ponto de vista teórico já se fez sentir no momento em que ficou determinado

---

2 "O domínio dos enunciados assim articulados segundo *a priori* históricos, assim caracterizado por diferentes tipos de positividade e escandido por formações discursivas distintas, não tem mais o aspecto de planície monótona e indefinidamente prolongada que eu lhe dava no início, quando falava de 'superfície do discurso'; deixa igualmente de aparecer como o elemento inerte, liso e neutro em que vêm aflorar, cada um segundo seu próprio movimento, ou estimulados por algum dinamismo obscuro, temas, ideias, conceitos, conhecimentos. Temos que tratar, agora, de um volume complexo, em que se diferenciam regiões heterogêneas, e em que se desenrolam, segundo regras específicas, práticas que não se podem superpor. Ao invés de vermos alinharem-se, no grande livro mítico da história, palavras que traduzem, em caracteres visíveis, pensamentos constituídos antes e em outro lugar, temos na densidade das práticas discursivas sistemas que instauram os enunciados como acontecimentos (tendo suas condições e seu domínio de aparecimento) e coisas (compreendendo sua possibilidade e seu campo de utilização). São todos esses sistemas de enunciados (acontecimentos de um lado, coisas de outro) que proponho chamar de *arquivo*" (Foucault, 1987, p.148).

que o processo de leitura seria aqui entendido como uma intersecção da intenção do leitor e da obra. O que não se pode esquecer é que tanto um quanto outro são determinados sócio-historicamente; isso significa dizer que a obra e o leitor se inscrevem numa determinada formação ideológica.

A leitura de um texto escrito será, portanto, mais completa se forem levadas em consideração as duas condicionantes da leitura apontadas. Ao fazer uma leitura apenas do aspecto estrutural do texto, desvinculada de suas condições sócio-históricas, ou apenas de seu contexto social, sem ser observada sua estrutura organizativa interna, ela será sempre uma leitura parcial. O que tencionei, portanto, foi estabelecer uma relação de dependência entre uma e outra condicionante. Para estabelecê-las, utilizei conceitos de três diferentes linhas de trabalho com o texto (a semiótica francesa, a análise do discurso francesa e a linguística textual), embora esses conceitos fossem harmonizados sob a égide da semiótica.

Sem pretender estabelecer qualquer relação hierárquica entre os dois aspectos aqui apresentados, outra característica do processo de leitura pôde ser observada. A abordagem sócio-histórica do texto, porque interdiscursiva, corresponde ao processo interpretativo, enquanto a abordagem estrutural, porque intradiscursiva, corresponde ao processo compreensivo. Isso significa, portanto, que estamos retomando a diferença anteriormente enunciada entre interpretação e compreensão, como dois procedimentos inter-relacionados no processo de leitura.

O que pretendo afirmar, portanto, é que o processo de leitura compreende duas instâncias distintas. De um lado, a compreensão, que se organiza por meio da observação dos mecanismos de estruturação do texto que o sujeito se põe a ler; de outro, a interpretação, que corresponde a uma relação entre formações discursivas distintas na constituição do sentido, mediadas pela memória discursiva do sujeito leitor. Por esse motivo é que se pode afirmar que a leitura está subordinada tanto às coerções estruturais do texto quanto às coerções sócio-históricas que incidem sobre o leitor.

Quando se admite que um texto pode ter várias leituras e que elas estão inscritas no próprio texto é porque existem procedimentos "estruturais" que possibilitam as diferentes leituras. O que irá propiciar uma convivência harmônica entre o linguístico e o histórico no que se refere ao trabalho com a leitura do texto escrito é o fato de se admitir que a linguística tem a oferecer um aparato teórico bastante desenvolvido no que se refere aos mecanismos de estruturação da língua escrita, enquanto a história conserva o lugar e o tempo discursivos a partir do qual são construídos os textos. O conceito de heterogeneidade constitutiva do discurso é o elo de ligação, a passagem que une o linguístico e o histórico.

REFERÊNCIAS BIBLIOGRÁFICAS

AUTHIER-REVUZ, J. Les formes du discours rapporté. Remarques syntaxiques et sémantiques à partir des traitements proposés. *DRLAV (Revue de Linguistique.* Centre de Recherche de l'Université de Paris VIII), v.17, p.1-87, 1979.

_____. Hétérogénéité montrée et hétérogénéité constitutive: elements pour une approche de l'autre dans le discours. *DRLAV (Revue de Linguistique.* Centre de Recherche de l'Université de Paris VIII), v.26, p.91-151, 1982.

_____. Heterogeneidade(s) enunciativa(s). *Cadernos de Estudos Linguísticos (Campinas)*, v.19, p.25-42, jul.-dez. 1990.

_____. *Palavras incertas.* As não coincidências do dizer. Trad. Claudia R. Castellanos Pfeiffer et al. Campinas: Editora da Unicamp, 1998.

BAKHTIN, M. *Problemas da poética de Dostoievski.* Trad. Paulo Bezerra. Rio de Janeiro: Forense-Universitária, 1981.

_____. *A cultura popular na Idade Média e no Renascimento*: o contexto de François Rabelais. Trad. Yara Frateschi Vieira. São Paulo: Hucitec, Editora da UnB, 1987.

BARINCOU, E. *Maquiavel por ele mesmo.* Trad. Alberto de Los Santos. Brasília: Editora da UnB, 1991.

BARROS, D. L. P. *Teoria do discurso.* São Paulo: Atual, 1988.

_____. Éléments de typologie des textes. *Voies Livres (Lyon)* v.42, out. 1990a.

_____. *Teoria semiótica do texto.* São Paulo: Ática, 1990b.

BERLIN, I. O problema de Maquiavel. In: FRANCO, A. A. M. et al. *Sobre Maquiavel.* Trad. Ivonne Jean. Brasília: Editora da UnB, 1979. (Curso de Introdução à Ciência Política).

BETTELHEIM, B. *Psicanálise dos contos de fada*. Trad. Arlene Caetano. 8.ed. São Paulo: Paz e Terra, 1980.

BIGNOTTO, N. *Maquiavel republicano*. São Paulo: Loyola, 1991. (Coleção Filosofia, 19).

BROWN, G., YULE, G. *Discourse analysis*. New York: Cambridge University Press, 1983.

BRUGGER, W. *Dicionário de filosofia*. Trad. Antônio Pinto de Carvalho. São Paulo: Herder, 1962.

CARVALHO, E. M. M. (Org.) *O pensamento vivo de Maquiavel*. São Paulo: Martin Claret, 1986.

CASSIRER, E. *El mito del Estado*. Versión española de Eduardo Nicol. México: Fondo de Cultura Economica, 1947.

CORTÁZAR. J. *O jogo de amarelinha*. Trad. Fernando de Castro Ferro. Rio de Janeiro: Civilização Brasileira, 1974.

CORTINA, A. *O texto e o leitor*: um problema de interpretação. São Paulo, 1989. 326p. Dissertação (Mestrado) – Faculdade de Filosofia, Letras e Ciências Humanas, Universidade de São Paulo.

_____. O processo de leitura no discurso religioso. *Alfa: Revista de Linguística (São Paulo)*, v.34, p.11-27, 1990.

_____. Aspectos da coesão e da coerência na leitura de *O príncipe* de Nicolau Maquiavel. *Alfa: Revista de Linguística (São Paulo)*, v.36, p.39-52, 1992.

DARNTON, R. Histórias que os camponeses contam: o significado de mamãe ganso. In: _____. *O grande massacre de gatos*: e outros episódios da história cultural francesa. 2.ed. Trad. Sônia Coutinho. Rio de Janeiro: Graal, 1986. p.13-93.

DE GRAZIA, S. *Maquiavel no inferno*. Trad. Denise Bottman. São Paulo: Companhia das Letras, 1993.

DE SANCTIS, F. Machiavelli. In: _____. *Opere*. Milano: Riccardo Ricciardi Editore, s. d. v.56, p.480-537. (La letteratura Italiana. Storia e Testi).

DERRIDA, J. *Limited inc*. Trad. Constança Marcondes Cesar. Campinas: Papirus, 1991.

DIJK, T. A. van. *Cognição, discurso e interação*. São Paulo: Contexto, 1992. (Caminhos da Linguística).

ECO, U. *Tratado geral de semiótica*. São Paulo: Perspectiva, 1976. (Estudos 25).

_____. *O nome da rosa*. Trad. Aurora Fornoni Bernardini e Homero Freitas de Andrade. Rio de Janeiro: Nova Fronteira, 1983.

_____. *Lector in fabula*. Trad. Attílio Cancian. São Paulo: Perspectiva, 1986. (Série Estudos, 69).

_____. *O pêndulo de Foucalt*. Trad. Ivo Barroso. Rio de Janeiro: Record, 1989.

ECO, U. *Semiótica e filosofia da linguagem*. Trad. Mariarosaria Fabris e José Luiz Fiorin. São Paulo: Ática, 1991.

_____. *Les limites de l'interpretation*. Trad. Myriem Bouzaher. Paris: Bernard Grasset, 1992.

ESCOREL, L. *Introdução ao pensamento político de Maquiavel*. Brasília: Editora da UnB, 1979.

FARIA, O. *Machiavel e o Brasil*. Rio de Janeiro: Schimidt, 1931.

FERRATER MORA, J. *Diccionario de filosofía*. 4.ed. Buenos Aires: Sudamericana, 1965. v.1: A-K.

FIORIN, J. L. *O regime de 1964*: discurso e ideologia. São Paulo: Atual, 1988.

_____. *Elementos de análise do discurso*. São Paulo: Contexto, Edusp, 1989. (Repensando a Língua Portuguesa).

_____. Sobre a tipologia dos discursos. *Significação: Revista Brasileira de Semiótica (São Paulo)*, n.8/9, p.91-8, out. 1990.

FOUCAULT, M. *A arqueologia do saber*. Trad. Luiz Felipe Baeta Neves. 3.ed. Rio de Janeiro: Forense-Universitária, 1987.

FRANCO, A. A. M. O pensamento político no Renascimento. In: FRANCO, A. A. M. et al. *Sobre Machiavel*. Brasília: Editora da UnB, 1979. (Curso de Introdução à Ciência Política).

FREDERIC II. L'anti-Machiavel: avec tutes les corréctions de Voltaire. In: MACHIAVEL, N. *Le prince*. Trad. Guiraudet. Paris: Garnier Frères, 1949. p.97-232.

GADET, F., HAK, T. (Org.) *Por uma análise automática do discurso*: uma introdução à obra de Michel Pêcheux. Trad. Bethania S. Mariani et al. Campinas: Editora da Unicamp, 1990.

GINZBURG, C. *O queijo e os vermes*: o cotidiano e as ideias de um moleiro perseguido pela inquisição. Trad. Maria Betânea Amoroso. São Paulo: Companhia das Letras, 1987.

GRAMSCI, A. *Maquiavel, a política e o Estado moderno*. Trad. Mário Gazzaneo. Rio de Janeiro: Civilização Brasileira, 1988.

GREIMAS, A. J. L'énonciation (une posture épistémologique). *Significação: Revista Brasileira de Semiótica (São Paulo)*, n.1, p.9-25, ago. 1974.

_____. La soupe au pistou ou la construction d'un objet de valeur. In: _____. *Du sens II*: essais sémiotiques. Paris: Seuil, 1983a. p.157-69.

_____. Le contrat de véridiction. In: _____. *Du Sens II*: essais sémiotiques. Paris: Seuil, 1983b. p.103-13.

GREIMAS, A. J., COURTÉS, J. *Dicionário de semiótica*. Trad. Alceu Dias Lima et al. São Paulo: Cultrix, s. d.

GRUPPI, L. *Tudo começou com Maquiavel*. Trad. Dario Canali. Porto Alegre: L&PM, 1980.

HALLIDAY, M. A. K., HASAN, R. *Colesion in English*. London: Longman, 1976.

HELLER, A. *O homem do Renascimento*. Trad. Conceição Joaquim e Eduardo Nogueira. Lisboa: Presença, 1982.

HIBBERT, C. *Ascensão e queda da casa dos Medici*: o Renascimento em Florença. Trad. Hildegard Feist. São Paulo: Companhia das Letras, 1993.

KERBRAT-ORECCHIONI, C. *L'énonciation*: de la subjectivité dans le langage. Paris: Armand Colin, 1980.

KOCH, I. G. V., FÁVERO, L. L. Contribuição a uma tipologia textual. *Letras e Letras (Uberlândia)*, v.3, n.1, p.3-10, jun. 1987.

LARIVAILLE, P. *A Itália no tempo de Maquiavel*: Florença e Roma. Trad. Jônatas Batista Neto. São Paulo: Companhia das Letras, 1988.

LEBRUN, G. *O que é poder*. Trad. Renato Janine Ribeiro e Silvia Lara Ribeiro. São Paulo: Abril Cultural, Brasiliense, 1984. (Col. Primeiros Passos, 4).

LEFORT, C. *As formas da história*: ensaios de antropologia política. São Paulo: Brasiliense, 1979.

_____. *Le travail de l'oeuvre Machiavel*. Paris: Gallimard, 1986. (Collection Tel).

LYONS, J. *Introdução à linguística teórica*. Trad. Rosa Virgínia Mattos e Silva e Hélio Pimentel. São Paulo: Nacional, Edusp, 1979.

MACHADO DE ASSIS, J. M. *Obras completas*. Rio de Janeiro: Nova Aguilar, 1997.

MACHIAVEL, N. *Le prince*. Trad. Guiraudet. Paris: Garnier Frères, 1949.

_____. *Le prince* (De principatibus). Trad. Jacques Gohory, prieur de Marcilly. Paris: Gallimard, Librairie Générale Française, 1962.

MACHIAVELLI, N. De principatibus In: _____. *Opere Politiche*. Firenze: Le Monnier, s. d.

MAINGUENEAU, D. *Initiation aux méthodes de l'analyse du discours*: problèmes et perspectives. Paris: Hachette, 1976.

_____. *Sémantique de la polémique*: discours religieux et ruptures ideologiques au XVII[e.] siècle. Lausanne: L'Age d'Homme, 1983. (Collection Cheminements).

_____. *Novas tendências em análise do discurso*. Trad. Freda Indursky. Campinas: Pontes, Editora da Unicamp, 1989.

MAQUIAVEL, N. *A mandrágora*. Trad., introd. e notas Mário da Silva. Rio de Janeiro: Civilização Brasileira, 1959.

_____. *O príncipe*. Comentado por Napoleão Bonaparte. Trad. Torrieri Guimarães. São Paulo: Hemus, 1977.

MAQUIAVEL, N. *O príncipe*. Trad. Sérgio Bath. Brasília: Editora da UnB, 1979. (Curso de Introdução à Ciência Política).

_____. *A arte da guerra. A vida de Castruccio Castracani. Belfagor, o arquidiabo. O príncipe*. Trad. Sérgio Bath. Brasília: Editora da UnB, 1982a. (Coleção Pensamento Político, 22).

_____. *Comentários sobre a primeira década de Tito Lívio*. Trad. Sérgio Bath. Brasília: Editora da UnB, 1982b. (Coleção Pensamento Político, 3).

_____. *O príncipe*: escritos políticos. Trad. Lívio Xavier. 4.ed. São Paulo: Nova Cultural, 1987. (Os Pensadores).

_____. *O príncipe*: e dez cartas. Trad. Sérgio Bath. Brasília: Editora da UnB, 1989.

MATTINGLY, G. Maquiavel. In: FRANCO, A. A. M. *Sobre Maquiavel*. Trad. Ivan Zanoni Hausen. Brasília: Editora da UnB, 1979. (Curso de Introdução à Ciência Política).

MELO NETO, J. C. de. *Obra completa*. Rio de Janeiro: Nova Aguilar, 1994.

MERLEAU-PONTY, M. Note sur Machiavel. In: _____. *Éloge de la philosophie*. Paris: Gallimard, 1960.

MOMIGLIANO, A. *História da literatura italiana*: das origens até os nossos dias. Trad. Luis Washington e Antônio d'Elia. São Paulo: Instituto Progresso, 1948.

MOREIRA, M. M. O pensamento político de Maquiavel. In: FRANCO, A. A. M. *Sobre Maquiavel*. Brasília: Editora da UnB, 1979. (Curso de Introdução à Ciência Política).

MOUNIN, G. *Maquiavel*. Trad. Joaquim João Coelho Rosa. São Paulo: Martins Fontes, 1984. (Biblioteca Básica de Filosofia).

MUSSOLINI, B. La vittoria fatale. In: _____. *Dall'intervento al fascismo* (15 novembre 1914 – 23 marzo 1919): scritti e discorsi di Benito Mussolini. Milano: Ulrico Hoepli, 1934a.

_____. I Discorsi di Livorno, Lucca e Firenze. In: _____. *Scritti e discorsi dal 1929 al 1931*: scriti e discorsi di Benito Mussolini. Milano: Ulrico Hoepli, 1934b.

_____. Preludio al Machiavelli. In: _____. *Il 1924*: scritti e discorsi di Benito Mussolini. Milano: Ulrico Hoepli, 1934c.

NAMER, G. *Maquiavel ou as origens da sociologia do conhecimento*. Trad. Armando Ribeiro Pinto. São Paulo: Cultrix, 1982.

O'DAY, R. Guia de estudo. Trad. Maria José da Costa F. M. M. Mendes. In: MAQUIAVEL, N. *O príncipe*. Trad. Sérgio Bath. Brasília: Editora da UnB, 1979. p.11-33. (Curso de Introdução à Ciência Política).

ORLANDI, E. P. *A linguagem e seu funcionamento*: as formas do discurso. 2.ed. rev. aum. Campinas: Pontes, 1987.

PÊCHEUX, M. *Semântica e discurso*: uma crítica à afirmação do óbvio. Trad. Eni Pulcinelli Orlandi et al. Campinas: Editora da Unicamp, 1988.

PERELMAN, C., OLBRECHTS-TYTECA, L. Les liaisons qui fondent la structure du réel. In: _____. *Traité de l'argumentation*: la nouvelle rhétorique. 3.ed. Bruxelles: Editions de l'Université de Bruxelles, 1976.

_____. *Tratado de argumentação*. A nova retórica. Trad. Maria Ermantina Galvão G. Pereira. São Paulo: Martins Fontes, 1996.

POCOCK, J. G. A. *The machiavellian moment*: florentine political thought and the Atlantic republican tradition. New Jersey: Princenton University Press, 1975.

POSSENTI, S. A leitura errada existe. Estudos linguísticos. *Anais do GEL*, Bauru, n.19, p.558-64, 1990.

_____. Ainda a leitura errada. Estudos linguísticos. *Anais do GEL*, Franca, n.20, p.717-24, 1991.

ROBIN, R. *História e linguística*. Trad. Adélia Bolle. São Paulo: Cultrix, 1977.

ROUSSEAU, J. -J. *O contrato social*: e outros escritos. Trad. Rolando Roque da Silva. São Paulo: Cultrix, 1988.

SADEK, M. T. A. *Machiavel, machiavéis*: a tragédia octaviana. São Paulo: Símbolo, 1978.

SANSONE, M. *História da literatura italiana*. Trad. Roberto Barchiesi. Lisboa: Estúdios, 1956.

SAUSSURE, F. de. *Curso de linguística geral*. 5.ed. Trad. Antônio Chilini, José Paulo Paes e Izidoro Blikstein. São Paulo: Cultrix, 1973.

SFORZA, C. *O pensamento vivo de Maquiavel*. Apresentação. Trad. Rubens Gomes de Souza. São Paulo: Martins, Edusp, 1975.

SKINNER, Q. *Maquiavel*. Trad. Maria Lucia Montes. São Paulo: Brasiliense, 1988.

SOARES, M. Diferença não é deficiência. In: _____. *Linguagem e escola*. Uma perspectiva social. São Paulo: Ática, 1987.

WELLEK, R., WARREN, A. *Teoria da literatura*. Trad. José Palla e Carmo. 2.ed. Lisboa: Europa-América, 1971. (Biblioteca Universitária).

ZINGARELLI, N. *Il novo Zingarelli*. Bologna: Zanichelli, 1988.

SOBRE O LIVRO

Formato: 14 x 21 cm
Mancha: 23 x 43 paicas
Tipografia: Classical Garamond 10/13
Papel: Off-set 75 g/m² (miolo)
Cartão Supremo 250 g/m² (capa)
1ª edição: 2000
1ª reimpressão: 2012

EQUIPE DE REALIZAÇÃO

Produção Gráfica
Edson Francisco dos Santos (Assistente)

Edição de Texto
Fábio Gonçalves (Assistente Editorial)
Nelson Luís Barbosa (Preparação de Original)
Adriana Dalla Ono e
Teca Guilares (Revisão)
Paula B. P. Mendes (Atualização Ortográfica)

Editoração Eletrônica
Casa de Ideias (Diagramação)